**权威·前沿·原创**

皮书系列为

“十二五”“十三五”“十四五”时期国家重点出版物出版专项规划项目

甘肃蓝皮书

BLUE BOOK OF GANSU

# 甘肃社会发展分析与预测

## （2024）

ANALYSIS AND FORECAST ON SOCIAL DEVELOPMENT OF GANSU (2024)

主　编／王　琦　冯乐安

社会科学文献出版社
SOCIAL SCIENCES ACADEMIC PRESS (CHINA)

图书在版编目(CIP)数据

甘肃社会发展分析与预测. 2024 / 王琦，冯乐安主编. --北京：社会科学文献出版社，2023. 12
（甘肃蓝皮书）
ISBN 978-7-5228-2964-7

Ⅰ. ①甘… Ⅱ. ①王… ②冯… Ⅲ. ①社会分析-甘肃-2024②社会预测-甘肃-2024 Ⅳ. ①D674. 2

中国国家版本馆 CIP 数据核字（2023）第 242523 号

甘肃蓝皮书
甘肃社会发展分析与预测（2024）

主　　编 / 王　琦　冯乐安

出 版 人 / 冀祥德
组稿编辑 / 邓泳红
责任编辑 / 陈　颖　陈晴钰
责任印制 / 王京美

出　　版 / 社会科学文献出版社 · 皮书出版分社（010）59367127
地址：北京市北三环中路甲 29 号院华龙大厦　邮编：100029
网址：www. ssap. com. cn
发　　行 / 社会科学文献出版社（010）59367028
印　　装 / 天津千鹤文化传播有限公司

规　　格 / 开 本：787mm× 1092mm　1/16
印 张：17. 5　字 数：231 千字
版　　次 / 2023 年 12 月第 1 版　2023 年 12 月第 1 次印刷
书　　号 / ISBN 978-7-5228-2964-7
定　　价 / 158. 00 元

读者服务电话：4008918866

# 《甘肃社会发展分析与预测（2024）》
# 编辑委员会

# 主要编撰者简介

**王 琦** 甘肃省社会科学院党委委员、纪委书记。历任甘肃省医药管理局医药总公司经贸处副处长、行业管理处副处长、市场营销处副处长，甘肃岷县副县长，甘肃省医药行业管理办公室规划发展处处长，甘肃省精神文明建设指导委员会办公室秘书处处长、协调处处长、副主任。先后主持完成中央文明办和甘肃省文明委关于农村精神文明建设工作调研、志愿服务工作调研、甘肃省治理高价彩礼专项调研等多项重点课题，相关建议被中央文明办和省文明委采用。在《甘肃日报》发表多篇评论员文章、甘肃省精神文明建设工作实践和典型宣传文章，推出了一批在全国有影响的先进典型。

**冯乐安** 甘肃省社会科学院公共政策研究所副所长，副研究员。主要研究方向为人口社会学、城市社会学。主要研究成果：《典型民族地区流动人口状况及特征比较——基于内蒙古自治区的研究》《80后受教育水平与青年人力资本地区差异》等；在《中国青年研究》《甘肃社会科学》《南方人口》等刊物发表论文数篇，先后主持国家社会科学基金项目、甘肃省社会科学规划项目。

# 总 序

2022年10月16日，中国共产党第二十次全国代表大会在北京召开。这次会议是在全党全国各族人民迈上全面建设社会主义现代化国家新征程、向第二个百年奋斗目标进军的关键时刻召开的一次十分重要的大会。我们高举中国特色社会主义伟大旗帜，全面贯彻习近平新时代中国特色社会主义思想，弘扬伟大建党精神，自信自强、守正创新，踔厉奋发、勇毅前行，在甘肃省委省政府的正确领导和有关部门、单位的大力支持下，倾力打造"甘肃蓝皮书"品牌。

"甘肃蓝皮书"作为甘肃经济社会各领域发展的年度性智库成果，从研究的角度记录了甘肃经济社会的巨大变迁和发展历程。2006年《甘肃经济社会发展分析与预测》《甘肃舆情分析与预测》面世，标志着"甘肃蓝皮书"正式诞生。至"十一五"末，《甘肃社会发展分析与预测》《甘肃县域和农村发展报告》《甘肃文化发展分析与预测》相继面世，"甘肃蓝皮书"由原来的2种增加到5种。2011年，我院首倡由陕西、甘肃、宁夏、青海、新疆西北五省区社会科学院联合编研出版《中国西北发展报告》。从2014年起，我院加强与省直部门和市州合作，先后与省住房和城乡建设厅、省民族事务委员会、省商务厅、省统计局、酒泉市合作编研出版《甘肃住房和城乡建设发展分析与预测》《甘肃民族地区发展报告》《甘肃商贸流通发展报告》《甘肃酒泉经济社会发展报告》。2018年，与省精神文明办、平凉市合作编研出版《甘肃精神文明发展报告》《甘肃平凉经济社会发展报告》。2019 年，与省文化和旅游厅、临夏回族自治州合作编研出版《甘肃旅游业发展报告》《临夏回族自治州经济社会发展形势分析与预测》。2020 年，与兰州市社会科学院合作编研出版《兰州市经济社会发展形势分析与预测》，与沿黄九省区（青海、四川、甘肃、宁夏、内蒙古、陕西、山西、河南、山东）社会科学院合作编研《黄河流域蓝皮书：黄河流域生态保护和高质量发展报告》。2021 年，与省人力资源和社会保障厅合作编研出版《甘肃人力资源和社会保障发展报告》。2022 年，与武威市、肃北蒙古族自治县合作编研出版《武威市文化与旅游发展报告》《肃北蒙古族自治县经济社会发展报告》。2023 年，与国网甘肃省电力公司合作编研出版《甘肃能源发展报告（2024）》，至此“甘肃蓝皮书”的编研出版规模发展到 20 种，形成“5+2+N”的格局，涵盖了经济、社会、文化、生态、能源、舆情、住建、商贸、旅游、民族、人力资源和社会保障等领域，地域范围从酒泉、武威、临夏、平凉、兰州等省内市州拓展到“丝绸之路经济带”、黄河流域以及西北五省区等相关区域。

十八年筚路蓝缕，十八年开拓耕耘。如今“甘肃蓝皮书”编研种类不断拓展，社会影响力逐渐扩大，品牌效应日益凸显，已由院内科研平台，发展成为众多省内智库专家学者集聚的学术共享交流平台和省内外智库研究成果传播转化平台，发展成为社会各界全面系统了解甘肃推进“一带一路”建设、西部大开发形成新格局、黄河流域生态保护和高质量发展等国家战略实施，以及甘肃经济发展、生态保护、乡村振兴、文化强省等领域生动实践和发展成就的重要窗口，成为凝结甘肃哲学社会科学最新成果的学术品牌，体现甘肃思想文化创新发展的标志品牌，展示甘肃有关部门、行业和市州崭新成就的工作品牌，在服务省委省政府重大决策和全省经济社会高质量发展中发挥了越来越突出的重要作用。

2023 年“甘肃蓝皮书”秉持稳定规模、完善机制、提升质量、扩大影响的编研理念，始终融入大局、服务大局，始终服务党委政府决策，始终坚持目标导向和问题导向，坚定不移走高质量编研之路。在编研过程中遵循原创性、实证性和专业性要求，聚焦省委省政府中心工作和全省经济社会发展中的热点难点问题，充分运用科学方法，深入分析研判全省经济建设、社会建设、生态建设、文化建设总体趋势、进展成效和存在的问题，提出具有前瞻性、针对性的研究结论和政策建议，以便更好地为党委政府决策提供事实依据充分、分析深入准确、结论科学可靠、对策具体可行的参考依据。

2024 年，甘肃省社会科学院以习近平新时代中国特色社会主义思想为指导，认真学习贯彻党的二十大精神和省第十四次党代会精神，全面贯彻落实习近平总书记对甘肃重要讲话和指示精神，坚持为人民做学问，以社科之长和智库之为，积极围绕国家发展大局和省委省政府中心工作，进一步厚植“甘肃蓝皮书”沃土，展现陇原特色新型智库新风貌，书写好甘肃高质量发展新篇章，为加快建设幸福美好新甘肃、不断开创富民兴陇新局面贡献社科智慧和力量。

此为序。

李兴文

2023 年 11 月 22 日

# 摘　要

《甘肃社会发展分析与预测（2024）》是“甘肃蓝皮书”系列成果之一，由甘肃省社会科学院组织相关科研人员撰写。本书坚持以习近平新时代中国特色社会主义思想为指导，深入贯彻党的二十大精神。立足甘肃省情实际，全面回顾了2023年甘肃社会建设取得的具体成就，分析和梳理了当前社会发展中面临的潜在问题，尝试提出对策建议，为进一步思考和认识甘肃社会发展提供参考。

全书分为“总报告”“发展篇”“专题篇”“调查篇”四个部分，由15篇报告组成。总报告指出，2023年甘肃扎实推进“四强”行动，做深做实“五量”文章，全力以赴抓经济、千方百计促发展。“三抓三促”行动成效明显，全省就业创业工作成绩显著、民生事业高质量发展、收入水平与消费能力协同增长、人口发展进入新阶段、卫生健康服务成效明显、教育事业全方位进步。

发展篇通过综合分析，对甘肃社会保障事业、居民收入和消费、就业形势、以县城为重要载体的城镇化建设等发展形势进行研究。专题篇侧重具体领域，对甘肃社区养老服务体系建设、义务教育优质均衡发展、县域人口发展、农村社区建设等进行深入研究。调查篇聚焦社会热点问题，对甘肃青年居住状况、居民绿色低碳生活方式、社会工作助力乡村振兴、乡村振兴重点帮扶县公共服务体系建设、数字技术助力基层治理现代化、强省会背景下兰州建设青年发展型城市等展开分析。

本书认为，2023 年甘肃坚持稳中求进工作总基调，突出做好稳增长、稳就业、稳物价工作，“优化营商环境攻坚突破年”成果丰硕。全省聚力增进民生福祉，夯实共同富裕基础，努力形成经济发展与民生改善的良性循环。2024 年甘肃要继续努力推动经济社会高质量发展，持续做好保就业稳就业工作，努力提升民生保障水平，不断优化收入结构提升消费动能，积极推动人口长期均衡发展，大力推进居民健康提升行动，深入实施教育强省战略，进而为全面建设社会主义现代化幸福美好新甘肃做出新的贡献。

**关键词：** 社会发展　民生事业　社会建设　甘肃

# Abstract

*Analysis and Forecast on Social Development of Gansu (2024)* is one of the achievements of Gansu Blue Book series, which was organized and written by the sociological researchers of Gansu Provincial Academy of Social Sciences. This book takes the important instructions of Xi Jinping Thought on Socialism with Chinese Characteristics for a New Era, implement the spirit of the Partys 20th National Congress. It summarizes and reviews the achievements of Gansu's social construction in the past year. And it also analyses and sorts out the problems and challenges existing in Gansu's current social development. These researchers try to provide countermeasures and suggestions for further thinking and policy orientation of social development in Gansu.

The book is composed of 15 reports. It is divided into four parts: "General Report", "Reports on Social Development", "Reports on Special Subjects" and "Reports on Social Survey". The "General Report" pointed out that in 2023, the social development of Gansu generally showed a trend of stability and progress. The "Reports on Social Development" focuses on the overall situation of social security, the residents income and consumption, the employment situation, the development of county urbanization of Gansu. The "Reports on Special Subjects" focus on specific areas, including the construction of community elderly care service, the high quality and balanced development of compulsory education, the county population development, the rural community construction of Gansu. The "Reports on Social Survey" focus on the youth residential status, the green and low-carbon lifestyle for residents, the social work assists rural revitalization, the construction of public service in key counties, the digital technology assists primary-level governance of Gansu, and the building of youth development-oriented city in Lanzhou.

Thebook holds the view that, Gansu economy is running steadily in 2023, residens' income continue to grow, the social security system has been further improved, comprehensively promote of new urbanization, people's livelihood and well-being has enhanced. The book suggests that, Gansu should strive to promote high-quality development, improve the income level of residents and the quality of employment, improve the construction of the social security system, actively adjust population policies to promote long-term and balanced population development, improving residents' health and pay attention to the education work in 2024. Through these can further build a well-off society, accelerate the construction of a prosperous and beautiful new Gansu!

**Keywords**: Social Development; People's Well-being; Social Construction; Gansu Province

# 目 录

## Ⅰ 总报告



## Ⅱ 发展篇



## Ⅲ 专题篇

## Ⅳ　调查篇

# CONTENTS

## I General Report



## Ⅱ Reports on Social Development

## Ⅲ Reports on Special Subjects



## Ⅳ Reports on Social Survey

# 总报告

## B.1

# 2023~2024年甘肃社会形势分析与预测

冯乐安*

**摘　要：** 2023年，甘肃坚持把发展作为解决一切问题的基础和关键，全省经济社会发展稳中有进，就业创业工作成绩显著、民生事业高质量发展、收入水平与消费能力协同增长、人口发展进入新阶段、卫生健康服务成效明显、教育事业全方位进步。在分析全省社会发展面临的潜在问题后，报告提出了持续做好保就业稳就业、努力提升民生保障水平、积极优化收入结构提升消费动能、稳步推动人口长期均衡发展、大力推进居民健康提升行动、深入实施教育强省战略等对策建议。

**关键词：** 社会事业　民生保障　甘肃

* 冯乐安，甘肃省社会科学院公共政策研究所副所长，副研究员，主要研究方向为人口社会学、城市社会学。

2023 年，甘肃坚持稳中求进工作总基调，突出做好稳增长、稳就业、稳物价工作，扎实推进“四强”行动，做深做实“五量”文章，全力以赴抓经济、千方百计促发展。“三抓三促”行动成效明显，“优化营商环境攻坚突破年”成果丰硕。全省聚力增进民生福祉，夯实共同富裕基础，努力形成经济发展与民生改善的良性循环。

## 一　2023年甘肃社会发展主要趋势

### （一）就业创业工作成绩显著

全省强化就业优先政策，支持高校毕业生、农民工、退役军人、就业困难人员等就业，实施重点群体创业推进行动。2023 年上半年，全省城镇新增就业 19.66 万人，完成年度目标任务的 61.4%。其中，失业人员实现再就业 8.1 万人，就业困难人员实现就业 1.97 万人。6 月，城镇调查失业率 5.2%，连续 4 个月下降，与全国平均水平持平。全省共输转城乡富余劳动力 521.5 万人，其中脱贫劳动力 198.5 万人，劳务收入同比增长 7.3%。①

全省持续开展“干部包抓联企业”行动、省市县三级人社部门“援企稳岗·服务千企”行动，走访服务各类企业 3000 多家。继续实施“支持 1 万名未就业普通高校毕业生到基层就业”为民实事项目。统筹实施“三支一扶”“特岗教师”“西部计划”基层服务项目。从总体趋势看，全省就业呈现稳中向好态势，重点群体就业工作扎实推进，就业政策落实有力，劳动关系和谐稳定。

① 资料来源：《甘肃省人力资源和社会保障厅 2023 年上半年工作总结》。

## （二）民生事业高质量发展

2023 年，全省各项民生事业全面进步，人民生活品质不断提升。上半年，全省 11 类民生支出占一般公共预算支出的比重为 81%，比上年同期提高 1.5 个百分点，节能环保、住房保障、灾害防治及应急管理、交通运输、卫生健康支出分别增长 44.7%、36.3%、31.7%、27.5%和 15.7%①。持续提高社会救助保障标准，城市、农村低保省级标准分别提高到每年 8400 元、5580 元，较上年提高 4%、6%。城市、农村特困人员救助供养标准分别提高到 10920 元、7260 元，较上年每人每年增加 420 元、408 元，不断加大临时救助力度。

全省召开巩固拓展脱贫攻坚成果同乡村振兴有效衔接工作推进会，部署重点工作任务落实。加强信息共享比对，建立“甘肃一键报贫”信息系统与社会救助综合信息系统共享联动机制，按月开展监测预警，对符合条件的困难群众落实相应救助，有效防止困难群众返贫致贫。全省开展孤儿、事实无人抚养儿童“精细排查、精确认定、精准保障”专项行动，上半年保障孤儿 4850 人、事实无人抚养儿童 16410 人。指导基层对全省 6.2 万名农村留守儿童逐一签订乡镇、村居委会、留守儿童父母、被委托人四方《委托照护协议书》，确保留守儿童有人照护。

## （三）收入水平与消费能力协同增长

居民收入较快增加，城乡居民人均收入比值继续缩小。2023 年前三季度，全省居民人均可支配收入 18003 元，同比增长 7.6%。其中，城镇居民人均可支配收入 29826 元，增长 6.1%，农村居民人均

① 除特别说明外，本文数据都来源于甘肃省发展改革委员会、甘肃省统计局、国家统计局甘肃调查总队：《2023 年上半年全省经济运行情况》，http：//tjj.gansu.gov.cn/tjj/c109459/202307/169907483.shtml，最后检索时间：2023 年 7 月 24 日。

可支配收入8756元，增长7.9%。从收入来源看，全体居民人均工资性收入、经营净收入、财产净收入、转移净收入分别增长9.2%、3.9%、5.4%和6.5%。城乡居民人均可支配收入比值为3.41，比上年同期缩小0.05，收入差距进一步弥合①。

全省把恢复和扩大消费摆在优先位置，提升传统消费，培育新型消费，扩大服务消费，增强消费对经济发展的基础性作用。将推动消费扩容提质升级作为重点工作，全面促进消费恢复性增长。2023年前三季度，全省居民消费价格同比上涨0.7%。多措并举之下，城乡居民消费能力明显提升。全省各地假日文化旅游产品供给丰富，文化旅游市场整体平稳有序。通过省文旅厅、“东方甄选”等大力宣传推介，全省文旅消费大幅提升。经测算，全省中秋国庆假日期间共接待游客2480万人次，实现旅游收入148亿元，按可比口径分别较2022年同期增长172.7%和221%。美团、大众点评数据显示，“双节”期间全省服务零售日均消费规模同比增长超300%，假日消费一片火热。②

## （四）人口发展进入新阶段

人口自然增长率由正转负。全省人口自然增长率从2000年的7.97‰下降到2022年的-0.04‰，这是近60年来甘肃人口自然增长率首次出现负增长，表明全省人口发展进入新阶段。从人口总量看，近20多年，全省常住人口呈先增长后下降态势，从2000年的2515.31万人逐年增长到2010年的2559.98万人，达到21

① 资料来源：甘肃省发展改革委员会、甘肃省统计局、国家统计局甘肃调查总队：《2023年前三季度全省经济运行情况》，http://tjj.gansu.gov.cn/tjj/c109459/202310/173783160.shtml，最后检索时间：2023年10月23日。

② 《中秋国庆假期 甘肃省实现旅游收入148亿元》，https://gansu.gansudaily.com.cn/system/2023/10/08/030886530.shtml，最后检索时间：2023年10月8日。

世纪以来人口峰值，随后开始快速下降，2022 年全省人口数量为 2492 万人。

人口老龄化不断加重。2000~2020 年，全省老年人口（60 岁及以上）数量持续增长，20 年间增加 207.69 万人、增幅 95.09%。从人口抚养比看，2000 年以来，全省少儿人口抚养比呈现先迅速下降后小幅上升的趋势；老年人口抚养比呈现持续上升的趋势，特别是 2010 年以来上升幅度较大；人口总抚养比先下降后上升，2020 年甘肃总抚养比达 47.02，在西北五省区处于最高水平。

## （五）卫生健康服务成效明显

加快推进省级区域医疗中心和省公共卫生医学中心建设。陇东区域医疗中心加快主体施工，完成投资 2.02 亿元；南部区域医疗中心已完成改造工程，完成投资 3125 万元；河西区域医疗中心已于 5 月开工建设，完成投资 665 万元；3 个项目已争取到中央预算内投资 5 亿元。省公共卫生医学中心一期工程主体结构已封顶，累计完成投资 1.52 亿元。

县域综合医疗服务能力明显提升。全省卫健系统扎实开展县级医院重症救治能力提升行动，将 86 家县医院重症救治能力提升项目纳入省委、省政府为民实事项目，投入 3.44 亿元进行重症病房和供氧管路改造、设备购置、信息化建设、人员组建培训等，目前已全部完成项目建设。通过引导省会城市优质医疗资源向资源薄弱地区疏解，盘活地市现有医疗资源，提高片区医疗服务整体能力，形成一体化同质化发展新格局。

## （六）教育事业全方位进步

义务教育综合治理工作不断深化。围绕“乡村弱”和“城镇挤”、各地城区“大班额”“择校热”的义务教育优质均衡面临的重大问题，全省教育系统共同发力，采取新建、提升改造、配建回收、民办引进、空间拓展等措施增加城区义务教育学位供给，有效扩大中心城区办学规模，缓解入学压力。2021 年，在 14 个市州主城区增设中小学学位 2.55 万个，全省义务教育学校全部消除了 66 人以上超大班额，56 人以上大班额比重下降到 0.03%。

全省人口文盲率由 2010 年的 8.69%下降到 2020 年的 6.72%、下降 1.97 个百分点，下降幅度高于全国平均水平 0.56 个百分点（全国下降了 1.41 个百分点）。全省 15 岁及以上人口平均受教育年限从 2010 年的 8.19 年提升至 2020 年的 9.13 年、提高了 0.94 年，提升幅度高于全国平均水平 0.11 年（全国提高了 0.83 年）①。当然由于原有基数较高，全省人口文盲率和平均受教育年限仍处于相对落后的发展水平。

## 二　甘肃社会发展面临的潜在问题

### （一）就业结构性矛盾较为突出

全省就业容量、质量与群众期盼还有差距，高校毕业生、农民工、就业困难人员等重点群体就业面临持续承压局面，就业结构性矛盾仍较为突出。全省一产就业人口约占总量的 1/3，二产约占 1/5，三产不到一半，反映出全省一产就业人口比例偏高、二产就业人口比例偏低、就业人口产业分布与产业结构比值基本一致的特点（见图 1）。

① 资料来源：根据 2010 年、2020 年甘肃人口普查数据计算整理。

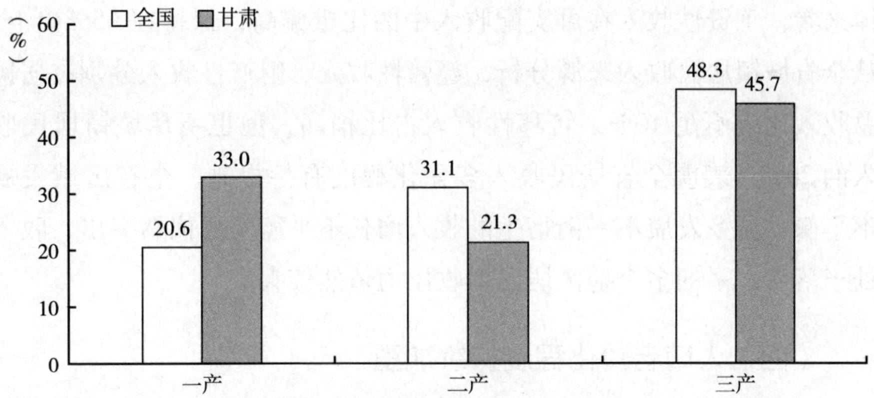


**图 1　就业人口分产业对比**

资料来源：2020 年全国人口普查数据。

## （二）民生发展不平衡情况依然存在

全省社会保障全覆盖的目标基本达成，实现全体居民“应保尽保”。但通过分析参保数据，发现部分城乡居民选择了最低缴费档次，“个人少缴些、国家多补些”等错误观念依然根深蒂固。更有甚者，养老保险最低缴费 15 年被曲解为“最高缴费 15 年”，导致全省社会保障参保质量难以提高。从社区养老服务看，存在服务质量和专业化程度不高等问题，养老服务资源碎片化现象依然存在。居家和社区养老服务主体相对较少，目前可提供全托、上门服务等综合功能的社区养老服务中心比例还比较低。

## （三）收入来源构成相对单一

工资性收入是居民可支配收入最为重要的来源，特别是城镇居民可支配收入的“压舱石”。从 2022 年甘肃居民收入主要指标来看，四类收入都有提升，例如人均可支配收入 23273.1 元，比上年增长 5.5%。城乡居民人均可支配收入比值为 3.09，比上年缩小 0.08。总体来看，工资性收入在可支配收入中的比重偏高，保持在65%以上。从全省城镇居民收入来源分析，经营性收入、财产性收入分别占居民总收入比重不足10%，转移性收入占比稍高，但也不足城镇居民收入的20%，表明全省居民收入多元化程度有待提升。全省区域发展不平衡、城乡发展不平衡衍生的收入增长不平衡问题依然突出，收入处于落后水平的多个地区居民增收压力依然较大。

### （四）人口老龄化程度持续加重

世界上几乎所有的发达经济体，都面临日益严重的人口老龄化问题，而我国则是未富先老。2020年全省60岁及以上老年人口达426.10万人、占比达17.03%，尽管相比全国平均水平，甘肃老年人口比重相对较低，但从人口年龄结构看，2020年全省人口年龄结构中占比较高的是45~49岁、50~54岁、55~59岁组，规模达到650万人，未来15年，这三个年龄组人口将全部进入60岁及以上老年人口序列（见图2）。结合人口年龄结构和平均预期寿命，预计“十四五”末全省60岁及以上老年人口总量将突破500万人，占人口比重超过20%，进入中度老龄化社会；2035年前后，全省老年人口数量大概率将突破700万人，占人口比重超过30%，进入深度老龄化社会。随着人口老龄化程度加重，社保、医疗、护理、家政、殡葬等公共服务需求和压力将持续增加。

### （五）居民健康素养水平差距明显

国家卫健委从2008年开始，对全国15~69岁常住人口的基本健康知识和理念、健康生活方式与行为、基本技能等3个方面素养，科学健康观、传染病防治、慢性病防治、安全与急救、基本医疗和健康信息等6类健康问题进行监测。结果显示，2012~2021年，全省居民健康素养水平从6.8%提高到22.1%，提前1年实现了《健康甘肃行

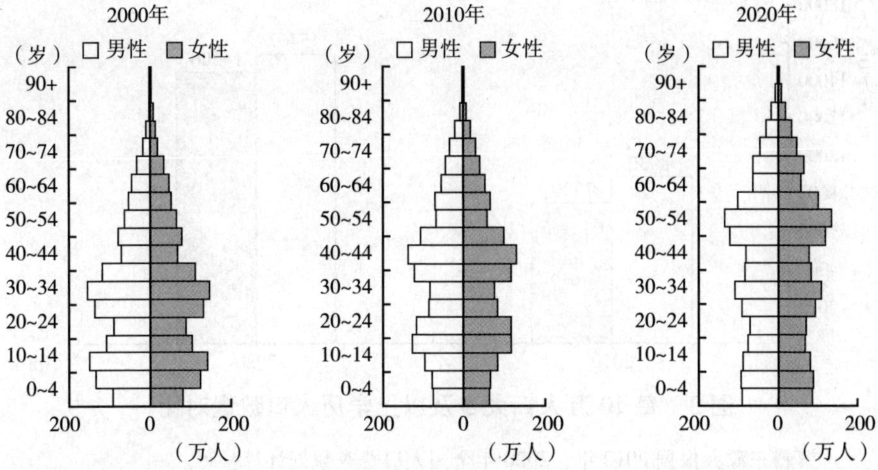


**图2　全省人口年龄结构**

资料来源：根据2000、2010年、2020年全国人口普查数据计算整理。

动计划》提出的到2022年达到22%的目标。需要注意的是，甘肃居民健康水平始终低于全国平均水平，2012年低2.0个百分点，2021年低3.3个百分点，差距有所拉大。

## （六）接受高等教育人口比例相对偏低

接受高等教育人口比例反映一个区域的竞争力。人口普查数据显示，全省拥有大学（大专及以上）文化程度的人口从2010年的192.33万人增长到2020年的362.94万人，占常住人口的比例由7.5%提高到14.5%（排全国第18位，西北倒数第1位）。全省大学文化程度人口占比低于全国平均水平，六普低1.4个百分点，七普低1个百分点（见图3）。虽然全省每万人在校大学生数量从2004年的76人增加到2021年的246人（排全国第19位），但仍然显著低于全国平均水平，2021年仅相当于全国平均水平的74.5%。

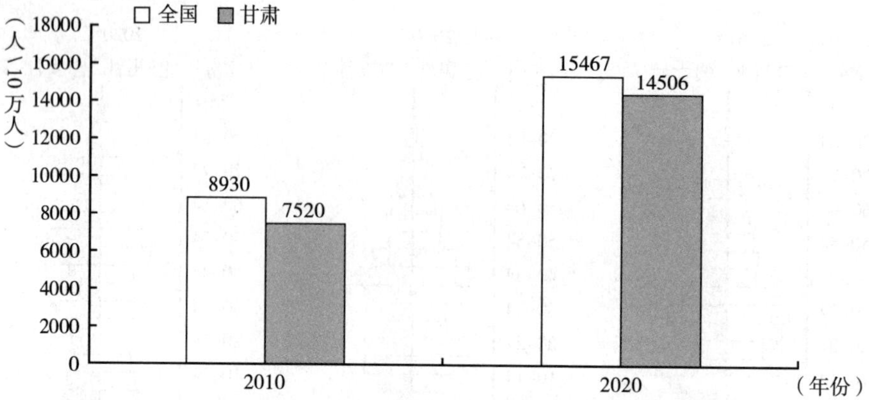


**图3　每10万人口大专及以上学历人口数量对比**

资料来源：根据2010年、2020年全国人口普查数据计算整理。

## 三　2024年甘肃社会发展对策建议

### （一）持续做好保就业稳就业

#### 1. 强化就业优先政策

持续巩固“大就业”工作格局，全力以赴落实稳就业保就业各项政策举措，围绕全省“一核三带”产业布局，优先引导省内富余劳动力就近就地就业，特别是突出高校毕业生等青年群体就业，有针对性地采取系列举措，努力确保重点群体就业稳定。深入实施“全省干部包抓联企业”行动、“援企稳岗·服务千企”行动、“百千万”创业引领工程、“陇原惠岗贷”系列专项活动。规范和发展新就业形态，支持多渠道灵活就业，推动各地加强零工市场建设。积极关注返乡回流务工人员，加强调研监测，全力以赴引导尽快就地就近就业，确保务工人员就业局势总体稳定。

#### 2. 做好重点群体就业工作

优化劳动力供需匹配对接机制，提升就业岗位使用效率。进一步严格和规范事业单位招录工作，为应（往）届高校毕业生求职留足时间和空间；引导社会资源向就业前景好和市场需求大的院校与专业倾斜，稳步谋划就业困难专业和院校的发展路径转型；搭建产教融合信息平台，提升校企就业信息对接精准度；继续落实好引导高校毕业生到基层和生产一线就业的生活补贴、社保补助和税费减免等政策措施。深化东西部就业帮扶协作，引导劳务输出地和输入地建立常态化协作机制，提升区域劳务对接效率和扩大规模。

## （二）努力提升民生保障水平

### 1. 切实解决好“急难愁盼”问题

要按照兜底线、保基本、救急难、促发展、可持续的总体思路，畅通失业人员服务渠道，健全统筹城乡的就业援助制度，优先扶持和重点帮助城乡就业困难人员特别是残疾人、零就业家庭和其他特殊困难群体。要健全完善分类分层的救助模式，将符合救助条件的困难群众及时纳入相对应的救助范围。

### 2. 持续兜牢基本民生底线

开展低保扩围增效、低收入人口认定及救助帮扶工作。规范临时救助工作，有效解决城乡居民突发性、紧迫性、临时性基本生活困难。推广使用社会救助综合信息系统资金监管和临时救助模块，确保资金规范高效管理使用。提升事实无人抚养儿童教育保障水平。指导各地规范办理残疾人两项补贴资格认定，畅通“跨省通办”和“全程网办”，加大动态管理力度。

## （三）不断优化收入结构提升消费动能

### 1. 促进城乡居民收入水平不断提高

要分类施策，通盘统筹，坚持经济增长与居民收入增长同步，促进劳动生产率与劳动报酬同步提高。以增加工资性收入为重点，持续优化促进收入分配格局，积极提升经营性收入，促进财产性收入，强化转移性收入。不断完善调整机制，规范收入分配秩序，持续缩小城乡居民群体间收入差距，实现居民人均整体收入稳步增长，进一步驱动全省高质量发展的活力，努力实现全省人民共同富裕。预计2023年全省居民可支配收入将超过2.4万元，其中城镇居民人均可支配收入将超过3.8万元，农村居民人均可支配收入将超过1.3万元。

#### 2. 确保消费与经济增长良性循环

要创新消费模式，建议集中开展主题特色消费促进活动。努力提振大宗消费，例如重点攻坚汽车尤其是新能源汽车消费。鼓励当地汽车、家电销售企业和重点商贸企业等参与消费券活动，叠加优惠让利措施，提高消费券“乘数效应”，用“真金白银”为广大市场主体带来“及时雨”。积极发挥消费券撬动作用，注重跟踪统计消费券的核销率，尤其是在需求价格弹性较高的商品市场进一步扩大消费券的覆盖范围和投放力度。为偏远农村居民专门开通进城购物免费接送直通车，着力释放农村消费潜力，对低收入群体精准发放爱心券等。

### （四）积极推动人口长期均衡发展

#### 1. 优化人口与公共资源集约配置

针对全省农村人口居住分散、受地质灾害威胁群众数量多等问题，要用好生态及地质灾害避险搬迁政策，逐步将受威胁人口集中搬迁到兰州新区、县城、中心乡镇，强化迁入地、路、水、电、气等基础设施建设，培育支柱产业，创造就业岗位，保证搬迁群众就地就近就业。对人口减少的“收缩型城市”，逐步将公共资源配置向中心城区集中，提高公共资源利用效率。对人口流出较多的“空心村”，鼓励留守人口搬迁到中心乡镇、县城等地，以便为其提供优质高效的教育、医疗、文化、体育等基本公共服务。

2. 梯度化培育人口中心

顺应人口分梯度向各级城市聚集的趋势，打造若干个区域性人口中心，形成大中小人口中心相互联通、相互协调发展的人口分布格局。兰州以“强省会”为牵引，打造全省人口中心。各市州主城区充分发挥区位、文旅、产业等方面优势，打造区域性人口中心。其他各县城，充分发挥自身资源禀赋优势，打造宜居宜业的区域性人口分中心。加快释放城镇化潜力，促进农村转移人口和有搬迁意愿群众向城市、县城、乡镇集中，适度聚集发展。

### （五）大力推进居民健康提升行动

1. 聚焦预防是最经济、最有效的健康策略

进一步落实大卫生、大健康理念和预防为主方针，顺应人民对美好生活的向往，加快推动从以治病为中心向以人民健康为中心转变，强化健康宣教、优化健康服务、完善健康保障、发展健康产业，制定预防为主的居民健康水平提升行动方案，让肿瘤、心脑血管慢性病、传染病等防治深入人心，让健康生活方式落到个人行动上，真正推动实现群众不得病、少得病。

2. 改善就医感受提升患者体验

创新理念、服务向前，提升患者诊前体验。完善预约诊疗制度，争取省、市、县三级公立医院预约挂号比例分别达到90%、70%、60%。简化流程、创新模式，提升患者门诊体验。进一步优化门诊流程设计，缩短患者在门诊的滞留时间。巩固拓展、丰富内涵，提升患者住院体验。推进出入院全流程优化和服务质量提升，所有省级医疗机构和70%以上市县级三级医院实现出入院一窗办理。改善贯穿医疗服务全程的基础性、支撑性工作，转变药学服务模式，逐步实现线上线下常见药品配送上门服务。

### （六）深入实施教育强省战略

#### 1. 加快义务教育学校布局调整

随着出生人口减少，有些乡村小规模学校将逐渐失去生源，应逐步予以撤并，同时加强乡镇寄宿制学校建设，提高乡村学校教学质量。继续加大城镇学位供给，解决进城务工人员随迁子女上学难问题。通过支教、教师轮岗、集团办学、网上课堂等措施，缩小校际、城乡、区域义务教育差距。扎实做好控辍保学工作，特别是偏远地区，确保全部适龄儿童依法接受并完成义务教育。

#### 2. 提升高等教育创新发展能力

积极对接教育部、国内重点高校，扩大各高校在甘肃招生规模，提高全省高等教育毛入学率。实施高等教育振兴行动计划，更新教学仪器设备，优化高等教育专业结构，提升高校服务地方发展能力。支持省属高校积极创建“双一流”高校，争取建设更多“双一流”专业，加快发展“一流本科”教育，提升全省高校科研创新能力。

## 参考文献

任振鹤：《2023 年甘肃省政府工作报告》，《甘肃日报》2023 年 1 月 20 日，第 5 版。

甘肃省统计局、国家统计局甘肃调查总队：《2022 年甘肃省国民经济和社会发展统计公报》，http：//tjj. gansu. gov. cn/tjj/c109457/202303/166577521. shtml，最后检索时间：2023 年 3 月 27 日。

甘肃省发展改革委员会、甘肃省统计局、国家统计局甘肃调查总队：《2023 年上半年全省经济运行情况》，http：//tjj. gansu. gov. cn/tjj/c109459/202307/169907483. shtml，最后检索时间：2023 年 7 月 24 日。

# 发展篇

## B.2
## 2023年甘肃社会保障事业发展报告

许振明 *

**摘　要：** 2023 年甘肃社会保障事业高质量发展，实现了社会保障制度不断完善、覆盖范围持续扩大、社会保险待遇稳步提高、兜底保障作用有效发挥等成效。关注成绩的同时，还必须看到甘肃社会保障事业亟待解决的问题，进而科学谋划新时代社会保障的发展目标、加强社会保障制度内部结构的发展调整、切实提升社会保障的治理能力建设等。

**关键词：** 社会保障　高质量发展　甘肃

习近平总书记指出："社会保障是保障和改善民生、维护社会公

---

* 许振明，甘肃省社会科学院马克思主义研究所副研究员，主要研究方向为社会学理论与方法。

平、增进人民福祉的基本制度保障，是促进经济社会发展、实现广大人民群众共享改革发展成果的重要制度安排，发挥着民生保障安全网、收入分配调节器、经济运行减震器的作用，是治国安邦的大问题。”[①] 习近平总书记的讲话全面深刻揭示了社会保障对国计民生发展的极端重要作用，为我国全面建设社会主义现代化国家和迈向共同富裕指明了前进的方向。

党的十八大以来，甘肃坚持以习近平新时代中国特色社会主义思想为指引，砥砺前行，奋发有为，推动社会保障事业发展进入快车道，建成以社会保险为主体，以社会福利、社会救助、社会优抚等为基本构成，功能完备的社会保障体系，为全面建成小康社会、实现第一个百年奋斗目标、建设幸福美好新甘肃奠定了坚实的基础。

## 一 甘肃社会保障事业发展的基本成效

### （一）社会保险方面

2022 年末，全省城镇职工基本养老保险人数、城乡居民基本养老保险人数、基本医疗保险人数分别为 517.55 万人、1386.55 万人、2555.2 万人，较 2021 年分别增加 15.05 万人、减少 1.34 万人、减少 31.9 万人。参加失业保险人数 202.76 万人，增加 6.68 万人[②]。年末全省领取失业保险金人数 1.9 万人[③]。参加工伤保险人数 287.22 万人，增加 8.48 万人，其中参加工伤保险的农民工 38.78 万人，减少

---

① 习近平：《2021 年 2 月 26 日在十九届中央政治局第二十八次集体学习时的讲话》。

② 《2022 年甘肃省国民经济和社会发展统计公报》，甘肃经济信息网（2023 年 4 月 6 日），www.gsei.com.cn。

③ 《2022 年甘肃省国民经济和社会发展统计公报》，甘肃经济信息网（2023 年 4 月 6 日），www.gsei.com.cn。

4.87万人[①]。参加生育保险人数256.9万人，增加6.2万人[②]。截至2023年6月底，企业职工养老保险中央财政补贴到位资金148.61亿元，同比增长11.35%。全省基本养老保险、失业保险、工伤保险参保1905万人、205.6万人、288.5万人。2022年末，全省社保基金累计结余857.4亿元，运行总体平稳。

## （二）社会救助方面

2022年底，全省共有城乡低保对象180.64万人，城市低保保障面居全国第三位，农村低保保障面居全国第5位；城乡特困对象99792人，其中城市特困对象0.53万人，农村特困对象9.45万人（见表1）。截至2023年上半年，中央下拨救助补助金99.04亿元，居全国第三位。

### 1. 城市低保对象

截至2023年6月，全省共保障31.58万人。分市州看，保障人数排前三的市州为：天水市42800人，临夏州38799人，白银市34279人。[③]

2023年城市低保标准较上年提高4%（见图1），省级年指导标准由2022年的年人均8076元提高到8400元，居全国第17位、西部第4位，保障标准最高的是兰州市（10968元/年）。

### 2. 农村低保对象

截至2023年6月，全省共保障149.06万人。分市州看，保障人数排名前三的市州有：天水市263143人、临夏州252245人、定西市218101人。

---

① 《2022年甘肃省国民经济和社会发展统计公报》，甘肃经济信息网（2023年4月6日），www.gsei.com.cn。

② 《2022年甘肃省国民经济和社会发展统计公报》，甘肃经济信息网（2023年4月6日），www.gsei.com.cn。

③ 资料来源：甘肃省省政府研究室相关统计资料，下同。

**表1　甘肃 2022 年社会救助对象综合统计**

单位：人

| 地区 | 城市低保人数 | 农村低保人数 | 城市特困人数 | 农村特困人数 |
|---|---|---|---|---|
| 兰州市 | 26214 | 31806 | 1572 | 3802 |
| 嘉峪关市 | 1238 | 0 | 0 | 0 |
| 金昌市 | 6826 | 6642 | 154 | 730 |
| 白银市 | 34279 | 73658 | 186 | 4048 |
| 天水市 | 42800 | 263143 | 264 | 9723 |
| 武威市 | 13138 | 53084 | 243 | 5917 |
| 张掖市 | 15854 | 48629 | 443 | 6254 |
| 平凉市 | 32720 | 123449 | 428 | 7458 |
| 酒泉市 | 17826 | 23957 | 235 | 2407 |
| 庆阳市 | 24020 | 178040 | 187 | 9184 |
| 定西市 | 23220 | 218101 | 436 | 15356 |
| 陇南市 | 28126 | 177033 | 118 | 18413 |
| 临夏州 | 38799 | 252245 | 824 | 7755 |
| 甘南州 | 10256 | 37822 | 209 | 3446 |
| 兰州新区 | 112 | 3016 | 0 | 0 |
| 甘肃矿区 | 334 | — | — | — |
| 全省合计 | 315762 | 1490625 | 5299 | 94493 |

资料来源：甘肃省民政厅相关统计资料。

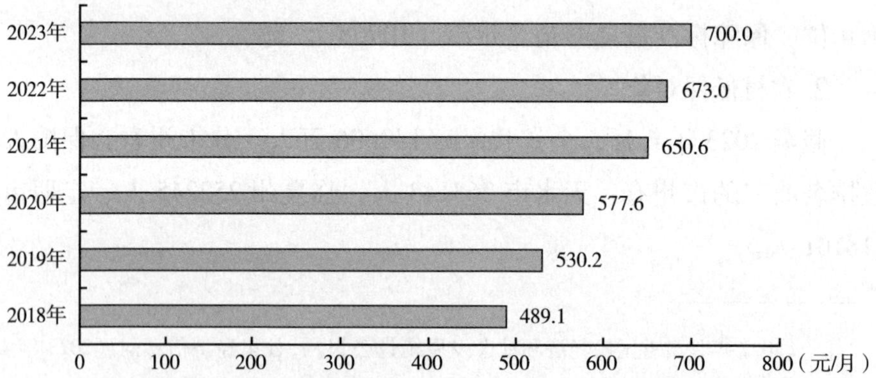


**图1　2018~2023 年甘肃城市低保标准变化趋势**

资料来源：甘肃省民政厅相关统计数据。

2023年农村低保标准提高6%，省级年指导标准由2022年的年人均5268元，提高到5580元，居全国第26位、西部第8位，保障标准最高的是嘉峪关市（9708元/年）。

3. 城乡特困人员

截至2023年6月，全省共保障城乡特困人员99192人，占全国保障总人数（470.5万人）的2.11%。分市州看，保障人数排名前三的市州是：陇南市18531人、定西市15792人、天水市9987人。

供养标准为：2023年城市特困供养基本生活省级指导标准不低于每人每年10920元，较上年增长420元，供养标准最高的为兰州市（每人每年14268元）；农村特困基本生活省级指导标准不低于每人每年7260元，较2022年增长408元，供养标准最高的为兰州新区（每人每年14268元）。照料护理年标准根据自理能力分档，按照最低工资标准1670元的9%、18%、27%确定，达到全自理1800元、半护理3612元、全护理5412元。

## （三）基本养老方面

2022年末，全省60岁及以上老年人口425.04万人，占比17.07%，这一比例居全国第22位；65岁以上老年人口325万人，占比13.05%。全省共有农村老年人口243.42万人、失能半失能老年人口82.72万人，分别占全省老年人口的57.27%和19.46%。

全国有养老机构40067个，甘肃有养老机构345个（公办291个、民办54个），占比居全国第27位，其中市级29个、县级155个、乡镇级161个；全国共有养老机构床位504.6万张，甘肃省有养老机构床位3.57万张，占比居全国第27位，其中护理型床位2.02万张，占比56.58%；入住老人1.83万人，入住率51.26%；

街道（乡镇）综合养老服务中心 220 个，城市社区日间照料中心 1006 个，农村互助幸福院 6481 个；养老机构工作人员 6059 人，其中护理人员 3122 人、管理及其他专业技术人员 2937 人；居家养老服务信息平台 100 个，各类加盟服务企业 765 家，年服务老年人 1500 万人次。

截至 2022 年末，全省共有各类社区服务机构和设施 5684 个①。其中，社区服务指导中心 7 个，社区服务中心 561 个，社区服务站 4705 个，社区专项服务机构和设施 411 个②。共有社区养老服务机构和设施 9468 个③。其中，未登记的特困人员救助供养机构 117 个，全托服务社区养老服务机构和设施 412 个，日间照料社区养老服务机构和设施 2941 个，互助型社区养老设施 5900 个，其他社区服务机构和设施 98 个④。

## （四）社会工作和志愿服务方面

截至 2023 年 6 月 1 日，注册志愿者 355.41 万人，开展志愿服务项目 15.26 万个，已建成志愿服务站点 17351 个，覆盖率达到 99.5%，列全国前十名。截至 5 月底，全省共销售福利彩票 9.62 亿元，筹集公益金 3.09 亿元。安排省级福彩公益金 400 万元，组织实施 2023 年“福彩助残”公益项目。

---

① 《2022 年甘肃省国民经济和社会发展统计公报》，甘肃经济信息网（2023 年 4 月 6 日），www.gsei.com.cn。

② 《2022 年甘肃省国民经济和社会发展统计公报》，甘肃经济信息网（2023 年 4 月 6 日），www.gsei.com.cn。

③ 《2022 年甘肃省国民经济和社会发展统计公报》，甘肃经济信息网（2023 年 4 月 6 日），www.gsei.com.cn。

④ 《2022 年甘肃省国民经济和社会发展统计公报》，甘肃经济信息网（2023 年 4 月 6 日），www.gsei.com.cn。

## 二　2022年甘肃社会保障事业发展的基本特征

### （一）社会保障制度不断完善

2022 年，甘肃在全国率先实施城乡居民养老保险与新农保并轨，建立健全覆盖城乡的居民养老保险制度体系，稳步推进企业职工基本养老保险制度和灵活就业人员社保制度，进一步完善机关事业单位养老保险制度改革。社会保障的统筹层次持续提升，甘肃自 2017 年起针对企业职工基本养老保险建立起统收统支省级统筹制度，到 2022 年 6 月实现该保险的全国统筹信息系统部省对接及上线运行，在全国处于领先水平。印发实施《甘肃省基本养老公共服务清单》《甘肃省推进基本养老服务体系建设实施方案》等政策方案。高质量完成 2022 年省政府为民办实事项目“建设 120 个乡镇（街道）综合养老服务中心”，实现城市街道全覆盖。兰州、武威两个全国社区和居家基本养老服务提升行动试点任务顺利完成，建成家庭养老床位 6500 张，提供居家上门服务 1.12 万人次[①]。印发《甘肃省失业保险省级统筹实施方案》，工伤保险的省级统筹正在稳步推进。加强和完善工伤保险和失业保险制度，失业保险全面实现了“即来即办”和“应享尽享”，工伤保险基本形成工伤预防、职业康复、经济补偿和医疗救治“三位一体”的保障体系。

### （二）社会保障覆盖范围持续扩大

大力推动全民参保计划，全面实现应保尽保。2022 年末，全省失业、工伤保险、基本养老参保人数分别达到 202.76 万人、287.22

① 甘肃省民政厅相关统计资料。

万人、1904.1万人，距党的十八大以来，分别增长22.91%、78.23%和25.84%。2022年度机关事业单位、企业退休人员基本养老保险待遇调整及发放工作全面完成，惠及168万人①。全面推开公务员及参公事业单位人员参加工伤保险工作；全力开展“同舟计划”，加大诸如建筑行业等工伤保险征缴力度；依法将尘肺病等纳入重点行业职工工伤保险保障范围，实现扩面增量和提质增效。到2022年底，全省社保卡持卡人数达2607万人，其中签发电子社保卡2319万张，实现全省常住人口全覆盖。

### （三）社会保险待遇稳步提高

建立起城乡居民基本养老保险基础养老金最低标准、企业退休人员基本养老金标准及失业保险和工伤保险待遇水平稳步提升机制，持续改善和提高低收入群体生活水平，实现上述群体人员社会保险待遇与经济社会发展水平相适应的确定和合理调整机制。推荐上报第三支柱养老保险试点城市，放开灵活就业人员参保限制。对比2012~2022年部分年份的相关数据，我们发现，甘肃城乡居民基本养老保险基础养老金最低标准从每人每月55元增长到每人每月136元，增幅达到147.3%（见图2）；甘肃企业职工月人均养老金标准从1683元增长到3107元，增幅达到84.6%；工伤人员伤残津贴待遇达到月人均3292元，更是实现了18年连调；失业保险金比2012年增长133.4%，平均标准达到每人每月1571元②。

### （四）社会保障兜底保障作用有效发挥

持续巩固拓展脱贫攻坚成果同乡村振兴有效衔接，积极完善困难

① 甘肃省民政厅相关统计资料。

② 甘肃省民政厅相关统计资料。

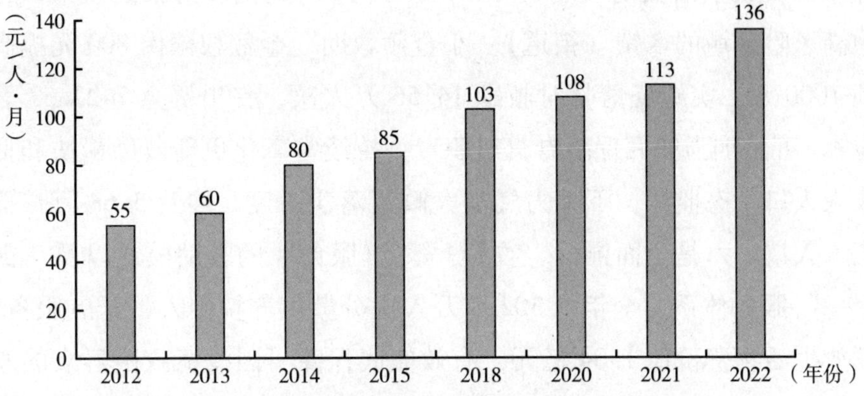


**图 2　2012~2022 年部分年份甘肃城乡居民基本养老保险基础养老金最低标准**

资料来源：甘肃省人社厅相关统计数据，未标注年份则与上年持平。

群体人员参保帮扶政策。一是 2022 年以来，全省为 240.39 万名缴费困难群体人员代缴或减免城乡居民基本养老保险费 2.24 亿元①。二是加大援企稳岗相关政策落实力度，社会保险费率持续降低，对城镇职工基本养老保险的单位缴费比例降至 16%②，失业保险的总费率降至 1%，工伤保险浮动费率降至 0.2%~1.9%③。三是积极应对疫情冲击，实施阶段性的失业保险保障扩围政策。自 2020 年以来共发放各类保生活待遇资金 9.7 亿元，涉及 36.7 万人次④，坚决兜稳失业人员的基本生活。四是及时公布社会救助服务热线，将受疫情影响的 5898 人纳入城乡低保，共计发放资金 246.81 万元⑤；向特困、低保

① 甘肃省人力资源和社会保障厅相关统计数据。
② 甘肃省人力资源和社会保障厅相关统计数据。
③ 甘肃省人力资源和社会保障厅相关统计数据。
④ 甘肃省人力资源和社会保障厅相关统计数据。
⑤ 甘肃省人力资源和社会保障厅相关统计数据。

等家庭发放生活及防疫物资 101.71 万件[①]。优化疫情救助政策，将中高风险区域的乡镇（街道）“小金额救助”金额权限由 800 元提高到 1000 元，实施疫情临时救助 14.56 万人次，支出资金 7423.53 万元[②]。五是加强兜底保障专责组职责，持续常态化更新救助帮扶和低收入人口动态监测，下大力气加大政策落实力度，涉及 5.68 万户低收入人口。六是全面推行“物资+资金+服务”的救助模式以及“四个一”服务体系，全年为 302.5 万人次分散供养特困人员开展服务，发放生活物资价值 1.04 亿元，有效兜底保障了因疫情致困群众的基本生活。

### （五）社会保障基金管理持续强化

毫不动摇地开展社保基金管理问题专项整治，强化建立社保信息、政策、经办、监督“四位一体”的风险防控体系，推出追回违规领取社会保险待遇资金的部门联合制度，充分发挥人防、技防、制防、群防的组合优势，在政策执行、经办服务的各环节将风控理念和方法固化，牢牢守住基金风险防控底线，进一步强化社保基金抗风险能力。

## 三　推动甘肃社会保障事业发展亟待解决的问题

经过十多年的探索与发展，在充分肯定发展效果与质量的同时，也要清醒地认识到甘肃社会保障事业亟待解决的问题与挑战，这些问题与挑战主要来源于我国社会主要矛盾的变化，以及人口老龄化、城

① 甘肃省民政厅相关统计数据。

② 甘肃省民政厅相关统计数据。

镇化和劳动就业方式等发生的变化，同时也来源于社会保障高质量、可持续发展的自身要求，主要表现在以下几个方面。

### （一）社会保障的重点和目标需要进一步调整

从21世纪初保障制度由劳动保障（或单位保障）全面转化为社会保障制度以来，社会保障取得了长足的发展进步，但受经济社会发展水平的限制，尤其受到经济发展、经济基础的限制，社会保障工作主要围绕扩大覆盖面和提高参保率两个方面展开，其主要发展成果还是体现在数量上而非质量上。随着小康建设进程加快，之前的发展目标、发展任务已不能满足社会主义现代化国家的建设要求。社会保障作为一项重要的社会制度，不应该也不能够再局限于“配套”地位，而是要充分发挥其对市场经济积极的促进作用。截至2022年底，甘肃社会保障卡持卡人数2607万人，基本与人口数持平，已经实现“应保尽保”，社会保障全覆盖的目标基本达成。但通过观察实际参保数据，尤其以养老保险最为明显，甘肃大部分市州的参保率都在97%以上，但令人不解的是，一部分城乡居民却仅仅选择了最低缴费档次，所谓“个人少缴些、国家多补些”等错误观念依然根深蒂固，这实际是一种歪曲的规避缴费义务的错误思想。更有甚者，养老保险最低缴费15年被曲解为“最高缴费15年”，以上这些错误观念直接导致甘肃社会保障的参保质量难以提高。从这个意义上来说，社会保障的发展要向着注重质量与数量、责任与义务、个人与共济的目标转变。

同时，随着网络经济、数字经济的发展，及随之而来的新就业形态的不断涌现，劳动力市场发生了重大变化。根据甘肃省人大常委会的一项调研报告，甘肃以货车司机、网约车司机、快递员、外卖配送员等为代表的新就业形态劳动者规模保守计算为16.86万人，新就业形态的出现及从业人员身份的多元化导致已有的社会保障制度面临新的挑战。一方面，在如外卖员、网约车等雇主不明晰的行业，很多新业态的从业人员缺乏防风险的意识，往往选择不参加社会保障或即使参加了，也往往选择低档次的社会保障。另一方面，变相更改劳动合同使其转化为订单合同，以此来逃避为员工缴纳社保费用，也成为部分新业态企业的惯用手法。因而，如何面对和适应新经济形态，并处理好与此相关的社会保障问题，推进相关群体的权益与公平问题的解决，值得去思考。

### （二）社会保障的内部结构需要进一步均衡发展

众所周知，社会保障起始于劳动保障，也即社会保险的前身，在21世纪前后，又衍生出了社会救助，在社会保障体系中发展最为迟缓的应该属于社会福利了，但其内部结构发展也不均衡。在城市和农村，发展得较为充分的应该是公办福利了，比如农村养老院、五保供养及城市的干休所、敬老院等（见表2）。反观儿童福利却大部分仅限于儿童福利院，虽说是福利院，但依然带有强烈的救助性质，普惠性的儿童福利设置尚需时日。

2022年，甘肃人口出生率仅为8.47‰，人口自然增长率为-0.04‰，根据目前情况来看，未来多年甘肃人口数量大概率将维持负增长或低增长水平。因此，优化生育政策、鼓励生育、促进人口长期均衡发展的生育政策将日渐明晰。但是在社会保障政策上还没有相对应的措施予以有力的支持，面向普通儿童的社会福利政策较为缺乏，学前儿童相关公共福利进展缓慢。另外，老年人福利保障对象由特殊困难老年人向全体老年人扩展；残疾人福利保障对象由特定群体向全体残疾人转变；流浪人员服务对象由流浪乞讨人员向全体流动遇困人员扩展等，均对福利政策扩大内涵与外延、对社会保障内部结构的均衡发展提出了新的更高要求。

**表 2　2022 年甘肃城乡社会保障项目比较**

| 社会保障项目 | | 农村 | 城市 |
|---|---|---|---|
| 社会保险 | 养老保险 | 普遍建立 | 普遍建立 |
| | 医疗保险 | 普遍建立 | 普遍建立 |
| | 失业保险 | 无 | 普遍建立 |
| | 工伤保险 | 无 | 普遍建立 |
| | 生育保险 | 个别地区展开 | 普遍建立 |
| 社会福利 | 职工福利 | 无 | 福利设施、福利补贴、休假与补贴 |
| | 公办福利 | 五保供养、养老院、农村社区服务 | 社区服务、福利院、敬老院、干休所 |
| | 教育福利 | 九年义务教育 | 九年义务教育 |
| 社会救助 | | 最低生活保障 | 最低生活保障、救灾 |
| | | 农村扶贫 | 城市扶贫 |
| 优抚安置 | | 优待、抚恤、安置 | 优待、抚恤、安置 |

## （三）社会保障的治理能力需要进一步提升

一是社会保障的统筹层次较低。目前来看，社会保障的资金来源除个人缴费部分的养老、医疗外，大部分以市级财政统筹为主。这一方面造成财政状况相对好的市，社会保障待遇就高，财政状况不好的市，社会保障待遇就低，导致社保待遇地区差异较大，易引起居民间的不平等感。另一方面，这种以市级为基础的统筹与结算方式，携带性很差，与当前人口流动性加快的趋势相悖，以致“脱保”“漏保”“断保”情况时有发生。二是基层医疗保障能力有待提升及相关报销政策有待调整。按当前医保政策来看，居民在户籍所在地就医时，起付比例最低、报销比例最高；离开户籍地或参保地，起付比例越来越高、报销比例越来越低。但依照我们的调查情况来看，部分县（区）几年都招不进来或留不下一个高层次人才，医疗服务能力严重不足，医疗服务领域虹吸现象普遍，而社区、乡镇等基层卫生结构普遍存在人员学历低、设备老化等情况。上述情况不仅严重制约基层医疗卫生水平的提高，也使省级三甲医院成为最大的“县级医院”，不但造成基层百姓就医不便，也使宝贵的医疗资源没有发挥最大作用，更间接地削弱了城乡居民参加医疗保险的积极性。三是部分社会保障项目需要加强管理。以低保为例，对低保对象的认定审核把关不严、进入和退出机制不完善、执行不到位等，可能导致覆盖面偏低，救助“兜底”资金使用效率不高。四是社会保障各项目由不同部门管理实施，项目间缺乏统筹协调，管理成本较高，易造成资源浪费。五是一些社会保障项目的参与度低。城乡居民尤其是农村居民目前主要参与的是城乡居民医疗保险和养老保险，其他项目受实施时间、参保条件、补偿模式等因素限制，如果没有多次细致耐心的讲解或外力助推，他们对有些保障项目只是一知半解，阻碍了其参保及后期自身权益的维护。

### （四）社会保障保基本的作用需进一步发挥

以基础养老金为例，为每月 136 元，平均每天为 4.5 元，这是 2022 年甘肃城乡居民基本养老保险基础养老金的保障标准，而同期城镇职工月养老金平均为 2168 元，是城乡居民的近 16 倍。在各项生活费用都比较高的今天，每天 4.5 元的保障能力确实有限。而城乡居民医疗保险和城镇职工医疗保险在起付线、补偿封顶、三甲医院就医补偿标准等方面仍存在较大差异，压制了部分城乡居民的就医需求，部分城乡居民对重大疾病仍存恐惧之心，因病致贫、因病返贫并未完全杜绝。还有如生育保险、工伤保险、住房保障等并未覆盖农村居民，这些都导致城乡居民的保障水平是零碎化的、低层次的、不平等化的，与城镇职工的保障水平相去甚远。

### （五）社会保障的筹资渠道需进一步拓宽

社会保障主要由社会保险、社会救助、社会福利及优抚安置组成，社会保险（主要是养老保险和医疗保险）、社会救助等除了个人缴费部分外，其余全部由县（区）政府负责并统筹管理，而社会福利和优抚安置则全部由政府财政负担。但甘肃大部分县（区）属于土地财政、吃饭财政，如果离开转移支付，可能人员的工资等都难以为继，再加上基层县（区）本来就是“上面千条线，下面一根针”，很多事情需要基层去具体落实，事权多而财权少，根本无法持续加大对社会保障的投入。另外，社会保障的市场化、社会化作用发挥不充分，均导致社会保障资金来源缺乏充足的、可持续的、多元化的渠道。

## 四　持续推动甘肃社会保障事业高质量发展的对策建议

### （一）科学谋划新时代社会保障的发展目标

社会保障关乎人民最关心、最直接、最现实的利益问题，是治国安邦的大问题。习近平总书记指出：要坚持系统观念，把握好新发展阶段、新发展理念、新发展格局提出的新要求，在统筹推进“五位一体”总体布局、协调推进“四个全面”战略布局中思考和谋划社会保障事业发展。要树立战略眼光，顺应人民对高品质生活的期待，适应人的全面发展和全体人民共同富裕的进程①。这就要求我们应立

① 习近平：《促进我国社会保障事业高质量发展、可持续发展》，《求是》2022 年第 8 期。

足经济社会发展的最新态势，以新发展理念为指引，科学谋划和确定甘肃社会保障事业发展的重点和目标。

一是牢牢把握“以人民为中心”的社会保障价值目标。“以人民为中心”的价值目标，首先就是要尽可能多地将人民群众纳入社会保障的范围之内，做到“应保尽保”。其次就是要不断提高社会保障的待遇水平，让人民更多地享受改革发展的红利。最后就是社会保障的服务便捷性显著提升，人民群众将更多地参与和享受其带来的良好服务。二是注重社会保障与其他事业的协同发展。社会保障作为一种重要的社会制度，不应该也不可能一直处于“配套”状态，要充分发挥社会保障对经济社会的积极促进作用。要充分发挥社会保障的积极作用，就要充分考虑其与经济增长、医疗卫生、社会管理、应急保障等的协同推进问题，同时也要关注社会保障内部子系统之间的协同发展，并以此为基础增强社会保障体系的包容性、适应性。三是坚持可持续发展。不论是社会保障制度自身的发展，还是其待遇水平的逐步提高，都主要依赖于有效的政府财政资金的投入，因此一方面需要确立政府资金合理的投入机制，另一方面还要建立社会保障基金保值增值及长效增长机制。

### （二）健全多层次的社会保障体系

一是精准认定对象，保障基本生活救助。建立健全城乡居民家庭经济状况信息核对机制，精准认定低保、特困对象，完善低保、特困动态管理机制。对低收入家庭中的重度残疾人、重病患者等完全或部分丧失劳动能力的人员，落实“单人户”保障政策。二是持续加大对困难群众的临时救助力度。有效解决城乡居民突发性、紧迫性、临时性基本生活困难，形成救助及时、方式多样、管理规范的临时救助工作格局，确保困难群众基本生活得到保障。三是在农村适时开展生育保险、工伤保险、住房保险、护理保险等长期保险。随着城市化、少子化、人口流动等经济社会因素的发展，这些保险有客观需求。再加上甘肃农民占总人口的45.81%，如果他们长期缺失这些保险，不符合社会保障的公平性和均衡性原则。四是积极补齐社会福利的短板缺项。要重点以老年人“三留守”人员、妇女、农村儿童和残疾人等特殊群体的社会福利建设为起点，不断提高城乡居民的社会福利水平和扩大社会福利项目所覆盖的人群范围。五是积极发展商业保险。商业保险作为社会保障体系的有益补充，有其无可比拟的优势所在，对于满足城乡居民多元化的保障需求、健全和发挥社会保障体系的支撑作用，都有积极意义。

### （三）积极应对人口老龄化

一是健全基本养老公共服务制度。优先保障经济困难的高龄、空巢独居、失能（失智）、计划生育特殊家庭等重点老年人群基本养老服务需求，并逐步扩展至全体老年人。二是加大力度构建养老服务体系。紧盯特困、经困、留守、空巢等特殊困难老年群体，统筹规划养老服务设施布局，着力构建城乡区域相协调、居家社区机构相融合的养老服务设施网络，做到“机构跟着老人走，让服务触手可及”。三是着力突出康养医养中心引领作用。康养医养中心可充分依托县（区）人民医院医疗资源力量，试行养老床位和医疗床位按需规范转换机制，推进养老力量和医疗资源深度融合。四是切实发挥村（社区）养老服务驿站支撑作用。为辖区特困、经困、留守、空巢、失能（失智）等特殊困难老年人提供助餐助浴、日间照料、巡防关爱等养老服务。五是着力提升居家社区服务水平。为特困、经困、困难残疾人、孤儿和事实无人抚养儿童家庭等特殊困难群体提供以“四个一”为主要服务内容的居家养老服务，随时关注老人生活状况，适时开展应急救援。

## （四）提高城乡居民社会保障水平

一是切实提高基础养老金的待遇水平。基础养老金在城乡之间、城乡与城镇职工之间差距明显，甚至可以看做新的不平等，逐步提高城乡居民尤其是农民的基础养老金水平是实现社会公平正义和共同富裕的必然要求。在继续建设高质量城镇职工社会保障的同时，安排更多的财政资金向城乡居民基础养老金倾斜。二是合理加强城乡居民医疗保障水平。习近平总书记在福建调研时指出，“健康是幸福生活最重要的指标”，“健康是1，其他的都是后边的0，1没有了，什么都没有了”①。要积极探索和改进医疗保险报销制度，对个人缴费封顶、大病救助、补偿标准等进行科学核算，将更多的病种纳入医保报销范围，推进城乡居民医疗保险省级统筹，实实在在解决城乡居民看病贵、看病难问题。三是扎实提高社会救助水平。把提高社会救助水平放到同抓经济发展同等重要的地位，靠实各级政府主体责任，切实加大财政资金投入力度，建立政府、社会、市场三方共同投入的机制，确保社会救助水平逐步提高。

## （五）持续推进医疗保障制度改革

一是深入推进支付方式改革。严格按照《DRG/DIP支付方式改革三年行动计划》确定的时间表、路线图，持续深化改革，完成制度建设、数据清理、系统升级、平台开发、病案质控、业务培训等关键环节，实现医疗机构支付方式改革全覆盖和“医、保、患”三方共赢发展。二是全面落实门诊医疗费用保障制度。实施职工医保门诊共济保障政策，将门诊医疗费用纳入职工医保统筹基金支付范围，改革职工医保个人账户，提高医保基金使用效率，切实减轻参保人员医

① 《习近平总书记在视察福建三明市的讲话》，中国经济网，2021年3月24日。

疗费用负担，实现制度更加公平可持续。三是健全完善多层次医疗保障制度体系。巩固和扩大基本医保覆盖面，严格落实市级统筹实施办法和待遇清单制度，城乡居民形成基本医保、大病保险、医疗救助三重保障制度。

## 参考文献

风笑天：《社会学研究方法》，中国人民大学出版社，2009。
陈向明：《质的研究方法与社会科学研究》，教育科学出版社，2000。

# B.3
# 2023年甘肃城乡居民收入和消费发展报告

王 荟*

**摘 要：** 2023~2024年，甘肃城乡居民人均可支配收入与消费将实现稳步提高；甘肃物价水平可能小幅上涨，总体良性可控；金融存贷总体平稳运行，未来具备可挖掘消费潜力；疫情防控新阶段，通信和网络渠道的批零住餐业领域消费额将持续迎来大幅增长；以收入稳步增长为前提，叠加扩内需促消费系列政策效应，2023~2024年甘肃居民消费水平将实现大幅增长，全省社会消费品零售总额增长率将实现10%以上的大幅增长。未来，甘肃还需克服发展不平衡衍生的收入增长不平衡和各地区消费水平差异明显、整体消费水平依然偏低等问题，着重在夯实增收基础、优化收入分配制度和全面激活消费市场等方面加强政策落实及引导。

**关键词：** 居民收入 消费增长 甘肃

2023年，甘肃坚持以习近平新时代中国特色社会主义思想为指导，深入贯彻党的二十大精神，全面落实习近平总书记对甘肃重要讲话和重要指示批示精神，扎实推进“四强”行动，做深做细“五量”文章。居民收入和消费水平持续稳定增长，人民生活水平进一步改善。

* 王荟，甘肃省社会科学院社会学研究所副研究员，主要研究方向为区域经济发展。

# 一　甘肃居民收入发展态势分析

## （一）城乡居民收入差距逐步缩小

截至2022年底，甘肃居民人均可支配收入为23273元，比上年增长5.5%。其中，城镇居民人均可支配收入为37572元，同比增长3.8%；农村居民人均可支配收入为12165元，同比增长6.4%（见表1）。此外，2020、2021、2022年甘肃农村居民收入增速连续三年高于全国平均水平（2022年全国农村居民人均可支配收入增长率为4.2%），全省农村居民收入的增长速度亦明显高于城镇居民，农民增收实效明显。2021年，甘肃城乡居民人均可支配收入比值为3.17；2022年，这一比值为3.09，比上年缩小0.08，城乡差距进一步缩小。

**表1　2019年至2023年上半年甘肃城乡居民收入主要指标**

| 项目 | 2019年 | 2020年 | 2021年 | 2022年 | 2023年上半年 |
| --- | --- | --- | --- | --- | --- |
| 全省居民人均可支配收入(元) | 19139 | 20335.1 | 22066 | 23273 | 11530 |
| 城镇居民人均可支配收入(元) | 32323.4 | 33821.8 | 36187 | 37572 | 18970 |
| 以上一年同期为基期的增长率(%) | 7.9 | 4.6 | 7.0 | 3.8 | 6.7 |
| 农村居民人均可支配收入(元) | 9628.9 | 10344.3 | 11433 | 12165 | 5710 |
| 以上一年同期为基期的增长率(%) | 9.4 | 7.4 | 10.5 | 6.4 | 6.7 |

资料来源：根据甘肃发展年鉴及统计公报数据整理测算。

## （二）居民收入结构保持稳定

2022年，甘肃城乡居民总收入为23273.1元，其中工资性收入为12996.0元，占比为55.84%，比上年增长4.7%；经营净收入为4256.3元，占比为18.3%，比上年增长4.2%；财产净收入为1380.5元，占比为5.93%，比上年增长6.1%；转移净收入为4640.3元，占比为19.94%，比上年增长8.7%。总体收入结构保持稳定。

具体而言，2022年，甘肃城镇居民收入中，工资性收入占67.13%，经营净收入占7.29%，财产净收入占7.85%，转移净收入占17.74%。当年增长率最高的为转移净收入，比上年增长了7.6%。结合2019~2022年的相关数据可见，工资性收入依然为甘肃城镇居民最主要收入来源，其次为转移净收入，上述两项收入合计占到总收入的85%（见表2）。农村居民收入中，工资性收入为3498.1元，占28.75%，经营净收入为5435.4元，占44.68%，财产净收入为160.9元，占1.32%，转移净收入为3070.8元，占25.24%。其中当年转移净收入的增长率最高，达到了8.8%。结合2019~2022年的相关数据可见，经营净收入为农村居民收入的主要构成，多年来基本维持在45%，其次为工资性收入和转移净收入，财产净收入占比极小（见表3）。综合而言，甘肃城乡居民收入构成保持稳定的同时依然存在明显的结构性差异。

**表2　2019~2022年甘肃城镇居民人均可支配收入构成**

| 项目 | 2019年 | | 2020年 | | 2021年 | | 2022年 | |
|---|---|---|---|---|---|---|---|---|
| 城镇居民人均可支配收入(元) | 32323.5 | | 33821.9 | | 36187 | | 37572.4 | |
| 工资性收入(元)及占比(%) | 21707.5 | 67.16 | 22903.6 | 67.72 | 24463 | 67.60 | 25222.7 | 67.13 |

续表

| 项目 | 2019 年 | | 2020 年 | | 2021 年 | | 2022 年 | |
|---|---|---|---|---|---|---|---|---|
| 经营净收入(元)及占比(%) | 2483. 9 | 7. 68 | 2489. 1 | 7. 36 | 2700 | 7. 46 | 2738. 6 | 7. 29 |
| 财产净收入(元)及占比(%) | 2539. 2 | 7. 86 | 2627. 4 | 7. 77 | 2831 | 7. 82 | 2950. 4 | 7. 85 |
| 转移净收入(元)及占比(%) | 5592. 9 | 17. 3 | 5801. 8 | 17. 15 | 6193 | 17. 11 | 6660. 7 | 17. 74 |

资料来源：根据甘肃发展年鉴及统计公报数据整理测算。

**表 3　2019~2022 年甘肃农村居民人均可支配收入构成**

| 项目 | 2019 年 | | 2020 年 | | 2021 年 | | 2022 年 | |
|---|---|---|---|---|---|---|---|---|
| 农村居民人均可支配收入(元) | 9629 | | 10344. 3 | | 11433 | | 12165. 2 | |
| 工资性收入(元)及占比(%) | 2769. 2 | 28. 76 | 2985. 9 | 28. 86 | 3337 | 29. 19 | 3498. 1 | 28. 75 |
| 经营净收入(元)及占比(%) | 4322 | 44. 89 | 4650. 5 | 44. 96 | 5124 | 44. 82 | 5435. 4 | 44. 68 |
| 财产净收入(元)及占比(%) | 129. 5 | 1. 34 | 135. 3 | 1. 31 | 150 | 1. 31 | 160. 9 | 1. 32 |
| 转移净收入(元)及占比(%) | 2408. 3 | 25. 01 | 2572. 6 | 24. 87 | 2822 | 24. 68 | 3070. 8 | 25. 24 |

资料来源：根据甘肃发展年鉴及统计公报数据整理测算。

### （三）居民收入水平恢复性增长

进入 2023 年，随着疫情得到有效控制，甘肃经济逐步复苏，城乡居民人均可支配收入亦呈现较快增长态势。截至 2023 年上半年，甘肃居民人均可支配收入为 11530 元，同比增长 8. 0%；城镇居民人均可支配收入为 18970 元，同比增长 6. 7%；农村居民人均可支配收入为 5710 元，同比增长 8. 1%；城乡居民人均可支配收入比值为

3.32，比上年同期缩小0.05。从收入来源看，甘肃全体居民人均工资性收入、经营净收入、财产净收入、转移净收入分别实现同比增长9.4%、4.7%、8.4%和6.5%。

综上，截至2023年上半年，甘肃城乡居民收入同比增长率虽然低于2021年，但全面高于2022年的同期数据（见表4）。可见，随着经济逐步复苏，甘肃城乡收入的差距实现进一步弥合，且总体收入水平亦呈稳步恢复性增长态势。

**表4　2021年上半年至2023年上半年城乡居民收入主要指标**

| 项目 | 2021年上半年 | 2022年上半年 | 2023年上半年 |
|---|---|---|---|
| 全体居民人均可支配收入(元) | 10149 | 10672 | 11530 |
| 同比增长率(%) | 10.2 | 5.2 | 8.0 |
| 城镇居民人均可支配收入(元) | 17142 | 17782 | 18970 |
| 同比增长率(%) | 8.2 | 3.7 | 6.7 |
| 农村居民人均可支配收入(元) | 5011 | 5283 | 5710 |
| 同比增长率(%) | 13.3 | 5.4 | 8.1 |

资料来源：根据甘肃省统计局2021、2022、2023年上半年经济运行情况数据汇总测算。

## 二　甘肃城乡居民消费发展形势分析

### （一）消费水平总体保持稳定增长态势

一方面，疫情对消费水平的负面影响较为明显。2022年全年全省居民人均消费支出17489.4元，比上年增长0.2%。其中城镇居民人均消费支出25207.0元，下降2.1%；农村居民人均消费支出11494.2元，增长2.6%。全省居民恩格尔系数为30.7%，其中城镇为29.9%，农村为32%，对比之前年份的数据，恩格尔系数略有上升。可见，2022年，由于疫情带来的负面影响，全省消费市场虽然持续恢复，但总体增长水平有限。

另一方面，分析近六年的城乡居民消费主要指标，可知甘肃城乡居民消费水平在中长期维度内整体保持增长态势。2021年，全省居民人均消费支出17459.4元，比上年增长7.9%。其中，城镇居民人均消费支出25757元，同比增长4.6%，2022年对比2017年增长幅度为22.01%；农村居民人均消费支出11206元，同比增长12.9%，2022年对比2017年增长幅度为43.15%（见表5）。甘肃居民消费水平基本保持稳定增长，农村居民消费增长幅度大于城镇居民消费增长幅度。

**表5 2017~2022年甘肃城乡居民消费主要指标**

| 项目 | 2017年 | 2018年 | 2019年 | 2020年 | 2021年 | 2022年 |
|---|---|---|---|---|---|---|
| 城镇居民人均消费支出(元) | 20659.4 | 22606.0 | 24453.9 | 24614.6 | 25757 | 25207.0 |
| 城镇居民恩格尔系数(%) | 29.2 | 28.7 | 28.6 | 28.7 | 29.3 | 29.9 |
| 2022年对比2017年的增长幅度(%) | 22.01 | | | | | |
| 农村居民人均消费支出(元) | 8029.7 | 9064.6 | 9693.9 | 9922.9 | 11206 | 11494.2 |
| 农村居民恩格尔系数(%) | 30.4 | 29.7 | 29.2 | 30.9 | 30.9 | 32.0 |
| 2022年对比2017年的增长幅度(%) | 43.15 | | | | | |

资料来源：根据甘肃发展年鉴及统计公报数据整理测算。

## （二）刚性需求在消费者偏好[①]中依然占主导地位

2021年，甘肃全体居民消费支出增幅最大的前三项依次为医疗

① 消费者偏好是反映消费者对不同产品和服务的喜好程度的个性化偏好，是影响市场需求的一个重要因素。

保健、交通通信和教育文化娱乐（见表6）。其中，城镇居民消费支出增幅最大的前三项为教育文化娱乐、医疗保健和交通通信（见表7），而农村居民消费支出增幅最大的前三项为医疗保健、其他用品和服务以及居住（见表8）。2022年，甘肃全体居民消费支出增幅最大的前三项则依次为居住、交通通信和食品烟酒，而医疗保健、衣着、生活用品及服务和教育文化娱乐消费水平则大幅下降（见表6）。其中，城镇居民消费支出增幅最大的前两项为居住、交通通信，其他类支出都为负增长，而农村居民消费支出增幅最大的前三项为交通通信、食品烟酒和居住，其他类支出都为负增长。综合分析，影响消费结构中不同类型消费支出增长的因素是复杂的，既有疫情影响，也有国家“双减”政策、教培新政、房地产等政策调整所带来的叠加因素影响。但总体而言，甘肃城乡居民消费结构在保持稳定的同时，交通通信和居住等刚性需求的消费者偏好依然比较明显。

**表6　2021~2022年甘肃居民消费增长情况**

单位：元，%

| 项目 | 2021年 | | 2022年 | |
|---|---|---|---|---|
| | 支出额 | 比上年增长 | 支出额 | 比上年增长 |
| 居民生活消费支出 | 17456 | 7.9 | 17489.4 | 0.2 |
| 食品烟酒 | 5218 | 9.4 | 5364.2 | 2.8 |
| 衣着 | 1217 | 6.7 | 1137.6 | -6.5 |
| 居住 | 3706 | 4.2 | 3918.5 | 5.7 |
| 生活用品及服务 | 1068 | 2.1 | 1000.1 | -6.4 |
| 交通通信 | 2215 | 9.7 | 2322.2 | 4.8 |
| 教育文化娱乐 | 1894 | 9.6 | 1775.7 | -6.2 |
| 医疗保健 | 1761 | 14.0 | 1612.6 | -8.4 |
| 其他用品和服务 | 377 | 2.0 | 358.5 | -4.9 |

资料来源：根据甘肃发展年鉴及统计公报数据整理测算。

**表 7　2021～2022 年甘肃城镇居民消费增长情况**

单位：元，%

| 项目 | 2021 年 | | 2022 年 | |
| --- | --- | --- | --- | --- |
| | 支出额 | 比上年增长 | 支出额 | 比上年增长 |
| 城镇居民生活消费支出 | 25757 | 4.6 | 25207.0 | -2.1 |
| 食品烟酒 | 7543 | 6.7 | 7530.3 | -0.2 |
| 衣着 | 1939 | 4.3 | 1759.4 | -9.3 |
| 居住 | 5732 | -0.9 | 6006.0 | 4.8 |
| 生活用品及服务 | 1648 | -0.8 | 1523.9 | -7.5 |
| 交通通信 | 3296 | 7.0 | 3334.8 | 1.2 |
| 教育文化娱乐 | 2692 | 10.9 | 2470.5 | -8.2 |
| 医疗保健 | 2292 | 9.6 | 2005.1 | -12.5 |
| 其他用品和服务 | 615 | -3.8 | 577.1 | -6.2 |

资料来源：根据甘肃发展年鉴及统计公报数据整理测算。

**表 8　2021～2022 年甘肃农村居民消费增长情况**

单位：元，%

| 项目 | 2021 年 | | 2022 年 | |
| --- | --- | --- | --- | --- |
| | 支出额 | 比上年增长 | 支出额 | 比上年增长 |
| 农村居民生活消费支出 | 11206 | 12.9 | 11494.2 | 2.6 |
| 食品烟酒 | 3467 | 13.1 | 3681.6 | 6.2 |
| 衣着 | 674 | 10.8 | 654.5 | -2.9 |
| 居住 | 2180 | 14.4 | 2296.9 | 5.4 |
| 生活用品及服务 | 631 | 7.1 | 593.2 | -6.0 |
| 交通通信 | 1402 | 13.6 | 1535.6 | 9.5 |
| 教育文化娱乐 | 1293 | 6.7 | 1235.9 | -4.4 |
| 医疗保健 | 1362 | 19.4 | 1307.8 | -4.0 |
| 其他用品和服务 | 197 | 16.8 | 188.6 | -4.3 |

资料来源：根据甘肃发展年鉴及统计公报数据整理测算。

## （三）鼓励消费政策效应凸显

2022年，甘肃面对严峻复杂的外部环境和延宕反复的疫情冲击，着力稳定消费物价，多措并举刺激消费，制定了《甘肃省进一步释放消费潜力促进消费增长的若干措施》，从系统全面促进消费的角度，提出了7个方面29项重点举措，支持兰州、天水、酒泉、张掖、庆阳5市培育建设区域（特色）消费中心城市，构建区域消费集聚地。2023年1月15日，《甘肃2023年政府工作报告》指出：2023年，甘肃要把恢复和扩大消费摆在优先位置，提升传统消费，培育新型消费，扩大服务消费，增强消费对经济发展的基础性作用。2月3日，甘肃省政府印发了《促进经济稳中有进推动高质量发展若干政策措施》，将推动消费扩容提质升级作为重点工作，提出7项支持措施，旨在全面促进消费恢复性增长，推动全省经济社会高质量发展。3月7日，省商务厅下发《2023年扩内需促消费活动方案》，聚焦重点活动、重点行业、重点项目、重要城市、节假日、平台载体、东西协作、助农帮扶等开展万场促消费活动，实现“季季有主题、月月有活动、周周有场景”，大力促进消费，加快释放文旅、城市、农村消费潜力，多元融合提品质、增品种、创品牌、优服务、搭平台，全力实现社会消费品零售总额目标任务。经济回暖及多措并举之下，甘肃2022年受多因素影响而抑制的消费意愿，在2023年得到较强水平的释放。进入2023年，甘肃城乡居民消费回暖明显。2023年1~8月，全省居民消费价格同比上涨0.8%，涨幅比1~7月回落0.1个百分点；工业生产者出厂价格、购进价格同比分别下降5.3%和8.0%；社会消费品零售总额2891.0亿元，同比增长9.7%；限额以上批零住餐业通过公共网络实现零售额同比增长30.3%①。

① 甘肃省统计局、国家统计局甘肃调查总队：《2022年甘肃省国民经济和社会发展统计公报》，每日甘肃网（2023年3月28日），http://hn.gansudaily.com.cn/system/2023/03/28/030748013.shtml。

## 三 甘肃城乡居民收入与消费发展形势预测

2023 年可以看作是一个分水岭，在 2023 年之前的三年，影响甘肃居民收入与消费最主要的不确定因素在于疫情的反复，特别是 2022 年，甘肃城乡居民收入与消费总体在承压下发展，并努力实现了以稳为主、兼顾增长的总体目标。进入 2023 年，疫情控制、经济复苏、发展预期逐步向好、政策引导鼓励等多因素叠加，甘肃 2023~2024 年的居民收入与消费发展形势将衍生出新的可能性，课题组在此作以下几点预测。

一是随着疫情控制经济回暖，甘肃将持续开展乡村振兴、积极落实“四强”行动政策、谋划经济社会高质量发展。在此基础上，2023~2024 年，甘肃城乡居民的人均可支配收入与消费将实现稳步提高。2023 年 1~8 月，甘肃经济运行延续了稳中有进、向上向好的良好态势，全省规模以上工业增加值同比增长 7.2%；固定资产投资同比增长 8.2%；出口总值 84 亿元，增长 8.7%①。此外，2020 年、2021 年、2022 年连续三年甘肃农村居民人均可支配收入增速高于全国平均增速。可见，全面稳定向好的经济发展态势奠定了甘肃居民收入水平稳步提升的基础。2023~2024 年，课题组预计甘肃可顺利实现城镇和农村居民人均可支配收入分别增长 6% 和 7.5% 的预期目标。

二是甘肃物价水平可能小幅上涨，总体良性可控。2023 年 1~8 月，全省居民消费价格同比上涨 0.8%；全省工业生产者价格降幅收窄，全省工业生产者出厂价格、购进价格同比分别下降 5.3% 和

---

① 甘肃省统计局：《2023 年 1~8 月全省经济运行情况》，甘肃省统计局网（2023 年 9 月 19 日），http：//tjj. gansu. gov. cn/tjj/c109459/202309/173766600. shtml。

8.0%。课题组预计2023～2024年度，甘肃CPI在合理区间内保持1%左右的小幅温和上涨，可顺利实现居民消费价格指数涨幅控制在3%以内的目标。

三是金融存贷总体平稳运行，2023～2024年具备可挖掘消费潜力。2021年末，全省金融机构本外币各项存款余额22614.6亿元，比上年末增长7.7%；金融机构本外币各项贷款余额23905.3亿元，增长7.9%。2022年末，全省金融机构本外币各项存款余额24896.4亿元，比上年末增长10.1%；金融机构本外币各项贷款余额25389.8亿元，增长6.2%。2023年8月末，全省金融机构本外币各项存款余额26278.5亿元，同比增长6.8%；本外币各项贷款余额27213.5亿元，增长8.5%。近三年来，甘肃存贷稳定增长的趋势明显，未来居民有较强的存储避险倾向的同时亦具备一定的消费意愿和消费能力。

四是疫情防控新阶段，经济全面恢复需要时间，百姓对经济发展前景预期的分化看法也导致规避风险情绪客观存在。基于此，未来甘肃城乡居民的大额度支出（以购房消费为主）的消费意愿仍然会趋于保守，但与此同时，鉴于消费者以通信和网络渠道开的批零住餐业领域消费的习惯逐步养成，这一类型的消费额则将持续迎来大幅增长。

五是以收入稳步增长为前提，叠加促消费扩内需系列政策效应，2023～2024年甘肃居民消费水平将实现大幅增长。2023年1～8月，甘肃社会消费品零售总额同比增长9.7%，全省限额以上批零住餐业通过公共网络实现零售额同比增长30.3%。以8月份为例，全省社会消费品零售总额354.8亿元，同比增长8.7%。限额以上单位服装鞋帽针纺织品类、金银珠宝类、化妆品类、烟酒类、饮料类商品零售额分别增长46.4%、35.0%、24.3%、21.7%和13.5%；石油及制品类商品零售额增长15.1%；汽车类商品零售额增长16.4%，其中新能源汽车零售额增长42.3%。预计2023～2024年度，全省社会消费品零售总额增长率将实现10%以上的大幅增长，兰州市、酒泉市等地的这一指标有望突破11%。

## 四　甘肃提振收入促进消费面临的主要困难

### （一）发展不平衡衍生的收入增长不平衡问题依然突出

近年来，甘肃居民收入均保持了稳定增长的态势，各市州城乡居民的收入增长率之间的差别亦不明显。2021年，各地区城镇居民人均可支配收入同比增长率基本保持在6.6%~7.7%，农村居民人均可支配收入同比增长率基本保持在10%~11.2%。2022年，甘肃受疫情影响较大，各地区城镇居民人均可支配收入同比增长率比上年明显下降，但总体基本保持在3.5%~4.7%，农村居民人均可支配收入同比增长率基本保持在6.1%~7.5%，各地区居民人均可支配收入基本保持趋同的增长速度（见表9）。但仔细分析各地区的收入数据，则可以发现，首先，全省收入水平整体依然低下。全省城镇居民人均可支配收入高于全国平均水平的地区仅有嘉峪关市，农村居民人均可支配收入高于全国平均水平的地区则仅有嘉峪关和酒泉两市。其次，地区间收入水平沟壑明显。城镇居民人均可支配收入最高的嘉峪关市（49634元）比最低的临夏州（25773元）高92.6%；农村居民人均可支配收入最高的嘉峪关市（26284元）比最低的临夏州（9672元）高172%。最后，甘肃各地区的城乡居民收入比也存在明显差距。张掖市城乡居民收入比最低，为1.72，天水则最高，为3.13，两者差距明显。可见，全省区域发展不平衡及城乡发展不平衡衍生的收入增长不平衡问题依然十分突出，收入水平处于全国、全省落后水平的多个地区居民增收压力依然较大。

**表9　2022年甘肃各市州居民人均可支配收入**

| 区域 | 2021年城镇居民人均可支配收入（元） | 2022年城镇居民人均可支配收入（元） | 比上年增长（%） | 2021年农村居民人均可支配收入（元） | 2022年农村居民人均可支配收入（元） | 比上年增长（%） | 城乡收入比 |
|---|---|---|---|---|---|---|---|
| 全国 | 47412 | 49283 | 3.9 | 18931 | 20133 | 6.3 | 2.45 |
| 甘肃省 | 36187 | 37572 | 3.8 | 11433 | 12165 | 6.4 | 3.09 |
| 兰州市 | 43244 | 45277 | 4.7 | 16191 | 17178 | 6.1 | 2.64 |
| 嘉峪关市 | 47863 | 49634 | 3.7 | 24726 | 26284 | 6.3 | 1.89 |
| 金昌市 | 45649 | 47292 | 3.6 | 18500 | 19647 | 6.2 | 2.41 |
| 白银市 | 35586 | 37187 | 4.5 | 11878 | 12733 | 7.2 | 2.92 |
| 天水市 | 32251 | 33541 | 4.0 | 10034 | 10716 | 6.8 | 3.13 |
| 武威市 | 33791 | 35244 | 4.3 | 14859 | 15899 | 7.0 | 2.22 |
| 张掖市 | 31091 | 32366 | 4.1 | 17670 | 18854 | 6.7 | 1.72 |
| 平凉市 | 33398 | 34867 | 4.4 | 10800 | 11566 | 7.1 | 3.01 |
| 酒泉市 | 42794 | 44420 | 3.8 | 21923 | 23414 | 6.8 | 1.90 |
| 定西市 | 29711 | 31077 | 4.6 | 9798 | 10425 | 6.4 | 2.98 |
| 陇南市 | 28694 | 29899 | 4.2 | 9314 | 10013 | 7.5 | 2.99 |
| 临夏州 | 24902 | 25773 | 3.5 | 9006 | 9672 | 7.4 | 2.66 |
| 甘南州 | 29481 | 30660 | 4.0 | 10142 | 10883 | 7.3 | 2.82 |
| 庆阳市 | 36036 | 37585 | 4.3 | 11538 | 12276 | 6.4 | 2.62 |

资料来源：根据甘肃发展年鉴及各地区统计公报数据整理测算。

## （二）各地区消费水平差异明显且整体消费水平依然偏低

2022年，受疫情影响，甘肃各地区消费水平的增长幅度低于2021年，但总体依然保持稳定增长。在此基础上，各地区的消费水平则差异明显。一是囿于收入水平所限，甘肃各地区的消费水平依然较低。在13个地州市（陇南市数据缺省）中，城镇居民人均消费水平高于全国平均水平的城市有嘉峪关、金昌和酒泉三市，且高出程度有限。农村居民人均消费水平则仅有嘉峪关、张掖和酒泉三市略高于全国平均水平（见表10）。当地的消费水平与收入水平正相关性十分明显。二是消费结构进一步优化调整和消费升级的压力较大。甘肃有多地区的居民恩格尔系数高于全国平均水平。有7个地区的城镇居民恩格尔系数高于全国平均水平；有2个地区的农村居民恩格尔系数高于全国平均水平，其中甘南州恩格尔系数逐年下降，但依然高达41.4%。可见，甘肃促进消费，不仅要重视消费支出的绝对数增长，更要注重消费升级和消费结构的调整与引导。三是由于经济下行压力依旧存在，民众收入水平的增长预期偏低，中等收入群体的消费心理偏消极和谨慎，以汽车、房产为代表的大额商品消费放缓，市场消费信心不足。造成上述问题的因素则是多方面的，有近几年疫情带来的负面影响，也有国家宏观经济政策出台和社会治理过程中难以避免的结构性调整带来的阵痛。为进一步促进消费，激发市场活力，甘肃各地还需要根据当地的实际情况进一步制定系列提收入促消费政策，加强落实和引导。

**表10　2022年甘肃各市州居民人均消费支出**

| 区域 | 2022年城镇居民人均消费支出(元) | 同比增长(%) | 恩格尔系数(%) | 2022年农村居民人均消费支出(元) | 同比增长(%) | 恩格尔系数(%) |
|---|---|---|---|---|---|---|
| 全国 | 30391 | 0.3 | 29.5 | 16632 | 4.5 | 33.0 |
| 甘肃省 | 25207 | -2.1 | 29.9 | 11494 | 2.6 | 32.0 |
| 兰州市 | 29465 | 3.8 | 31.2 | 13239 | 5.1 | 32.9 |
| 嘉峪关市 | 33941 | 2.0 | 32.0 | 18872 | 4.1 | 29.0 |
| 金昌市 | 31484 | 5.1 | 29.3 | 14287 | 6.2 | 30.7 |
| 白银市 | 22582 | 4.5 | 30.3 | 9475 | 5.4 | 32.0 |
| 天水市 | 18013 | 3.8 | 26.9 | 11355 | 2.9 | 30.5 |
| 武威市 | 27412 | 6.0 | — | 13403 | 8.7 | — |
| 张掖市 | 25177 | 3.6 | 29.8 | 16806 | 6.0 | 30.2 |

续表

| 区域 | 2022年城镇居民人均消费支出(元) | 同比增长(%) | 恩格尔系数(%) | 2022年农村居民人均消费支出(元) | 同比增长(%) | 恩格尔系数(%) |
|---|---|---|---|---|---|---|
| 平凉市 | 21854 | 5.0 | 30.1 | 10888 | 8.2 | 27.6 |
| 酒泉市 | 30614 | 4.6 | 28.0 | 16635 | 5.4 | 28.8 |
| 定西市 | 20884 | 3.3 | 30.0 | 10141 | 3.8 | 33.5 |
| 临夏州 | 19448 | 6.6 | 28.2 | 8407 | 5.1 | 31.8 |
| 甘南州 | 25262 | 11.9 | 35.6 | 8734 | 6.6 | 41.4 |
| 庆阳市 | 23876 | 4.8 | 28.5 | 10350 | 4.4 | 31.9 |

资料来源：根据甘肃发展年鉴及各地区统计公报数据整理测算，陇南市数据缺省。

## 五　高质量发展目标下提振收入扩大消费的几点建议

收入和消费是一个硬币的两面，要实现高质量目标下提振收入水平，扩大和升级居民消费，就必须从切实增加居民收入着手，进而实现促进消费激活市场，并形成良性的经济循环。为此，甘肃要积极抓住经济复苏的窗口期，全面谋划产业发展，在夯实增收基础上，优化收入分配制度，制定落实有效的消费政策以实现提振收入、扩大内需、促进消费的总体目标。

### （一）全面开展“强工业”行动，努力提高工资性收入水平

甘肃居民收入的主要来源为工资性收入，其中城镇居民的工资性收入占总收入的约2/3，农村居民的工资性收入也要占总收入的近1/3。全省要进一步发挥省属国企的引领带动作用，保持固定资产投资增速，打造石油化工、有色冶金、电子信息、生物医药、新能源、新材料、军民融合等7个千亿级规模产业集群，培育壮大兰州新区、

兰州高新技术产业开发区等13个百亿级园区，以此为依托，壮大企业队伍，夯实工资性收入基础。要深挖新兴产业潜能，培育工业“增长点”，科技创新赋能，提高基层产业工人、科研及管理者的工资待遇。

### （二）在乡村振兴战略中嵌入数字经济进一步推动农户增产增收

要加快甘肃数字乡村建设，持续推动数字经济的发展。要引入新型数字技术，优化农村传统信息基础设施建设，缩小城乡之间的数字经济发展差距。各级政府要因地制宜地制定与数字经济相关的发展规划，避免平台、软件或数字设备出现重复投资，造成资源浪费。要积极鼓励农户就业创业，增强数字经济对农户的增收作用。各级政府要重视互联网技术与农村教育的有效融合，促使农户通过线上线下的学习方式来获取专业知识，提高数字素养和数字技术操作能力，培养农村的数字化复合型人才。要依托数字经济，多向发达地区学习和发掘新型农业生产经营方式，如电商直播和云认养，为农户就业创业提供多样化选择。

### （三）深化旅游产业带动效应，全面带动服务业繁荣增收

要借助甘肃特色的旅游品牌效应拓宽当地各类产品的销售渠道，例如通过兴办各类型旅游文化节来促进优质农产品的营销，或是借助互联网平台线上旅游直播形式售卖文旅产品或餐饮服务。要因地制宜，各级政府应加大在文旅产业方面的资本和技术的投入力度，完善基础设施，优化文旅产业发展条件。要促进城乡互动，加大招商引资力度，丰富文旅产业的类型，释放大量的工作机会，形成稳定的收入途径，助力城乡居民可持续性增收，尤其为甘肃欠发达地区提供新的经济增长极。

### （四）加强财税政策的统筹调节机制，优化完善分配制度

党的二十大报告提出，规范收入分配秩序，规范财富积累机制，保护合法收入，调节过高收入，取缔非法收入，坚持多劳多得，鼓励勤劳致富，促进机会公平，增加低收入者收入，扩大中等收入群体，并首次提出了要“规范财富积累机制”。相对于高收入人群，中低收入群体财富增长缓慢，而且风险波动性较大。甘肃整体收入水平不高，保障中低收入群体的个人权益，提升人民的获得感、安全感和幸福感，则更为必要和迫切。要进一步探索建立多层次社会保障体系，加大对低收入群体的补贴力度，就甘肃省实际而言，要进一步重点加大农村低收入群体的社会保障力度，缩小城乡待遇差距，以保障各种形式的福利待遇接近。要进一步完善财政收支匹配制度，进一步争取中央向甘肃的地方财政收支比例倾斜力度，落实好、发挥好政府社会救助政策的托底功能，重点加强医疗、教育等基础性、普惠性、兜底性民生保障财政支出，切实保障低收入群体基本生活需求。

### （五）创新消费政策的鼓励引导，激活市场主体作用

要进一步稳就业，增强经济发展信心，着力促进消费与经济增长良性循环。可借鉴四川在全国率先出台支持中小微企业和个体工商户健康发展的财税组合政策，制作发放“助企纾困政策明白卡”，开展中小企业服务月活动，推动减税退税降费、社保费缓缴等政策直达市场主体；协调金融机构积极加大对批发零售业、住宿餐饮业、文化体育娱乐业等近年来受疫情影响较大的服务业领域困难行业贷款支持力度。要提振大宗消费，全力推动汽车消费。目前，甘肃房地产市场依然疲软，应重点攻坚汽车尤其是新能源汽车消费。地方政府要以财政部、税务总局发布减征车辆购置税促销政策为契机，加强与汽车和成品油销售企业谈判沟通，较高幅度加大本地购车的补贴力度，避免潜

在消费群体外流。要积极发挥消费券撬动作用。积极鼓励当地汽车、家电销售企业和重点商贸企业等参与消费券促销活动，叠加优惠让利措施，提高消费券“乘数效应”，用“真金白银”为广大市场主体带来“及时雨”。更要注重跟踪统计消费券的核销率，尤其是在需求价格弹性较高的商品市场进一步扩大消费券的覆盖范围和投放力度。要创新消费模式，建议集中开展主题特色消费促进活动，为偏远农村居民专门开通进城购物免费接送直通车，着力释放农村消费潜力，对低收入群体精准发放爱心券等。

## 参考文献

陈玲玲、程文先：《乡村数字经济发展对农户增收的影响研究》，《成都师范学院学报》2023 年第 9 期。

董甜甜、叶胥：《收入分配视角的共同富裕：国际经验、现实挑战与政策取向》，《重庆理工大学学报》（社会科学）网络首发 2023 年 9 月 27 日。

# B.4

# 2023年甘肃就业形势发展报告

刘徽翰 *

**摘　要：**　报告深入分析了甘肃当前就业形势和未来发展走向。研究发现，目前甘肃就业形势保持稳定，呈现稳中向好态势，全年就业形势有望保持稳中有进。但由于国际国内和省内经济社会发展形势影响，做好就业工作仍然面临着就业总量压力持续增强、重点群体就业工作难度加大、就业技能培训有待加强、就业服务尚需优化提升和灵活就业人员权益保障亟须加强等诸多困难与挑战。为确保完成 2023 年就业工作任务目标，要继续强化就业优先政策，促进稳增长和稳就业政策有效衔接，做好重点群体就业工作，提升就业技能培训、优化就业服务和加强灵活就业人员权益保护。

**关键词：**　就业形势　就业优先战略　甘肃

就业是民生之本。党的二十大报告提出要强化就业优先政策，健全就业促进机制，促进高质量充分就业。2022 年以来，面对复杂严峻的国际环境和疫情冲击下的国内经济社会发展形势，甘肃省委、省政府和各级政府部门坚决落实党中央、国务院决策部署，统筹推进疫情防控和经济社会高质量发展，全省经济发展回稳向好。省政府就业工作领导小组各成员单位特别是人社部门坚决扛起促就业主体责任，

* 刘徽翰，甘肃省社会科学院社会学研究所助理研究员，主要研究方向为社会问题与社会治理。

实干担当，强化保就业稳就业各项政策措施落实，扎实做好各项工作；政府、市场主体和社会力量及劳动者同心共向发力，形成了全社会保就业稳就业的良好氛围。随着疫情防控较快平稳转段，省委、省政府适时推动出台一系列加快经济发展、促进就业创业的政策措施并落地实施，全省经济发展态势良好，市场主体信心逐步恢复，活力逐步激发，就业形势整体上呈现“总体稳定、逐渐回暖、好于预期”的发展态势。

## 一 甘肃2022年和2023年上半年就业形势

### （一）全省就业局势稳中向好，重点群体就业工作稳步推进

2022 年全省城镇新增就业 32.02 万人，全年开展政府补贴性职业技能培训 50.85 万人次，输转城乡富余劳动力 527.3 万人，其中脱贫劳动力 200.3 万人，创劳务收入 1483.3 亿元，均超额完成年度目标任务。全省通过包机包车包专列“三包”方式，“点对点”输转务工人员 11 万人，乡村就业工厂（帮扶车间）累计达到 2541 个。全面提前完成“支持 1 万名未就业普通高校毕业生到基层就业”为民办实事项目和各类基层服务项目 7080 人的招募工作，募集就业见习岗位 1.3 万个，全省应届高校毕业生就业率达到 90%以上。全省城镇调查失业率年平均为 5.8%，保持在合理区间①。

2023 年上半年，全省城镇新增就业 19.66 万人，完成年度目标任务的 61.4%，其中，就业困难人员实现就业 1.97 万人，失业人员实现再就业 8.1 万人。6 月份城镇调查失业率为 5.2%，连续 4 个月下降，与全国平均水平持平。全省共输转城乡富余劳动力 521.5 万

① 2022 年和 2023 年上半年就业资料来源于甘肃省人力资源和社会保障厅。

人，其中脱贫劳动力198.5万人，均超额完成年度目标任务，“点对点”输转16万人，规模再创新高。全省乡村就业工厂（帮扶车间）累计认定2553个、吸纳就业9.4万人。全省乡村公益性岗位共安置脱贫人口14万人，岗位数量总体稳定。省人社厅结合省委“三抓三促”和“主动创稳”工作部署，决定在全省14019个行政村每村选聘1名乡村创稳网格员，充实农村一线创稳力量。2023年，甘肃高校毕业生达20.7万人，比上年增加2万多人①。继续实施“支持1万名未就业普通高校毕业生到基层就业”为民办实事项目，全省通过资格审核项目用人单位和资格审核岗位分别达到2202个和10656个。全省有9.1万名高校毕业生通过网上报名参加“三支一扶”“特岗教师”“西部计划”基层服务项目，项目招录工作计划于8月底完成。扩大就业见习岗位规模，全省新增青年就业见习岗位4439个。上半年，全省高校2023届毕业生去向落实率高于上年同期4个百分点。

### （二）就业政策落实有力，支持效果不断彰显

2022年持续为各类市场主体纾困稳岗，累计“降、缓、返、补”35.75亿元，涉及企业20.96万户次。创业带动成效明显，“百千万”创业引领工程向纵深推进，累计评选“创业达人”142名、“创业新秀”926名、“新锐创客”7340名；全省新增发放创业担保贷款45.69亿元，吸纳带动就业6.01万人。积极推进“人人持证”，进一步完善技能评价体系，已备案50家企业、121家社会培训评价组织，职业技能等级评价工作有序开展。创新建立全国首家省级“技能大师之家”，新建26个省级技能大师工作室、4个省级高技能人才培训基地。

---

① 《〈甘肃省人民政府办公厅关于落实稳就业政策措施全力促发展惠民生的通知〉政策解读新闻发布会实录》，https：//www.gszhaopin.com/content/news/show/7423.html，2023年8月12日。

聚焦高校毕业生等重点群体，创新启动省市县三级人社部门“百名人社局长直播带岗”暖心行动，组织15名厅局长、11名市（州）长和市县区158名人社局长带岗直播，累计开展招聘活动1609场，提供就业岗位77.7万个，达成意向性就业协议5.7万份。不断加大创业担保贷款支持乡村振兴力度，10万元以内创业担保贷款“贴息免担保”惠民政策在全省39个乡村振兴重点帮扶县试点推广，最大限度释放政策红利。

扎实推进全省东西部劳务协作，天津、山东帮助全省58个受援县15.9万名农村劳动力实现转移就业，超目标任务的5倍之多。统筹用好各类乡村公益性岗位，其中人社系统牵头开发乡村公益性岗位安置8.98万人、市县额外自主开放安置5.12万人。因地制宜转型认定乡村就业工厂（帮扶车间）2541个，共吸纳就业9.76万人，其中脱贫劳动力3.74万人。加大“兰州拉面师”“静宁果农”“庆阳香包绣女”“礼贤妹”等著名劳务品牌宣传推介力度，全省推荐的21个劳务品牌代言人上榜“全国劳务品牌形象代言人”。创新实施“爱心理发员”三年赋能行动，累计开展爱心理发员培训7146人次，并对其中经营效果好、带动就业人数多的个体给予最高可达15万元的项目奖补。在疫情发生后，加大返乡人员就业援助和托底安置力度，特别是针对河西地区新能源、装备制造等产业存在较大用工缺口的实际，组织举办省内东西部劳务协作招聘活动，破解河西部分地区“用工荒”难题。全省累计输转脱贫劳动力200.3万人，创劳务收入552.1亿元，培训脱贫劳动力9.31万人次，均超额完成国家下达目标任务。

2023年上半年，延续实施阶段性降低工伤和失业保险费率、失业保险稳岗返还、一次性扩岗补助等政策，累计“降、返、补”8.46亿元。持续开展省市县三级人社部门“援企稳岗·服务千企”行动，走访服务各类企业3152家。开展职业技能培训29.25万人次，其中康养类培训4.04万人次，完成年度目标任务的73.12%。纵深推进“百千万”创业引领工程，全省累计评选出省级“创业达人”208名、市级“创业新秀”949名、县级“新锐创客”7536名。截至6月末，新增发放创业担保贷款70.6亿元，新增发放“陇原惠岗贷”贷款721户、13.98亿元，全省创业担保贷款余额182.56亿元，吸纳带动就业8.16万人。持续用好甘肃人社“直播带岗”平台，举办各类直播带岗活动共725场，累计参与用人单位1.86万家次，提供就业岗位44.7万个。6月，启动了“就在甘肃 职等你来”——甘肃省百名人社局长直播带岗暖心行动第二季活动，启动仪式当天，57万人在线参与互动。

千方百计拓展高校毕业生就业空间。深入调研人才市场需求，结合“访企业”“访校友”“拓岗位”“送人才”，主动开拓市场化和政策性岗位。年初省教育厅带队组织16所和40所高校分别赴广东和新疆访企拓岗，走访企事业单位740家，签订校企就业合作协议65份，在102家企业建立就业实习基地。截至2023年上半年，全省高校累计走访单位1.27万家，开拓岗位1.3万个、岗位需求人数6.3万人次。省教育厅联合省直有关部门举办省级大型校园招聘会25场，提供就业岗位12.02万个。全省各高校累计组织校园招聘1万多场，提供就业岗位85万个①。省人社厅对符合条件的2023届困难高校毕业生，提前发放每人1000元一次性求职创业补贴，已发放了6000多万元，惠及6万多人②。

① 2022年和2023年上半年就业资料来源于甘肃省人力资源和社会保障厅有关材料。

② 2022年和2023年上半年就业资料来源于甘肃省人力资源和社会保障厅有关材料。

## （三）保障劳动者合法权益，劳动关系和谐稳定

2022 年，全省立案查处涉及农民工欠薪案件 572 件，共为 1.25 万名农民工追回工资 9962.4 万元，公布重大劳动保障违法行为 121 起，将 34 家企业和 4 名个人依规列入拖欠农民工工资失信联合惩戒名单。积极创建构建和谐劳动关系，全省分别有 4 家企业和 1 个工业园区被命名为全国和谐劳动关系创建示范企业和全国和谐劳动关系创建示范工业园区；在全省组织开展了劳动关系领域矛盾风险防范化解专项行动；组织对全省 6400 余户企业开展了薪酬抽样调查。在全国较早出台《关于维护新就业形态劳动者劳动保障权益的实施意见》，实现全省 2.5 万名基层快递网点从业人员参加工伤保险全覆盖，培训快递从业人员 6950 人次，1989 名快递从业人员获评职称，《中国劳动保障报》在全国予以推广。调解仲裁处理效能不断提升，全省各级仲裁机构和调解组织共立案受理劳动人事争议案件 9849 件，审结 9726 件，结案率达 98.8%。

2023 年上半年以实施《保障农民工工资支付条例》为主线，以工程建设领域为重点，开发使用“陇明公”省级工资支付管理公共服务平台，全面加强督导检查，加大执法惩戒力度，根治欠薪取得积极成效。上半年，全省各级人社部门共检查用人单位 5012 户，立案查处劳动者投诉案件 197 件，已全部办结，其中，涉及农民工工资案件 147 件，共为 3630 名农民工追回工资 5077.7 万元。全省各级人社部门公布重大劳动保障违法行为 71 起，将 26 家企业和 3 名个人依规列入拖欠农民工工资失信联合惩戒名单。启动开展 2023 年全省企业薪酬调查工作，做好省属国有企业负责人薪酬备案工作，会同省委组织部等部门对 8 户省属企业开展收入分配检查和劳动用工调研工作。上半年，全省各级仲裁机构和调解组织立案受理劳动人事争议案件 5620 件，涉及劳动者 5718

人，审结案件 5364 件，仲裁结案率达 95.4%，结案案件涉案金额 1.66 亿元。

## 二　甘肃就业领域面临的主要问题和挑战

甘肃当前正处在经济恢复和产业升级的关键阶段，周期性矛盾和结构性问题交织叠加。就业方面，企业生产经营还面临不少困难，省内就业容量、质量与群众期盼还有差距，高校毕业生、农民工、就业困难人员等重点群体就业面临持续承压局面，就业结构性矛盾仍较为突出。就业工作的目标要在稳固既有规模的基础上，力争消化新增劳动力，在城市要确保不发生大规模失业，在农村要确保不发生大规模返贫。

从上半年主要经济指标运行情况看，2023 年全省总体就业形势保持稳中向好、稳中有进；全年就业形势有望保持总体稳定，但稳中有难。总体而言，甘肃就业具备有利的宏观环境和良好的基本条件，但同时也面临着许多挑战和困难。

### （一）就业总量压力多元化

在经济发展进入下行周期、产业结构调整、技术进步、城乡区域发展和劳动力就业观念变化等多种因素综合作用下，就业领域的新情况新变化导致就业总量问题呈现新特点。具体而言，由于经济发展模式变化和产业结构调整，部分传统行业的就业岗位和机会因为产能过剩和技术替代更新而减少，劳动者就业技能与行业转型升级不匹配的深层次矛盾进一步放大，结构性就业问题不断加剧。部分行业因为国家宏观政策影响，房地产、教培、文娱、传统制造业等行业进入深度调整期，这些行业的从业人员转岗安置和职业技能更新出现较大困难。城乡区域发展不平衡是当前甘肃面临的“三大不平衡”问题之一，城镇与乡村在经济社会发展水平上呈现较大差距，导致就业机会和薪资待遇水平在城市和乡村分布很不平衡，农村地区就业人口多、就业机会少和就业压力大的问题长期存在并不断加深。同时，这种差距不仅体现在就业机会和岗位、薪资水平、福利待遇等直观层面，而且体现在制度性排斥、社会保障以及公共服务等体制性层面。随着数字技术、人工智能、自动化等新技术的广泛应用，“就业替代”效应更加明显，部分传统行业和岗位趋于消失或已经消失。结构性失业、周期性失业和摩擦性失业三种类型叠加，进一步加大了就业工作的困难度和复杂性。

### （二）重点群体就业压力依然存在

当前就业群体按照就业能力大致可分为三类：一是具备完全在市场中能够独立解决就业问题的高能力群体，主要包括高学历（毕业于名校）、高技能、高成长性的劳动力；二是能够借助公共就业服务在市场中最终解决就业问题的普通或中等能力群体，绝大多数劳动力属于这一类型；三是完全无能力在市场中获得就业机会和工作岗位，只能依靠政策性安排和财政资金安置的劳动力。这三类群体对于就业政策、就业服务的需求和期待有明显的差异。高能力群体希望少干涉、提供宽松自由的发展环境；中等能力群体希望能够精准干预和按需服务；第三类群体希望政府能够提供兜底式永久性服务，完全彻底解决自己的就业问题。

**1. 青年群体就业压力增大，就业心态变化亟须重视**

2021 年以来，国家统计局连续每月公布全国 16~24 岁青年失业率，这一数字持续走高，部分月份高达 20% 以上，充分凸显青年就业形势态势严峻，不容乐观。青年人就业困难群体主要包括两类：一是低学历青年人群，二是高校毕业生群体。整体就业形势困难，经济表现低迷，导致众多市场主体和雇主在劳动力市场上更倾向于选择成熟、有经验和具备相应技能，能够“即招即用”的劳动者。低学历群体通常集中在低端劳动力市场，以体力劳动为主，可替代性和不稳定性较高；高校毕业生就业的最大劣势在于缺乏工作经验和职场经历，且就业期望与市场要求之间存在较大差距。2023 年，甘肃高校毕业生规模超过 20 万人，选择在甘肃就业的高校毕业生数量将大概率超过这个数字，进一步加大了省内就业难度。青年群体正处在人生起步阶段，生活成本高，经济压力大，但同时薪资水平低，跳槽频率高，不太重视相关技能的长期积累，因此其就业脆弱性和波动性较大。根据目前国内和省内高校在校学生的数据预测，未来几年高校毕业生数量还将持续处于高位。高校应届毕业生一般都会在前一年度下半年集中进入劳动力市场求职，部分低学历层次青年和往届生也会相继加入竞争，青年群体的就业总量压力和结构性就业问题持续存在。每年随着高校毕业生数量的持续增多和受宏观经济环境的影响，青年就业市场的竞争烈度日益增强，热门行业（科学研究和技术服务业、教育、金融、信息传输、软件和信息技术服务业等）和热门岗位（党政机关、国有企事业单位等）吸引力持续增强，但总体容纳量有限，毕业生面临的竞争压力和竞争难度不断加剧。部分学生所学专业和市场需求、就业岗位不对口的问题仍然比较突出，一些理工类特别是新兴技术类专业的就业岗位需求较高，就业机会相对较多；与此形成鲜明对比的是，部分专业特别是文科专业和传统基础研究型学科的就业岗位和就业机会明显偏少。知名高校、综合类院校、普通学校的非热门专业同样存在学生就业难度大和就业机会少的问题，迫切需要进行知识技能更新和专业设置调整。一些高校学生和青年的就业观念与职业发展观念依然保守陈旧，在经济上行阶段希望政府少干预，倾向于选择高收入行业和岗位；经济困难时期期待政府多帮扶，倾向于选择稳定性高的行业和岗位。部分青年对市场风险和波动预计不足，独立自主意识不强，对专业选择和未来发展、职业选择、职业规划随意性、盲目性较大，不愿意为自己的行为负责。

2. 农民工就业稳定性有待加强

近几年，受疫情和产业转型等因素影响，建筑业、生活服务业等劳动力密集型行业发展困难较大、部分经营主体恢复速度慢，就业岗位和就业机会双双下降。与此同时，大部分农民工集中在技能要求低的行业和企业，长期以来这些企业和经营主体对就业技能培训既不重视也无力提供，导致农民工人力资本提升和职业发展空间有限，就业能力和竞争力严重受限。城市就业的社会融入和公共服务均等化问题持续存在，在经济下行周期则更加凸显，进一步提高了农民工就业门槛。部分农村地区集体产业发展效果不理想，吸纳带动劳动力就近就地就业的能力不足。部分脱贫劳动力的技能培训难度大，技能提升慢，与市场要求不适应不合拍。还有个别群体已经陷入“福利和帮扶陷阱”，完全放弃个人努力，彻底躺平。基层一些地方的公益性岗位没有做到“应保尽保”“奖勤罚懒”，存在优亲厚友、变相谋私的情况，也在一定程度上影响了就业兜底保障的应有作用。

## （三）职业技能培训尚需加强

一些职业技能培训机构缺乏对用人单位要求和市场需求的深度了解与适时研判，在机构与市场主体之间缺乏长期可持续的合作、交流机制，与市场和劳动者的对接通道不够顺畅。部分机构因为教学资源和师资力量不足，培训内容和方法的时效性、实用性、适用性与劳动者的实际需求不相匹配，导致培训效果不佳。当前多数职业培训机构仍然采用传统的培训模式，缺乏对实际工作环境和真实劳动场景的模拟，缺少与真实工作任务的结合，导致技能培训的实际应用转化率较低，劳动者很难在真实劳动场景和实际工作中有效应用所学技能。还有部分培训机构的培训理念、内容、服务方式未能及时跟进经济发展、市场趋势、技术更新和行业发展变化，不能有效满足劳动力市场的现实需求，参加培训的劳动者仍然可能面临“毕业难就业、毕业即失业”的现实困难。省内职业技能培训资源分布不均衡，农村地区和欠发达地区相对匮乏，针对新兴行业和特定行业的培训服务相对欠缺，在机构数量、设备配置、师资能力等方面普遍不足，严重制约了劳动者技能培训的规模和质量。

### （四）就业服务有待优化提升

经过多年努力，公共就业创业服务体系建设成效明显，但与劳动者和市场日益增长的多样化、个性化需求相比仍有较大差距。突出表现为信息提供笼统、渠道单一和更新缓慢。一方面难以准确及时提供市场动态需求信息，另一方面对劳动者的就业信息和就业能力缺乏全面了解，制约了市场信号与劳动者信息的充分顺畅交流。就业服务机构主要关注普通的信息提供，缺乏对劳动者的就业指导、就业能力评估和职业发展规划。当前就业服务机构普遍依赖于招聘会、校园招聘等传统的就业渠道，对线上和数字化平台、新兴行业和非传统职业的招聘渠道建设重视不够、开发不足。对于求职者在不同地区不同行业之间的流动性需求缺乏足够支持。

### （五）灵活就业人员权益保障亟须加强

近年来，伴随着数字技术和平台经济发展而涌现的新就业形态方兴未艾，以任务中心导向、用工机制灵活、扁平化互联式组织方式为特征的灵活就业成为重要的就业形式，灵活就业人员达到相当规模。新就业形态和灵活就业人员已经成为吸纳劳动力的重要渠道和部分行业与企业的主要需求对象。相较于传统行业和传统雇佣方式，灵活就业具有选择范围广、用工成本小、工作方式灵活多样等特征，但也存在就业状态流动性大、不稳定性强、工作时间长、权益保障难的现实困难。灵活就业属于非全日制用工，正式劳动合同签约率低，容易产生欠薪，从业人员工资缺乏保障。现行《工伤保险条例》规定工伤保险待遇由用人单位按照标准支付费用，但灵活就业人员一般无用人单位作为依托，难以参加工伤保险，导致工伤事故发生后很难获得救助和补偿。且灵活就业人员人数虽多但分散度高，组织化水平低，缺乏组织化权益维护机制，权益保障和维护难度大。就目前省内情况看，灵活就业人员收入不稳定，因此参加城镇职工基本养老保险比例较低，多数参加城乡居民基本养老保险的缴费标准低，容易出现社保缴费中断，严重影响累计缴费年限和待遇水平。

## 三　做好今后就业工作的对策建议

做好今后一段时期的就业工作，总体思路是继续强化就业优先政策，持续巩固“大就业”工作格局，全力以赴落实稳就业保就业各项政策举措，围绕“一核三带”产业布局，优先引导省内富余劳动力就近就地就业，特别是突出高校毕业生等青年群体就业，有针对性地采取系列举措，努力确保重点群体就业稳定。持续深入开展“援企稳岗·服务千企”行动、“百名人社局长直播带岗”、“百千万”创业引领工程、“陇原惠岗贷”系列专项活动。规范和发展新就业形态，支持多渠道灵活就业，推动各地加强零工市场建设。积极关注经济下滑导致裁员而返乡回流的务工人员，加强调研监测，全力以赴引导其尽快就地就近就业，确保务工人员就业局势总体稳定。

### （一）促进政策有效衔接，培育更多就业岗位

围绕全省“四强行动”和经济发展战略，积极推动稳增长和稳就业政策有效衔接，立足省内就业市场阶段性特征和劳动力成长特点，以装备制造、交通运输、建筑、文化旅游、餐饮住宿等产业为重

点，科学评估产业经济效益与带动吸纳就业作用，健全完善与用工数量、薪资待遇和劳动保障相挂钩的产业发展支持政策体系，推动政策、项目、资金等资源向就业友好型产业倾斜。巩固延伸劳动力密集型产业链，稳住就业岗位。进一步加快省内河西河东地区劳动力跨区域转移。提高农村就业承载力，强化乡村振兴基础设施项目、农村人居环境改善项目和“以工代赈”项目的就业带动作用，围绕实际所需开发乡村治理类和文化服务类的公益性岗位，吸纳更多农村劳动力就近就地就业。用好消费支持政策，发挥消费对生活类服务业特别是接触类服务业的促进支撑作用，有效增加就业岗位和用工数量。

### （二）拓展就业空间，做好重点群体就业工作

持续优化劳动力供求对接匹配机制，提升就业岗位使用效率。一是引导各类高校尽早部署年度就业工作，探索完善招生计划和专业调整与市场动态变化相适应的配套政策和工作机制。二是做好就业困难院校和专业的发展路径转型，以市场需求为导向，引导教育资源向就业前景好、发展潜力大的院校和专业倾斜配置。三是完善校企产教深度融合机制，提升产教融合信息平台的精准化水平，促进就业市场供求信息互联互通共享。四是继续落实好引导高校毕业生到基层和生产一线就业的生活补贴、社保补助和税费减免等政策措施。五是深化东西部就业帮扶协作，建立常态化的劳务输出地和输入地协作机制，扩大农民工区域劳务对接规模和提升效率。六是积极推动同行业不同企业之间建立用工调剂平台，通过外包用工等形式，引导劳动者在行业内不同企业之间按需上岗，充分提高岗位使用效率。

### （三）加强培训机构能力建设，提升职业技能培训水平

全方位提高职业技能培训水平，支持各方资源投入技能培训领域，吸纳更多行业精英和创业达人兼任就业指导培训专员，加强技能

培训的内容、方法和知识更新。深度对接企业和市场主体用工需求，创设更多符合真实劳动场景的就业见习、实习和模拟工作基地，培育更多高水平技术工和熟练普工。引导重点企业和用工大户自主和联建职业技能培训机构，鼓励更多社会机构面向中小微企业开发“主题式和专题化”的技能培训项目与服务。重点围绕就业市场供需形势研判、人力资本提升、职业发展规划等环节，打造省域数字化职业技能培训平台，积极推动培训机构和培训服务数字化转型，提升劳动者就业能力。发挥好失业保险基金的技能补贴标准作用，促进劳动者努力提升自身技能水平。

### （四）健全考核标准，持续优化提升就业服务

建立健全基层公共就业服务机构工作考核标准，将服务人数、服务内容、服务次数等列入核心指标，重点考察机构针对长期失业或无业人员、就业困难人员、高龄就业人员和公益性岗位安置人员开展的点对点精准就业服务成效，以此提升基层公共就业服务机构的服务质量。加强高校学生就业指导，应尽早开设专门的就业指导课程，配备专业的就业指导员（辅导员）；特别是要关注困难家庭毕业生、残疾毕业生和建档立卡贫困户毕业生等群体就业状况，开展精准帮扶指导。制定就业风险防范化解预案，进一步完善就业失业调查预警监测体系，健全预测预警、分级响应、上下联动的失业风险防控和应急处置机制，加强对青年、女性和就业困难群体的就业状况监测。充分发挥甘肃农民工工资支付管理公共服务平台（陇明公）预警监测和智慧监管作用，严格依法查处欠薪违法行为。持续开展劳动关系领域风险隐患排查化解工作，积极构建和谐劳动关系。

### （五）优化创业环境，加强灵活就业人员权益保护

持续加大深化放管服改革力度，不断优化营商环境和创业就业环

境，有效降低各类市场主体创业成本，加大对新就业形态从业人员在创业就业补贴、技能培训、各类社会保险等方面的政策支持力度。在全省启动并推广电子劳动合同信息系统应用，重点做好新就业形态劳动者权益保障工作。引导灵活就业人员加入行业工会联合会，依托工会组织落实劳动者相关权益和福利。提高工伤保险对灵活就业人员的覆盖水平，鼓励省内有条件的地区建立与灵活就业相适应的劳动工时、劳动报酬、最低工资和职业安全保障等多样化标准体系，将更多灵活就业人员纳入城镇职工基本养老保险体系。依法治理拖欠灵活就业人员薪酬等行为，不断提升灵活就业人员的安全感和获得感。

# B.5

# 2023年甘肃县域城镇化发展报告

宋文姬*

**摘　要：** 县城作为“城尾乡头”，是连接城市、服务乡村的重要载体。甘肃在推进以县城为载体的城镇化建设过程中对标国家重大政策向导，坚持规划引领谋特色，因地制宜补齐县城短板弱项，促进县城产业配套设施提质增效，市政公用设施提档升级，公共服务设施提标扩面，不断开创了全省城镇化发展和强县域行动新局面。推进以县城为重要载体的城镇化建设，需要面对县城青壮年劳动力流失、经济发展内生动力不足、基础设施建设存在短板、公共服务供给不足、生态环境亟须改善等制约性因素。因此，要立足省情市情县情，全力提升县域经济综合竞争力，打造一批工业强县、经济大县、农业富县、文旅名县和生态美县，构建特色鲜明、优势互补、繁荣兴旺的县域经济发展新格局。

**关键词：** 新型城镇化　县城城镇化　甘肃

郡县治则天下安，县域强则中国强。作为“城尾乡头”，县城是连接城市、服务乡村的重要载体和关键纽带，在推进乡村振兴和新型城镇化耦合发展中起着承上启下的重要作用。习近平总书记强调指出，“全面推进乡村振兴，推进以县城为重要载体的城镇化建设”。

---

* 宋文姬，甘肃省社会科学院社会学研究所助理研究员，主要研究方向为城市社会学。

党的二十大报告指出要“推进以县城为重要载体的城镇化建设”。2022 年 5 月出台的《关于推进以县城为重要载体的城镇化建设的意见》明确提出：“以县域为基本单元推进城乡融合发展，发挥县城连接城市、服务乡村作用，增强对乡村的辐射带动能力，促进县城基础设施和公共服务向乡村延伸覆盖，强化县城与邻近城市发展的衔接配合。”目前，我国正处于加快实施乡村振兴战略、稳步提高新型城镇化质量的历史关口，以县城为重要载体推动新型城镇化建设，对于解决城镇化进程中出现的人口结构、经济结构、地域空间、生活方式四个纬度转型不同步进而出现的发展不协调不平衡问题具有重大现实意义。在向第二个百年奋斗目标迈进的新征程中，推进以县城为重要载体的城镇化建设，既有利于引导农业转移人口就近城镇化，完善大中小城市和小城镇协调发展的城镇化空间布局；也有利于健全县城基础设施和公共服务，提升人居环境质量，增进县城民生福祉；还有利于辐射带动乡村发展和农业农村现代化，开拓新的投资消费空间。

## 一　甘肃推进以县城为重要载体的城镇化建设现状

### （一）城镇化发展现状

#### 1. 全省城镇化水平逐年提升

随着城镇化进程的深化推进，大量农村人口流向城镇，转变为城镇人口，人口城镇化水平不断提升。在城镇化浪潮的推进下，甘肃城镇人口数量逐年增加，城镇化率不断提升。2022 年，甘肃城镇人口 1350.64 万人，占常住人口比重（常住人口城镇化率）为 54.19%，较 10 年前（2013 年）提高 14 个百分点。当然，作为传统农业省份的甘肃，由于城镇化发展起点低、速度慢，城镇化率较全国平均水平仍有11个百分点的差距，省域范围内也依然呈现西高东低、城镇化水平地域差异大等特点。同时，甘肃通过户籍制度改革、城镇基本公共服务供给、就业创业服务体系完善、社会保障覆盖面扩大、城市空间布局优化等一系列以人为中心的政策举措的积极稳妥推进，全省城镇化水平稳步提高、发展活力不断释放、服务功能持续完善、人居环境更加优美，人民群众在城镇化进程中的获得感、幸福感、安全感不断提升。

2. 县区城镇化水平差异较大

目前，甘肃辖17个市辖区、5个县级市、57个县、7个自治县，共计86个县级区划。笔者通过搜集整理2021年度甘肃各区县城镇化率发现：87个区县（包含兰州新区）中城镇化率超过90%的有6个，从高到低依次为安宁区（兰州）100%、城关区（兰州）98.77%、阿克塞县（酒泉）94.35%、西固区（兰州）91.82%、金川区（金昌）91.38%、白银区（白银）91.29%，而这6个区县中除了阿克塞县是常住人口稀少且都在城镇居住使得城镇化率高以外，其余5个区县都因隶属省会中心城市或是因企设市的资源型城市而使得城镇化水平较高。同时，城镇化率超过全国平均水平（64.72%）的有16个区县，超过全省平均水平（53.33%）的有28个区县。值得注意的是，全省共有34个县城镇化率低于40%，其中11个县低于30%（见表1）。可以看出，甘肃区县城镇化水平差异较大，城镇化率最高与最低之间有近81个百分点的差距。同时，相较于大多数省份而言，甘肃县域经济总量小，强县缺失，人口规模也较小，多重因素导致甘肃县域发展整体较弱。

**表 1　2021 年甘肃 87 个区县城镇化率排名统计**

单位：%

| 名次 | 区县 | 城镇化率 | 属地 | 名次 | 区县 | 城镇化率 | 属地 |
|---|---|---|---|---|---|---|---|
| 1 | 安宁区 | 100.00 | 兰州 | 33 | 陇西县 | 51.60 | 定西 |
| 2 | 城关区 | 98.77 | 兰州 | 34 | 成县 | 51.07 | 陇南 |
| 3 | 阿克塞县 | 94.35 | 酒泉 | 35 | 金塔县 | 50.91 | 酒泉 |
| 4 | 西固区 | 91.82 | 兰州 | 36 | 永登县 | 48.71 | 兰州 |
| 5 | 金川区 | 91.38 | 金昌 | 37 | 临泽县 | 48.56 | 张掖 |
| 6 | 白银区 | 91.29 | 白银 | 38 | 民乐县 | 48.20 | 张掖 |
| 7 | 临夏市 | 88.90 | 临夏 | 39 | 天祝县 | 47.60 | 武威 |
| 8 | 七里河区 | 87.67 | 兰州 | 40 | 两当县 | 47.11 | 陇南 |
| 9 | 红古区 | 76.03 | 兰州 | 41 | 碌曲县 | 46.52 | 甘南 |
| 10 | 平川区 | 74.69 | 白银 | 42 | 武都区 | 45.79 | 陇南 |
| 11 | 肃州区 | 72.47 | 酒泉 | 43 | 崇信县 | 44.00 | 平凉 |
| 12 | 敦煌市 | 71.21 | 酒泉 | 44 | 华池县 | 43.49 | 庆阳 |
| 13 | 合作市 | 69.28 | 甘南 | 45 | 瓜州县 | 42.82 | 酒泉 |
| 14 | 秦州区 | 66.98 | 天水 | 46 | 正宁县 | 44.72 | 庆阳 |
| 15 | 崆峒区 | 66.98 | 平凉 | 47 | 徽县 | 42.28 | 陇南 |
| 16 | 肃北县 | 66.08 | 酒泉 | 48 | 庆城县 | 41.94 | 庆阳 |
| 17 | 玉门市 | 64.23 | 酒泉 | 49 | 民勤县 | 41.45 | 武威 |
| 18 | 西峰区 | 63.20 | 庆阳 | 50 | 靖远县 | 41.39 | 白银 |
| 19 | 华亭市 | 62.35 | 平凉 | 51 | 合水县 | 41.18 | 庆阳 |
| 20 | 兰州新区 | 60.04 | 兰州 | 52 | 泾川县 | 40.73 | 平凉 |
| 21 | 麦积区 | 59.09 | 天水 | 53 | 肃南县 | 40.57 | 张掖 |
| 22 | 永昌县 | 59.04 | 金昌 | 54 | 临洮县 | 39.79 | 定西 |
| 23 | 玛曲县 | 57.09 | 甘南 | 55 | 迭部县 | 39.42 | 甘南 |
| 24 | 景泰县 | 57.08 | 白银 | 56 | 临潭县 | 38.74 | 甘南 |
| 25 | 皋兰县 | 56.54 | 兰州 | 57 | 会宁县 | 37.33 | 白银 |
| 26 | 山丹县 | 56.04 | 张掖 | 58 | 环县 | 37.23 | 庆阳 |
| 27 | 甘州区 | 54.56 | 张掖 | 59 | 武山县 | 37.09 | 天水 |
| 28 | 凉州区 | 53.94 | 武威 | 60 | 甘谷县 | 36.81 | 天水 |
| 29 | 永靖县 | 52.94 | 临夏 | 61 | 卓尼县 | 35.99 | 甘南 |
| 30 | 安定区 | 52.89 | 定西 | 62 | 广河县 | 35.48 | 临夏 |
| 31 | 高台县 | 52.71 | 张掖 | 63 | 灵台县 | 35.26 | 平凉 |
| 32 | 榆中县 | 52.03 | 兰州 | 64 | 秦安县 | 35.25 | 天水 |

续表

| 名次 | 区县 | 城镇化率 | 属地 | 名次 | 区县 | 城镇化率 | 属地 |
|---|---|---|---|---|---|---|---|
| 65 | 漳县 | 34.71 | 定西 | 77 | 镇原县 | 29.92 | 庆阳 |
| 66 | 清水县 | 33.84 | 天水 | 78 | 渭源县 | 29.22 | 定西 |
| 67 | 文县 | 33.49 | 陇南 | 79 | 西和县 | 29.06 | 陇南 |
| 68 | 宁县 | 33.35 | 庆阳 | 80 | 和政县 | 28.94 | 临夏 |
| 69 | 夏河县 | 33.14 | 甘南 | 81 | 庄浪县 | 28.78 | 平凉 |
| 70 | 静宁县 | 32.97 | 平凉 | 82 | 宕昌县 | 28.43 | 陇南 |
| 71 | 古浪县 | 32.79 | 武威 | 83 | 通渭县 | 27.43 | 定西 |
| 72 | 舟曲县 | 32.77 | 甘南 | 84 | 康乐县 | 23.78 | 临夏 |
| 73 | 岷县 | 31.45 | 定西 | 85 | 积石山县 | 22.54 | 临夏 |
| 74 | 礼县 | 31.33 | 陇南 | 86 | 东乡县 | 20.87 | 临夏 |
| 75 | 康县 | 31.16 | 陇南 | 87 | 临夏县 | 19.06 | 临夏 |
| 76 | 张家川县 | 30.49 | 天水 | | | | |

资料来源：2021 年甘肃省 87 个区县国民经济和社会发展统计公报。

## （二）推进以县城为重要载体的城镇化建设实践

甘肃县城的数量和类型众多，在资源环境承载能力、区位条件、产业基础、人口流动等方面差异较大，县城城镇化建设需要差异化对待、分类施策，以发挥自身的比较优势，避免资源和公共财政浪费。2022 年 8 月，甘肃印发《关于推进以县城为重要载体的城镇化建设大力实施强县域行动的若干措施》，提出 44 条具体措施和 35 项推进任务，通过重点城镇建设规划布局、因地制宜引导分类发展、加快补齐基础设施短板以及建立有效推进机制四个方面的措施，将县城建设发展摆在城镇化建设更为突出的位置，全力提升县域经济综合竞争力。甘肃结合省内各县城发展实际，提出城市服务型、工业主导型、农业优先型、文旅赋能型以及生态功能型五大县城城镇化发展类型，不断探索新型城镇化和经济发展模式以提升县域经济综合竞争力，打造一批工业强县、经济大县、农业富县、文旅名县和生态美县。

1. 城市服务型县城

在现代经济中，城市因为其先天的地域优势、交通优势，集成了智力资源、劳动力资源、金融资源，以及由政府、社会、公众高度关注形成的治理资源，所以城市，特别是区域中心城市对于地方经济的发展具有举足轻重、牵动全局的重要影响。甘肃在推进以县城为载体的城镇化建设过程中，重点支持兰州市主城区、兰州新区、肃州区、甘州区等地级市城区辐射带动周边榆中县、玉门市、民乐县等48个县城示范建设，打造与邻近区域中心城市通勤便捷、功能互补、产业配套的卫星县城。作为省会城市，兰州一直以来都是辐射大西北的区域枢纽和经济中心，是国家向西开放的桥头堡和战略基地。目前，已经形成了以铁路为骨干、公路为基础、民航和黄河水运综合发展的交通体系，具有将西北五省区及西藏联为一体的有利地位，为打造服务型县城提供了充分的交通保障。

2. 工业主导型县城

工业经济是县域经济发展的重要支撑和带动力量。对于拥有工业基础优势的县城而言，加快县城工业经济高质量发展，必须做大做精“一县一主业”，按系统化、清单化、专班化、品牌化的战略，在产业布局、招商引资、转型升级中见实效，真正打造绿色高质量发展新引擎，以此来助推经济社会高质量发展。甘肃坚持工业强县不动摇，始终把工业项目建设作为推动县域经济发展的重要引擎。以肃北县为例，该县立足“工业主导型”县域发展定位，以加快马鬃山经开区建设为“强县域”行动的着力点，全力建设百亿级矿产资源精深加工基地、千万千瓦级新能源发电基地、千万吨级通道物流基地，加快工业转型升级，推进全县工业经济持续健康发展。一方面，主导工业。通过县区同权服务、“1+6”产业专班推进、行业协会抱团等措施，稳步推进黑色金属、有色金属、非金属、新能源、煤炭、石墨六大主导产业高质量发展。另一方面，新能源产业。坚持“大型化、基地化、源网荷储”一体化发展思路，统筹调峰电源、输出电网、装备制造、电能消纳和储能应用等配套产业高效发展，充分发挥马鬃山地区资源禀赋优势，以风光资源配置为抓手，积极推进新能源全产业链建设，推动能源产业高质量发展，为新能源集群化发展格局奠定了坚实的基础。2022 年，肃北县完成地区生产总值 25.9 亿元，同比增长 17%，其中，一产增加值 1.5 亿元，增长 6.3%；二产增加值 14 亿元，增长 25%；三产增加值 10.5 亿元，增长 11.4%。其中：第二产业、全部工业增加值、规上工业增加值较 2020 年翻一番。2023 年一季度，全县全部工业增加值完成 3.3 亿元，同比增长 8.3%，规模以上工业企业完成工业总产值 9.43 亿元，产值同比增长 22.93%，规上工业增加值增长 19%。①

3. 农业优先型县城

农业优先型县城是以提供农产品为主体功能的区域，其耕地较多、农业生产条件较好，对于保障粮食安全至关重要。但由于经济发展水平低、自然条件差等原因，农产品主产区的县城城镇化起步晚、发展速度慢，许多县城尚未建立起良好的产业体系，人口城镇化速度较低，人口与产业难以协调发展。甘肃深入推进优势特色产业三年倍增行动，发展现代寒旱特色农业，推进“牛、羊、菜、果、薯、药”六大特色产业提质增效，农业优先型县城充分发挥资源禀赋和产业基础优势，构建现代农业产业体系，培育形成了平凉金果、天水花牛苹果、陇南大红袍花椒、临泽大枣、环县羊肉、陇西黄芪等系列特色产品，全省农业产业延链强链补链取得显著成效。以临泽县为例，该县立足“农业优先型”功能定位，大力实施强县域行动，围绕打造制种玉米、畜牧养殖、绿色蔬菜、现代寒旱特色农业、特色林果、水产养殖六大产业集群，充分发挥资源优势，持续拓展“一镇一主业、

① 资料来源：肃北蒙古族自治县人民政府网站。

一村一特色”发展模式，按照“龙头企业带动、产业集聚发展”理念，充分利用戈壁荒滩闲置资源，建成集“育、种、产、销”于一体的标准化、规模化、信息化戈壁农业示范园。值得一提的是，临泽县扎实推进设施蔬菜产业集群、中以合作、蓝莓基地建设等项目，聚力打造全省一流现代寒旱农业产业园，被确定为第三批国家农村产业融合发展示范园、国家农业现代化示范园区创建单位。可以看出，临泽县立足“功能优先型”功能定位，在壮大主导产业、培育新型经营主体、创建特色品牌、发展新型业态上聚焦用力，使得县域经济实现新跃升。

4. 文旅赋能型县城

作为文化旅游资源大省，甘肃近年来把发展文化旅游作为塑造甘肃新形象、实现绿色新崛起的首位工程来抓。以敦煌为例，该市入选国家新型城镇化建设示范县以来，充分利用“窟寺泉沙关城会”等自然和人文资源，持续提升“世界的敦煌”“人类的敦煌”“东亚文化之都”等品牌影响力，打造出具有敦煌特色的城乡融合发展新模式，城镇化水平不断提高，连续两年被评为“文旅赋能型县域经济发展先进县”。该市在推进城镇化进程的过程中，不断健全公共服务设施、改善环境基础设施、完善市政公用设施、优化产业配套设施，以人为本的新型城镇化水平逐步提升。同时，敦煌市不断创新“旅游+”模式，围绕“吃住行游购娱”六要素创新“旅游”模式，紧盯政策、服务、营销、监管等环节，加快文旅市场发展并取得明显成效。2023 年 1～9 月，敦煌市六大景区累计接待游客 580.31 万人次，同比增长 413.04%，相比 2019 年同期增长 26.65%，呈现强势复苏的喜人态势。

5. 生态功能型县城

生态功能区承担着水源涵养、水土保持、防风固沙和生物多样性维护等重要生态功能。重点生态功能区的县城进行城镇化建设时以生态保护为主，通过扩大生态空间、减少生产空间来提供生态产品和生态服务。以漳县为例，该县对标农业优先型和生态功能型定位，通过生态与产业融合，科学“用绿”，持续深化生态文明体制改革，推动生态优势向发展优势、竞争优势转变，为绿色发展注入动力。一方面，全力推进生态旅游。该县以遮阳山西溪度假休闲服务中心、北沟寺藏羌村寨、丝路牡丹文创产业园等12个项目，构建“两山”（贵清山、遮阳山）景区“吃、住、行、游、购、娱”全产业链，加强旅游产品整体策划包装和精品线路营销，2023年累计接待游客151.1万人次，实现旅游综合收入5.8亿元；另一方面，注重生态林业和经济林业双向赋能。按照“一乡一业、一村一品”的产业发展要求，实现了生态建设由单纯注重生态效益向生态效益、经济效益和社会效益并重转变。

## 二　甘肃推进以县城为重要载体的城镇化建设面临的挑战

### （一）青壮年劳动力流失严重

当前，甘肃常住人口呈现下降势态，同时随着现代交通更加便捷，以及社会流动性更加充分，特别是由于区域间发展不平衡，东部地区对甘肃人口产生了明显的虹吸效应。同时，省会、市州人民政府驻地也由于拥有相对较多的就业机会以及相对优质的教育、医疗等公共服务资源，对周边小城市、县城的人口具有较为强烈的虹吸效应。在这种虹吸效应下，外界可以提供大量的就业机会，因此首先流出的就是青壮年人口。“七普”数据显示，甘肃流动人口（5341595人）中，省内流动人口为4575947人（占全部流动人口的85.67%），外省流入人口为765648人（占全部流动人口的14.33%），近邻流动以及中程流动等近距离流动仍然是人口流动的主要模式，总体特征为“本乡到本县”“本县到外县”“河东到河西”“乡村到城市”“市州到省会”；2021年末，甘肃全省86个县区中，常住人口为负增长的县区高达66个。可以看出，当前由于经济发展的不平衡、公共服务资源的不平衡，全省小城市、县城还将面临人口持续流失的压力。

### （二）经济发展内生动力不足

从人类社会发展的长期观点来看，城市是社会生产力进步、劳动分工的产物。因此，即使是当代社会，城市要发展、运转也是需要一定的内生经济动力，尤其是现代化的产业体系来支撑的。一般而言，产业结构的非农化是城市发展的本质，第二产业为产业结构的调整提供动力，第三产业的繁荣则是城市发展的表现形式。但是，当前甘肃县城在内生经济动力以及构建现代化产业体系方面还存在一定的短板，比如传统产业密集，新兴产业的支撑、主导、牵引作用不足，中小微企业核心竞争力不强等。

### （三）基础设施建设存在短板

基础设施是城市生产、生活必不可少的物质基础，直接影响城市现代化进程，是综合衡量城市发展水平、社会化程度的重要依据。城市基础设施的构成包括能源供给系统、给排水系统、道路交通系统、通信系统、环境卫生系统以及城市防灾系统等六大系统。完善的城市基础设施对促进城市经济发展、优化城市空间布局以及提高城市综合承载力有基础性作用。尽管甘肃县城基础设施建设已具备一定规模，在供水普及、燃气普及、污水处理等方面与城市的差距不大，但是与实现城市基础设施建设智能、低碳还有距离，与现代海绵城市建设、韧性城市打造还有距离。

### （四）公共服务供给有待优化

随着新型城镇化进程的深入推进，甘肃城市公共服务供给体系日趋完善，公众的基本公共服务需求也得到有效满足。但是，县城在各类公共服务资源方面距离省会城市、区域中心城市还有一定差距。特别是，县城在公共资源服务方面，对象群体不能仅仅是县城居民，更要将县城公共资源辐射附近乡镇、农村居民。因此，补齐、加强县城公共服务资源，不仅可惠及县城居民，更可以在乡村振兴中，惠及广大农村居民。

### （五）生态环境质量亟须改善

甘肃在推进城镇化建设过程中，积极践行生态文明理念，协调城市经济发展与人口、资源和环境，城镇化建设取得了显著成效，但传统城镇化发展带来的问题不可能在短期内有效解决。传统城镇化过度强调城镇化发展速度而忽略了城镇化发展质量，造成了城镇规模的扩大导致的耕地危机、城镇人口数量的增加导致的水体污染和垃圾污染、工业化进程的加快和城市机动车数量的增加导致的大气污染等问题，这些问题严重影响县城资源的可持续利用，对县城的可持续发展造成了阻力。同时，在“迟发展效应”影响下，甘肃县城生态环境的保护工作相对滞后，市民环保意识有待提高、企业生态保护意识严重不足、政府治理污染的资金投入相对有限、环保基础设施相对落后等，使得县城生态环境的保护难度较大，可持续发展仍面临较大挑战。

## 三　甘肃推进以县城为重要载体的城镇化建设路径探析

### （一）加强基础设施建设，提升城市承载力

当前，县城包括小城镇建设中存在的突出短板即硬件基础设施建

设的短板亟待补齐。只有弥补了硬件基础设施，才能进一步提高城市承载力，促使人们愿意进入县城生活、发展。同时，完善的城市基础设施对于对促进城市经济发展、优化城市空间布局以及提高城市综合承载力有基础性作用。如要做到县城基础设施合理发展，就要推动基础设施建设集约化发展。一方面，加快补齐关乎国家安全和民生保障的基础设施短板，如加强防灾减灾、公共卫生等应急设施建设，提升县城基础设施安全保障和应急防御能力；另一方面，积极推进老城改造项目，结合智慧城市和海绵城市建设、棚户区改造、老旧小区改造等全面推动老城区换代升级，促使县城建设更宜居、更智慧、更韧性。

### （二）提升公共服务质量，增进人民福祉

随着以县城为载体的城镇化建设进程的推进，城市必须持续提高农业转移人口市民化的质量，让他们在县城扎根，才能为县城经济社会持续健康发展注入新的动能。县城应当坚定以人为本的核心原则，进一步加大公共服务供给，特别是着力加大对医疗、教育等人民群众关心的，与人民群众生活密切相关的公共类服务。同时，要进一步完善社会保障制度，特别是要注意完善对新就业人群、灵活就业人群的社会保障机制。同时，要发挥县城辐射、覆盖乡镇、农村的重要节点作用，做好公共产品供给支农、惠农的工作，进一步扩大优质公共服务覆盖范围。

### （三）挖掘地域特色资源，壮大城市总体实力

当前，甘肃县城在城镇化进程中，要注重转变发展模式，坚持走高质量发展之路。特别是要注重结合自身优势，走具有区域特色的县域发展道路。只有制定了与当地特点相适应的发展规划，地方经济发展才有可能行稳致远。特别是对甘肃而言，全省地貌类型复杂，跨越

四个温度带、四个干湿区，全省各县城发展的独特性更为明显，因此就需要有地方性、针对性的发展思路。例如，靠近省会城市，以及关中经济圈城市、兰西城市带、酒嘉城市带的县城应该侧重考虑打造服务性城市或者卫星城；农业型县城要加强农业开发，加强农产品的长链、补链、强链，发展现代农业；工业型城市要进一步加强产业升级，推动形成主导产业；文旅资源富集的城市，要进一步完善服务设施，加强文旅资源的深度开发，凸显自身旅游资源的独特性，积极打造旅游名片。

### （四）坚持绿色低碳建设，提升发展持续力

城镇是各类生态问题的高发地和矛盾交织点，在县城建设中，必须注意走好协调、绿色、可持续的新发展道路，坚持“生态立县，绿色发展”理念，全力实现城市发展与环境改善同频共振，才能真正践行绿水青山就是金山银山的发展思路。县城践行绿色发展，第一，就是要继续按照功能区划分，合理编制城市发展规划。第二，就是要依托科技创新，推动各类新能源、可再生材料在城市建筑、交通、居民生活、社会生产等各个方面取得普遍运用。第三，在当前要凭借好“碳达峰”“碳中和”这个契机，加大城市产业转型升级力度，加大绿色城市建设力度，推动县城建设走绿色、可持续道路。第四，针对城市中居民的采暖、供水、排污、垃圾处理等，要采取集中集约供暖、推动循环运用等方式，全面推进城市公共服务绿色运行、低碳运行。

# 专题篇

## B.6
# 甘肃社区养老服务体系建设研究报告

袁凤香　戴静琳*

**摘　要：**　甘肃着力构建“以居家为基础、社区为依托、机构为补充、医养相结合”的养老服务体系，初步实现了从保障特困人群向保障全体老年人基本养老转型，从重视机构建设向居家社区机构协调发展转型，从补缺型、碎片化向体系化、制度化、多元化转型，政策体系初步形成、服务体系逐步健全、服务质量明显提升、保障机制不断建全、医养融合不断推进，较好地保障了甘肃老年人的养老服务需求。但目前社区养老服务体系还存在制度机制不顺、供需矛盾突出、资金缺口大、服务水平不高、人才紧缺、医养结合度不高等短板，在可持续性方面面临严峻挑战。还需要在服务体系、服务供给、服务水平、服务机制、筹资渠道、队伍建设等方面健全完善、提升、优化、拓宽、加强，来增强社区养老服务功能，为老年人提供多元化、多层

* 袁凤香，甘肃省社会科学院社会学研究所副研究员，主要研究方向为生态文明建设、科技创新及养老；戴静琳，兰州交通大学马克思主义学院讲师，主要研究方向为老年教育。

次“家门口”的养老服务，推动甘肃养老服务高质量发展。

**关键词：** 社区养老 养老服务体系 甘肃

## 一 引言

随着经济社会的发展转型和人口老龄化进程的加快，做好新时代养老服务工作、推进健康中国建设是当前和今后一段时期面临的重要任务和挑战。党的二十大报告指出：“实施积极应对人口老龄化国家战略，发展养老事业和养老产业，优化孤寡老人服务，推动实现全体老年人享有基本养老服务。”为新时代养老事业发展和养老服务体系建设提出了发展目标、重点任务，为加快构建高质量养老服务体系提供了根本遵循和行动指南。当前，要立足新发展阶段，着力破解养老服务面临的难点、瓶颈，积极建设更加充分、更加均衡的养老服务体系，是应对人口老龄化、保障和改善民生的必然要求，也是适应传统养老模式转变、满足人民群众养老服务需求的必由之路。

近年来，随着人口老龄化发展，甘肃人口老龄化形式也呈现日益加剧趋势，老年人群体数量逐年增多。截至 2022 年底，甘肃 60 岁及以上老年人口已达 425 万，占全省人口的 17.9%；65 岁及以上老年人口已达 335 万，占全省人口的 13.4%①。伴随着老龄化、少子化程度的不断加深，家庭养老功能的逐步弱化，中国迫切需要增强居家社区养老服务功能，建设以老年人个性化需求为导向，以床边、身边、周边为半径，为老年人提供多元化、多层次“家门口”的养老服务，努力构建完善以居家养

① 《“实事惠民生 实干兴陇原”系列新闻发布会—省民政厅专场》，甘肃发布（2023 年 4 月 12 日），https：//gansu.gansudaily.com.cn/system/2023/04/12/030757693.shtml，最后检索时间：2023 年 9 月 30 日。

老为基础、社区养老为依托、机构养老为补充、医养康养相结合的“多元一体”的养老服务体系，推动甘肃的养老服务事业高质量发展。

## 二 社区养老服务体系的内涵及特点

1. 社区养老服务及特点

社区养老服务是指以社区为中心，以家庭为基本单位，靠专业的养老服务机构，来为社区居家的老年人提供多样化的生活需求的一种社会服务。内容涉及日常生活、家庭护理、健康咨询、文化娱乐、配餐送餐、医疗保健、精神抚慰、法律援助等多方面。其特点是：方式灵活、内容多样、快捷便利。

2. 社区养老服务体系及特点

社区养老服务体系是基于社区养老服务之上的整合，它主要是指在社区的基础上，一个国家或地区实行的养老服务政策、服务水平、服务管理机制的总和①。它的特点是：以社区为基础，与国家政策、养老服务机构密切结合；服务提供与资金保障相匹配；无偿、抵偿和有偿服务相结合；政府主导、部门协同、社会参与、公众互助。

## 三 甘肃社区养老服务体系建设取得的成效

近年来，甘肃面对人口老龄化不断加深趋势，在政策引导和资金投入方面不断强化，着力构建“以居家为基础、社区为依托、机构为补充、医养相结合”的养老服务体系，初步实现了从保障特困人

① 刘娇月：《大连社区养老服务体系的困境与实现途径研究》，辽宁师范大学硕士学位论文，2018。

群向保障全体老年人基本养老转型；从重视机构建设向居家社区机构协调发展转型；从补缺型、碎片化向体系化、制度化、多元化转型；较好地保障了甘肃老年人的养老服务需求。

**1. 完善养老服务政策保障，初步形成政策体系**

推进养老服务体系建设是保障和改善民生的一项重要举措。近年来，甘肃在2014年颁布实施《关于加快发展养老服务业的实施意见》基础上，先后颁布实施了《甘肃省老年人权益保障条例》《甘肃省养老服务条例》等涉老法规政策；制定出台了《甘肃省积极应对人口老龄化中长期规划（2020—2050）》《甘肃省“十四五”老龄事业发展和养老服务体系规划》《甘肃省推进基本养老服务体系建设实施方案》《甘肃省基本养老服务清单》《虚拟养老机构基本规范系列标准》《农村互助老人幸福院运行管理规范》等40多个政策文件，以法律法规为统领、规范性文件为主体、部门专项政策和标准为支撑的养老服务政策体系初步形成，为加快推进甘肃养老服务体系建设提供了有力的政策支撑。

**2. 城乡社区养老服务设施不断完善，服务体系逐步健全**

近年来，甘肃省委、省政府高度重视养老服务体系建设，投入30多亿元，用于支持市、县、乡三级养老服务机构和设施建设，改造提升特困供养机构，城乡各类养老机构已达300多家，床位3万多张，覆盖了甘肃全部县市区和90%以上的中心乡镇；城乡社区养老服务设施建设超过1万个，覆盖了90%的城市社区和55%的行政村，具备日间照料功能的床位达到11万张。特别是从2021年开始，省、市、县三级财政累计投入9.7亿元，连续三年把全省街道（乡镇）综合养老服务中心建设纳入省政府为民办实事项目持续推进，截至2022年底，全省街道综合养老服务中心实现全覆盖（共220个），2023年新增农村乡镇综合养老服务中心100个、村级互助幸福院300个，可使农村养老服务的覆盖面和供给能力不断提升，极大地缓解甘肃农村社区养老服务压力，补充完善城乡社区养老服务设施，健全养老服务体系。

3. 发挥街道社区养老服务功能，服务质量明显提升

社区是现代社会重要的养老、交往和娱乐活动场所，是当前养老服务体系的重要组成部分[①]。为了强化社区养老服务功能，一是积极推进“智慧养老”服务建设。建成100个居家养老服务信息平台，培育吸纳养老服务组织和企业700多家，年均服务1500万人次，部分地方已初步形成了“15分钟服务圈”。二是争做试点，提升质量。“十三五”时期，兰州、嘉峪关、金昌、白银、临夏5个市州被纳入国家居家社区养老服务改革试点地区，争取中央财政专项资金1.48亿元；“十四五”时期民政部将兰州、武威、张掖列为“十四五”期间全国居家和社区基本养老服务提升行动试点地区，建设家庭养老床位8000张。三是城乡社区养老服务水平稳步提升。金昌市以全国第四批居家和社区养老服务改革试点为契机，先后投入5700多万元，大力提升城乡居家社区养老服务质量。目前，全市85%的行政村建成了互助老人幸福院，91%[②]的城市社区建成日间照料中心，城乡社区养老服务水平稳步提升。四是提供个性化服务。兰州市城关区火车站街道综合养老服务中心充分发挥中心“六有”功能[③]，积极开展“十助”服务[④]，依据区域内老年人的养老需求，开展定制化、个性化养老服

① 谈慧娟、罗家为：《不断完善“多元一体”的养老服务体系》，《学习时报》2023年4月26日，A7版。

② 赵光学：《甘肃省金昌市从“老有所养”到“老有所享”》，《中国社会报》2023年4月17日，A3版。

③ “六有”：有全托日托床位、有就餐助餐服务、有康复服务、有康复活动设施、有覆盖辖区日间照料中心和家庭的信息化平台、有开展线上线下上门服务等“六有”功能。

④ “十助”：为老年人提供生活照料、康复护理、精神慰藉、全托日托、助餐、助洁、助浴、助行、助购、助医等服务。

务，使区域内的老人在家门口就能享受到多层次、多样化、智能化等养老服务需求。

4. 积极探索“互联网+养老”模式，打造智慧养老区域品牌

兰州市城关区打造的虚拟养老院，已成为甘肃智慧养老的一张名片，截至2023年6月，共吸纳全区12.08万名老人注册入院，服务总量达1158.4万人次，2013年得到了习近平总书记肯定和在全国推广；张掖市大力发展“互联网+智慧养老”，市内所有县区均已建成养老服务信息平台且已运营；临夏州的临夏市也已建立了居家养老服务平台，且引入了第三方服务机构，打造出了“社区+居家”的养老新模式；天水市建成集指挥调度、数据分析、医疗健康、App服务、远程关爱和监督管理于一体，全市互联互通、分级管理的居家养老服务管理信息平台，铺设社区服务网点298个，通过与医养结合机构、医疗机构、医养结合试点单位、爱心企业加盟平台签订服务协议和开通“965888”服务热线，通过线上派单、电话预定、合约服务等多种方式，为全市老年人开展多层次、多样化服务，形成了机构与居家相融合、医疗和养护相融合、数据和服务相融合的多元化养老服务新格局。

5. 健全保障机制，不断拓展基本养老服务范围

一是拓宽资金渠道，加大投入力度。甘肃是全国以市场化方式发展养老服务产业试点的8个省份之一，争取中央补助资金6亿元，设立了规模10.78亿元的养老服务产业发展基金；投入省级彩票公益金3.79亿元，支持老年养护院、中心敬老院、医养结合等养老服务设施建设。下拨省级福彩公益金7083万元，升级改造县级特困供养机构护理型床位，提高收住失能半失能人员能力。二是养老金持续增加。“十三五”时期，全省企业离退休（职）人员月人均养老金达到2843元，比“十二五”时期增长了21.6%；机关事业单位离退休（职）人员月人均养老金达到5112元，增长23%；城乡居民待遇享

受人员月人均养老金达到 108 元，增长 27.06%①。三是完善高龄津贴政策，为 80 周岁以上老年人提供服务保障，高龄津贴实现全省县级层面全覆盖。四是建立经济困难老年人补贴制度。将全省 41.01 万困难老年人纳入低保救助范围，将 6.79 万孤寡老人纳入特困供养范围；为经济困难的孤寡、失能、高龄老人累计发放补贴资金 3.38 亿元，惠及 7.5 万老年人。基本形成了以家庭为基础、基层为主导、社会为补充、政府支持保障的老年人关爱服务制度。

**6. 推进医养融合发展，服务水平稳步提升**

医养结合是应对人口老龄化的重要举措。一是初步建立老年健康服务体系。建成 1 个国家老年疾病临床医学研究中心分中心、1 个老年病防治中心、18 家康复医院、1 家护理院，设置老年医学科 122 个、安宁疗护科 27 个，对全省老年人慢性疾病、传染病等防控、养生保健发挥了积极作用。二是医养结合服务体系逐渐完善。甘肃现已建成国家级医养结合试点地区 3 个（兰州市、庆阳市、陇南市）；省级医养结合试点地区和机构 8 个；试点医养结合县市区 37 个；市县乡医养结合试点机构 303 个；两证齐全的医养结合机构 101 家，床位 2.17 万张；遴选省级医养结合示范先行县（市、区）两批 24 个、示范机构 35 个、示范基地 14 个；建立 1 个国家长期护理保险制度试点区（甘南州）。居家、社区和机构医养结合服务占比分别达到 94.2%、4.1% 和 1.7%，医养结合服务率 75.9%②。三是医养结合服务能力稳步提升。甘肃将医养结合与失能老人评估指

---

① 《甘肃省人民政府：甘肃省“十四五”老龄事业发展和养老服务体系规划》（甘政发〔2022〕68 号），甘肃政务服务网（2022 年 11 月 23 日），https://zwfw.gansu.gov.cn/ningxian/sbqd/swszfapbs/art/2022/art_165bd44c23e34e338ddfbecf6480b746.html，最后检索时间：2023 年 9 月 30 日。

② 甘肃省卫生健康委员会：《甘肃省“十四五”健康老龄化规划实施办法》（甘卫老龄发〔2022〕99 号），https://wsjk.gansu.gov.cn/wsjk/c113837/202302/76097991.shtml，最后检索时间：2023 年 9 月 30 日。

导纳入基本公共卫生服务项目，积极开展医养结合、老年人心理关爱、失能（失智）预防干预、安宁疗护服务等试点工作，形成了医疗卫生机构开展养老服务等4种服务模式，医养结合服务能力稳步提升。

## 四 甘肃社区养老服务体系建设面临的主要困境和挑战

近年来，甘肃社区养老服务发展较快，基本成为一项普惠性的公共服务，且覆盖面还在不断扩大。目前社区养老服务体系还存在制度机制不顺、供需矛盾突出、资金缺口大、服务水平不高、人才紧缺、医养结合度不高等短板，在可持续性方面面临严峻挑战。

1. 社区养老体系机制有待完善

一是监管部门之间还存在“条块”现象。养老服务涉及民政、卫健、人社、财政、住建、发改委、市场监管等众多部门，不同部门之间还存在“条条块块”现象，协同合作力弱，落实国家及省各项政策的系统性、统筹性不强，对出现的问题难以及时沟通解决。如在规划配建、土地配套、资金投入、医养结合等支持政策上不能有效落实。二是老年人权益保护有待加强，“一法一条例”宣传不深入，敬老、养老、爱老、助老的氛围没有形成，涉老侵权、不履行赡养义务时有发生，老年人维护自身合法权益的意识能力还缺乏。

2. 社区养老供需矛盾突出

一是全省养老服务制度基本属于“补缺型”框架，主要保障“三无”和特困供养老人的最基本生存，未形成对全体老年人都有益的服务体系，尚未做到普惠制。二是城乡之间养老服务业发展极不平衡。一方面，由政府主导（公办）的城市养老机构，由于管理规范、服务完善、价格低廉等优势，普遍存在“一床难求”现象。比如，兰州市老年公寓现有床位100张，但周边有入住需求的老年人就有2000多人，需求明显大于供给；另一方面，乡镇敬老院空置与供应不充分、不平衡的矛盾较为突出，河西地区敬老院“一床难求”，特困对象排队入住。而甘南、定西等地敬老院长期闲置，入住率不足一半，但还在积极争取项目重复建设，造成资源浪费。三是养老服务供给总量存在“两个极端”现象。一方面，表现为居家、社区养老服务明显滞后，护理型床位严重不足，仅占总床位数的50%，难以满足社区失能老年人的刚性需求。另一方面，表现为民办养老机构供给由于门槛过高、收费昂贵，社会供养比例不高，市场认可度低，床位相对过剩。

3. 社区养老服务资金短缺

资金是制约社区养老服务体系不断优化和推进的关键因素，对于经济发展落后地区来说，更显得捉襟见肘。一是财政投入机制有待完善。除政府拨款、福彩公益金配套投入外，其他渠道投入很少，养老机构及居家社区养老服务建设、运营补助、保障供给明显不足。全省养老服务投入长期依靠各级福彩公益金支持（占60%），但受福彩销售政策调整影响，可筹措资金逐年下降；全省公办养老机构财政运营经费保障率不足60%，80%的乡镇敬老院没有财政补助。二是医养机构收费标准高于普通养老院，医保政策解决部分费用外，日常生活料理费用由老年人或家庭承担，存在“不敢去”“住不起”现象，造成医养机构成本压力大，影响民营资本投资积极性。三是社会募集资金有限。甘肃经济社会发展相对缓慢，人们的经济收入和薪资水平不高，再加上人们传统的消费观念，使得民众参与捐赠活动的热情和意愿不高，社会募捐资金非常有限。

4. 社区养老服务水平有待提高

社区养老服务水平的高低体现着养老服务质量的好坏。一是居家和社区养老服务主体相对较少。依据“9073”① 的养老格局，居家和社区养老是当前主要的养老服务模式，但存在服务主体少、服务质量和专业化程度不高等问题；社区养老服务资源碎片化现象依然存在，服务设施功能单一，市场化程度较低，目前可提供全托、日托、上门服务等综合功能的社区养老服务中心仅占 2%。二是社区养老机构服务项目少。日间照料中心、互助幸福院设施简单，护理、医疗康复等综合化服务较少，大多数社区养老服务中心仅提供简单的身体检查和一些棋牌类的文娱活动，老年食堂的开放率很低，在陪伴、精神安慰、心理抚慰等方面未能达到养老的需求和标准，不能满足老年人日益增长的生活和精神需求。三是服务效率低。现在社区养老服务体系投资很大，但效果不是很好，资金效益率不高。农村互助养老服务设施作用发挥不明显，阵地流失现象严重，现有设施有效使用率不足 40%。四是养老服务缺乏精准需求分析。按照“老有所养、老有所依、老有所乐、老有所安”的宗旨和目的，从“养、依、乐、安”方面对辖区所有 60 岁及以上老年人的生活状况、居住状况、身体状况、文化状况、精神状况等方面的需求缺乏精准统计分析，不了解社区老年人的需求，盲目上项目，造成部分社区已提供的服务需求率及使用率不高，而需要的服务则没有，缺乏以需求为本的意识。

5. 社区养老服务人才紧缺

一是养老护理人员紧缺。目前全省机构养老工作人员 6000 多人②，其中养老护理人员仅有 3100 多人，且主要集中在城市养老机构中。按照护理配比标准要求，全省养老护理人才总量缺口达 13 万

① “9073”：90%的老人在社会化服务协助下通过家庭照料（居家）养老，7%的老年人通过购买社区照顾服务（日间照料）养老，3%的老年人入住养老服务机构集中养老。

② 资料来源：甘肃省民政厅相关统计数据。

以上。二是养老专业人才不足。由于社区养老服务人才受到区域、待遇、发展空间等因素影响，养老机构高端企业管理和护理等专业人才不足，全省养老护理员中护理专业出身占比不足20%，从业5年以下的占比超过80%。三是人才流失严重。养老服务机构护理人员薪酬较低，护理人员薪酬标准和工作价值不对等，对高素质专技人才缺乏吸引力，许多受专业教育的人员不愿从事老人护理，有一技之长的从业人员流失严重，年均流失率超过50%，机构可持续发展的程度低，极大地影响了行业发展。

6. 社区养老机构医养结合度有待提高

一是医养资源结合不够到位。甘肃居家、社区养老服务起步较晚，市场化程度不高，医护服务人员的数量、质量不能满足需求。二是医疗需求不能满足。老年人病多，医疗是第一需求，特别是失能老年人的医疗护理需求较大，养老机构的医疗、定点护理资源不能满足市场需求，亟须扩大覆盖面。三是医养结合模式单一。目前，大部分社区养老机构开展医养结合模式是与社区卫生站及辖区医院进行签约对接，但是医务工作人员因为有本职工作而分身乏术，不能经常在养老机构、医疗机构、家庭之间往返，使得养老机构医疗服务能力不高，资源分散、效率不高；由于基层公共卫生服务资源配置不均衡，要实现为每个养老机构配备一定数量的医护人员和先进设备还有很大难度。

## 五　甘肃社区养老服务体系建设的对策建议

按照“党委领导、政府主导，社会参与、精准服务，市场化运作、分类别保障”的原则，坚持“强弱项、补短板、促发展”的工作思路。立足甘肃实际，不断厘清政府、市场、家庭、个人职责，补充完善社区养老服务体系，助力甘肃养老服务高质量发展。

1. 健全完善社区养老服务体系

一是构建高效管理运行体系。政府部门要解决最基本的普惠性保障，重点是为最困难群体提供保障服务，加强规划实施的组织、协调和督导，与本地发展规划做好衔接。二是完善社区养老服务体系。进一步完善居家、社区、机构相协调，医养康养相结合的养老服务体系，着力构建政府、社会、家庭、个人多元支撑的养老服务发展机制，政府统筹布局发挥政策引导作用，社会力量广泛参与发挥专业优势，促进养老服务资源不断向家庭延伸。落实好特困供养服务、经济困难老年人保障、高龄津贴发放、特殊困难老年人关爱等各项基本养老服务政策清单，满足老年人基本的养老服务需求。三是构建完善居家社区医养结合服务标准体系。建立需求动态评估机制，统一能力评估与需求评估工作，出台居家社区医养结合服务规范标准，为老年人获得规范的、符合需求的服务提供支撑。四是加强沟通，提升效率。各地的民政、社保、财政、住建、市场监管、卫健委、发改委等政府职能部门要加强沟通，打破条块分割，加强彼此之间的联系，做好顶层设计，明确各自的目标任务，团结协作，提升工作效率。

2. 加大社区养老服务供给

一是提升养老服务法制化水平。配合省人大推进《甘肃省养老服务条例》立法，加大养老法规宣传力度，提高老年人的维权意识，切实保障老年人合法权益。实施守信联合激励和失信联合惩戒机制，引导养老服务机构诚信守法经营，提升养老服务发展法治化水平。二是补齐社区养老服务设施短板。整合新建小区配建养老服务设施、社会闲置资源转型用于养老服务设施等资源，落实老城区和已建成住宅小区养老服务设施配建，加快补齐养老服务设施短板，督促各市（州）县区特困供养服务机构提升改造，满足失能老年人照护服务需求。以省政府为民办实事为抓手，结合乡村振兴战略，建设乡镇综合养老服务中心和村级互助幸福院，并配套搭建居家和社区养老综合服务信息平台，提供精准养老服务。三是丰富养老服务内容。推动社区嵌入式养老机构发展，提供全托、日托养老服务和居家上门服务。并按照“中心带动，链接社区”的思路，推动乡镇（街道）综合养老服务中心等社区养老服务设施社会化运营、连锁化发展。同时，鼓励探索“家庭养老床位”，有效增加养老服务供给。

3. 提升社区养老服务水平

一是提升居家养老能力，大力推广智慧社区建设。通过可穿戴设备、视频诊断等手段，借助互联网技术、云技术和物联网技术，以信息化、智能化服务为支撑，为老年人提供及时周到的远程服务。二是提升社区养老服务能力。借鉴兰州市城关区虚拟养老院经验，探索虚拟养老院发展新路径，完善居家和社区养老服务发展机制，整合社区养老、医疗、物业、家政等资源，提升居家和社区养老服务能力，打造“十五分钟”养老服务圈。三是全面推广链式养老服务模式。引导养老机构发挥自身专业优势，承接运营社区养老服务设施，延伸开展居家和社区养老服务；鼓励医疗机构积极开办老年病医院、康复医院、护理院等机构，形成层次分明、布局合理、医养结合的多机构体系。

4. 优化社区养老服务机制

一是加强医养结合机构信息化机制建设。健全优化全民健康信息平台，大力推进健康医疗大数据分析和共享，实现老年人全生命周期健康信息管理，实现个人健康实时监测与评估、疾病预警、慢病筛查、主动干预，利用信息化技术更好地提供优质便捷医疗服务，参与全人群健康管理。二是深化养老机构改革。创新监管方式，深化“双随机、一公开”，推行“互联网+监管”运营模式，发挥好公办养老机构、公建民营养老机构的兜底保障作用。农村的公办养老机构在满足特困人员集中供养需求基础上，要积极探索社会化运营方式，面向社会群体开放养老床位和服务，尽量减少床位空置率，提升养老效益；积极帮助民营机构降低养老费用，在税收、土地、水、电、气、暖等方面给予补贴，提高床位入住率。支持养老服务机构承接基本养老服务项目，引导社会力量根据市场需要，开展居家、社区和机构养老服务，满足社区老年人多层次、全方位、个性化养老服务需求，提升服务水平，扩大服务范围，延伸服务内容。三是加大政府购买服务力度。坚持社会化、市场化的发展方向，强化要素配置，通过政府购买服务、奖补等方式，积极培育发展养老服务市场，营造更好的养老服务市场环境。充分发挥市场优胜劣汰功能，积极构建“老人获益、机构微利”的可持续发展格局。

5. 拓宽社区养老服务筹资渠道

一是引导商业保险参与养老服务，支持金融机构研发满足长期养老需求的商业保险品种，加快推进长期护理保险试点，重点解决缴费性质、机制、开发保险产品方面的问题。二是宣传并指引城乡居民早参保、选高档、长缴费，增加个人账户积累，尽早构建养老资金、个人储蓄、子女支付、社会捐助等资金合理规范和可持续的养老资金综合管控体系。三是积极争取国家支持，加大省级财政投入，提高福利彩票公益基金比重，盘活用好省养老服务产业发展基金。四是进一步落实社会资本参与养老服务业扶持政策，采取政府补贴“四两拨千斤”的办法，引导社会及志愿者捐资捐物或提供义务服务。五是尽快建立长护险制度。在全省探索建立老年长期护理保险制度，完善医疗保险、养老保险体系，拓宽老年人的康复养老护理筹资渠道，减轻养老机构运营成本和家庭经济负担。

6. 加强社区养老服务人才队伍建设

一是依托甘肃丰富的教育资源，在大中专院校开设养老护理、老年服务与管理、医疗康养、老年心理护理、康复保健等专业，为养老服务产业发展提供专业人才保障。二是建立公立医疗机构与医养结合机构在技术和人才等方面的合作机制，开展全省养老服务行业人才培训专项工作，举办职业大赛，提升养老服务从业人员专业化水平。三是出台奖励扶持办法。把医养结合机构优先纳入医保定点，纳入医师多点执业范围，对薪酬待遇、职称评定给予倾斜照顾。同时，鼓励民间资金创办养老院，政府要核定收费标准。四是省内高校与医疗、养老机构合作共建，形成人才培养和输送机制，加强老年医学、康复、护理与管理人才培养。五是组织邻里互助员、身体好的富余劳动力或兼职从事养老服务的群体参与养老服务，通过培训支持他们就业，让更多的老年人享受到更专业、性价比更高的服务。六是建立网络信息平台，把提供服务的人员信息和需求老人的信息一网打通，做到无缝对接。

**B**.7

# 甘肃义务教育优质均衡发展研究报告

吴绍珍　朱家东*

**摘　要：** 甘肃统筹义务教育领域工程项目，切实加大教育投入，全面深化教育改革，均衡优化教育资源，中小学办学条件大幅改善、优质教育资源覆盖面不断扩大、教师队伍建设成效显著、教育教学质量不断提升、控辍保学工作取得新进展，2021年，全省义务教育由基本均衡发展全面转向优质均衡的发展新阶段。但是，全省义务教育依然面临城乡义务教育质量差距较大、学校布局结构不协调、师资配置和生源分布不均衡等方面的短板弱项。鉴于此，甘肃要在科学规划、资金投入、条件改善、师资配备、质量提升等方面持续发力，深入推进义务教育优质均衡发展，实现人民群众“上好学”的美好诉求。

**关键词：** 义务教育　学位供给　教育均衡　甘肃

## 一　引言

义务教育优质均衡发展是党和政府在实现义务教育基本均衡的基础上进一步实施的教育发展战略，也是建设公平而有质量的教育体系的题中之义，更是加快实现教育现代化和教育强国的必然要求。党的

---

* 吴绍珍，甘肃社会科学院社会学研究所副研究员，主要研究方向为应用社会学；朱家东，兰州市安宁区教育局中小学一级教师，主要研究方向为教育学。

二十大报告强调，要“加快义务教育优质均衡发展和城乡一体化，优化区域教育资源配置”①。2022 年 2 月 18 日，教育部在召开的“十四五”国家基础教育重大项目计划实施部署工作会议中指出，“要全力推动教育优先发展，大力促进义务教育优质均衡发展，从而加强和完善更加公平和高效的教育”②。这些重要论述表明当前义务教育工作的核心目标已转向优质均衡发展，为做好新时代义务教育工作提出明确的指引和要求。

随着县域义务教育优质均衡发展工作的全面展开，甘肃以习近平总书记关于教育工作的重要论述精神为指导，坚持立德树人的根本任务，高起点谋划，高标准要求，多要素配合，高质量建设，补短板强弱项促公平取得新成效。但甘肃县域义务教育仍存在城乡义务教育质量差距较大、学校布局结构不协调、师资配置和生源分布不均衡等方面的短板弱项。

从“学有所教”迈向“学有优教”是民之所盼、政治所向。2023 年 1 月 1 日起新修订通过的《甘肃省义务教育条例》第六条指出：“县级以上人民政府应当将义务教育事业纳入本级国民经济和社会发展规划，合理配置教育资源，缩小城乡之间、区域之间、学校之间办学条件和办学水平的差距，加快义务教育优质均衡发展和城

① 《习近平：高举中国特色社会主义伟大旗帜　为全面建设社会主义现代化国家而团结奋斗——在中国共产党第二十次全国代表大会上的报告》，“学习强国”学习平台（2022 年 10 月 25 日），https：//www. xuexi. cn/dc12897105c8c496d783c5e4d3b680a2/9a75e290b9cf8cb8fb529a6e503db78d. html，最后检索时间：2023 年 8 月 22 日。

② 《教育部召开“十四五”国家基础教育重大项目计划实施部署工作会议》，中华人民共和国教育部网站（2022 年 2 月 18 日），http：//www. moe. gov. cn/jyb_ xwfb/gzdt_ gzdt/moe_ 1485/202202/t20220218_ 600455. Html，最后检索时间：2023 年 8 月 28 日。

乡一体化。”① 为此，本文秉持教育公平理念，遵循教育规律，以实地察看、座谈交流、查阅资料等形式对甘肃义务教育均衡发展现状进行了全面了解，深入分析了甘肃义务教育优质均衡发展的实践探索、存在问题，并提出了全方位推进甘肃义务教育优质均衡发展的对策建议，旨在为地方政府制定义务教育政策和义务教育学校提高教育质量提供决策参考。

## 二 甘肃义务教育优质均衡发展的实践和探索

近年来，甘肃着眼于推进教育现代化、建设教育强国，瞄准义务教育优质均衡指标任务，紧紧围绕义务教育热点难点问题，聚焦义务教育重点领域和关键环节，加强政策制度保障，加大教育财政投入，扩大优质教育资源，深化教育综合改革，提升课堂教学质量，持续巩固县域义务教育基本均衡成果，积极推动义务教育从数量适应、规模扩充、要素投入转向质量满意、结构优化、创新驱动，为义务教育优质均衡发展创造了良好条件。

### （一）加强政策制度保障，谋划优质均衡发展蓝图

甘肃坚持教育的公益性原则，把推进义务教育优质均衡发展放在优先发展的位置，对全省义务教育优质均衡发展作出了全面系统部署，先后印发了《甘肃省人民政府关于统筹推进县域内城乡义务教育一体化改革发展的实施意见》《甘肃省深化教育教学改革全面提高义务教育质量实施方案》《甘肃省县域义务教育优质均衡发展督导评

① 《甘肃省义务教育条例》[甘肃省人民代表大会常务委员会公告（第141号）]，甘肃人大网（2022年12月23日），https://jyt.gansu.gov.cn/jyt/c110311/202301/47830163.shtml，最后检索时间：2023年8月12日。

估实施方案》等推进义务教育优质均衡发展的顶层设计，从布局规划、经费投入、学校建设、教师队伍、质量评价等方面完善义务教育优质均衡发展政策制度保障体系，将义务教育优质均衡发展列入重要议事日程，根据各县（区、市）经济社会发展和教育事业发展的实际制定了创建全国义务教育优质均衡发展县工作的总体目标、实施方案、时间表、路线图和责任单，各县（区、市）对标《甘肃省义务教育学校办学标准》对所辖区义务教育学校逐项指标调查摸底，高位系统推进各项工作落实落细，推动甘肃义务教育优质均衡发展。

### （二）加大教育财政投入，持续提升学校建设标准化水平

甘肃认真落实义务教育以县为主的管理体制，全面实施“两免一补”和覆盖全学段的学生资助政策，建立了统一的城乡义务教育经费保障机制，按照缺什么补什么的原则，切实增加财政教育投入，积极改善义务教育薄弱学校基本办学条件，加强乡镇寄宿制学校和乡村小规模学校的建设，推进数字教育在义务教育领域的应用，建好用好国家中小学智慧教育平台，构建互联互通、共建共享的数字资源共享平台体系，扩大优质教育资源覆盖面，创建乡村温馨校园，推进城乡学校一体化建设，提高乡村学校教育质量。“2014~2018 年，全省一般公共预算教育经费投入年均增长 8%以上，总投入 238.6 亿元用于‘全面改薄项目’，全省 12081 所义务教育学校 266.6 万名学生受益。”① 2021~2022 年“能力提升”项目共投入资金 66.49 亿元，改扩建义务教育学校 3918 所，其中为寄宿制学校投入资金 19.39 亿元，改扩建寄宿制学校 1340 所。义务教育阶段办学条件得到大幅提升，逐步缩小义务教育区域、城乡、学校之间的差距。

---

① 苏家英：《努力办好人民满意的义务教育》，《甘肃日报》2021 年 12 月 13 日，第 05 版。

### （三）落实关爱政策，保障平等入学权利

甘肃坚持义务教育公益性原则，全面推行义务教育就近免试入学、公民同招和阳光招生政策，规范招生入学秩序，推进所有地区进城务工人员随迁子女平等入学和升学考试，随迁子女在公办学校就读比例达到99%以上。全面强化常态化控辍保学工作机制，研制“甘肃控辍保学动态监测信息管理系统”，利用信息技术手段管理各类数据，巩固拓展控辍保学成果，全省建档立卡贫困户失学辍学学生实现了动态清零。采取了健全留守儿童基本信息动态管理机制，改善留守儿童教育条件，加强留守儿童关爱保护工作队伍建设。建立完善送教上门制度，“一人一案”得到有效落实，做好残疾儿童少年“全覆盖、零拒绝”的关爱帮扶工作。

### （四）有序扩大中小学学位供给，缓解入学压力取得新突破

甘肃深化义务教育综合治理工作，及时研究解决“乡村弱”“城镇挤”、各地城区“大班额”“择校热”的义务教育优质均衡面临的重大问题，共同发力采取新建、提升改造、配建回收、民办引进、空间拓展等措施增加城区义务教育学位供给，有效扩大中心城区办学规模，缓解入学压力。2021 年，在 14 个市州主城区增设中小学学位 2.55 万个，全省义务教育学校全部消除了 66 人以上超大班额，56 人以上大班额比重下降到 0.03%，符合国家标准要求。例如：“兰州市教育局加快城镇学校扩容增位，2019 年以来，全市新增学位达 9.2 万个，尽全力满足在兰群众‘好上学、上好学’的迫切需求。2023 年，市教育局拟新建改扩建七里河小学中车分校、新区甘南实验中学、海石湾南区高中等中小学幼儿园 10 所，新增学位 12000 个，并纳入年度政府目标责任。”①

① 孙亚斐：《扩充新增学位　实现有学上上好学》，《兰州日报》2023 年 7 月 23 日，第 R01 版。

### （五）推进“一体化办学”改革，不断扩大优质教育资源覆盖面

甘肃建立优质学校对口支援、托管、帮扶薄弱学校机制，积极推进集团化办学、强校帮弱校、名校办分校、学区化治理等多种模式办学改革，开展骨干教师“主题式引领”和学科专家团队帮扶工作，组建区域内学校间基于办学质量的“名师课堂”“专递课堂”“名校网络课堂”，开展现代化学校、精品学校和特色学校创建活动，推进“智慧教育赋能”建设工程，开发社区学校少年宫，形成校际以强带弱、优质资源共享、共同协调发展的新格局，不断扩大优质教育资源覆盖面，带动城乡薄弱学校实现共同发展。全省各地以“名校+分校”“名校+弱校”“城区学校+乡村学校”等模式构建集团化办学团体262个，开展集团化办学学校达到2607所；建立城乡共同体办学183个，开展城乡共同体办学的学校1930所，乡镇统一实施学区化管理，实现优质教育资源品牌的辐射引领与合作再造，助推县域教育质量优质均衡发展，有效满足了群众对优质教育资源的迫切需求。

### （六）实施教师队伍提升工程，推进教师资源均衡化

一是多渠道补充教师数量。严把教师准入关，不断优化教师学科结构，加大中小学教师公开招聘和紧缺学科师资补充力度，2022年，全省定向招生培养400名音乐、美术、英语等紧缺学科师范生，招聘农村义务教育学校5000名特岗教师，选派三区1000名支教教师。全面推进“县管校聘”、学区制改革，动态调整中小学教职工编制，合理分配岗位，实行总量控制，确保农村学校和教学点教师优化及时调整到位。深入开展教师统一调配和巡回走教工作，最大限度实现区域内师资共享。用政府购买服务方式，面向社会公开招聘同工同酬聘用制教师。二是强化教师、校长交流。完善县域内义务教育学校教师、

校长交流轮岗制度，引导优秀校长、学科带头人、骨干教师及音体美等紧缺薄弱学科教师在城乡、学校间合理交流调配，让农村学校和薄弱学校教师到优质学校跟班培训，有效激发教师活力。三是加大教师培训力度。把乡村教师培训纳入基本公共服务体系予以保障，按照辖区教师年度工资总额的1.5%安排教师培训费列入财政预算，各级各类学校按不低于公用经费的5%列支教师培训经费。全面实施“名师引领、骨干带头、新人发展”梯队培养计划，加强名优教师送教送培，有效提振了教师向先进学习、向骨干靠近的进取精神。四是提高教师待遇。“甘肃率先在全国出台乡村教师支持计划，对全省75个贫困县乡村中小学教师，按每月不低于400元标准发放生活补助，对乡村走教教师按每月不低于300元发放交通补助，偏远乡村学校教师月补助超过1000元。出台了提高中小学教师工资待遇的各类津贴、惠民项目、职称评聘等政策措施倾斜支持乡村教师，乡村教师中高级职称占比不断增大，”① 让乡村教师“留得住”，更能“教得好”。

### （七）教育综合改革不断深化，全面提高义务教育质量

一是推动素质教育建设。全省大部分义务教育学校全面落实立德树人根本任务，不断完善德智体美劳全面培养育人体系，思政课改革创新持续深化，体育美育课程改进加强，劳动教育课程加快落实，心理健康专题教育扎实开展。创建“劳动励志”德育品牌，积极落实“阳光体育”活动、大课间活动、兴趣小组活动，积极打造“劳动教育实践基地”，组织开展了研学旅行、考察探究、社会服务、职业体验等各类活动，充分引导学生参与活动，让学生多角度、全方位提升自己。例如：“兰州市义务教育阶段积极推进体育走班制教学和‘一

① 苏家英：《努力办好人民满意的义务教育》，《甘肃日报》2021年12月13日，第05版。

校一品’，建成冰雪运动特色校园、艺术教育特色学校、足球特色学校分别是 14 所、30 所、37 所，建成文化建设示范校、文化建设达标校分别是 101 所、49 所，创建全国青少年校园篮球特色学校 5 所，举办学校全员运动会评比活动，被教育部确定为全国学校品质提升项目试点城市。”① 二是高质量实施义务教育新课程。义务教育学校持续推进高效课堂改革，优化课堂教学过程、方式和方法，课堂教学改革成效初显。三是落实“双减”政策。学生减负与提质并进，加强作业、睡眠、手机、读物、体质等五项管理，建立作业公示制度，严格校外培训机构审批和监管，各地因地制宜开展课后服务工作，促进学生身心健康发展。截至 2022 年底，学校、学生参加率等 6 项“双减”关键指标落实率均达到 100%，线上、线下义务教育阶段学科类校外培训机构压减率分别达到 100%、98.43%。四是注重精细化管理。甘肃各级教育行政部门“牢固树立‘安全第一、防范在先’学校安全理念，落实安全管理责任，督促各个学校完善安全管理风险防控体系，强化学校安全教育，突出整治重点和源头防控，及时化解安全风险，维护了学生人身安全和学校的安全，得到了学生、家长及社会的普遍好评。”②

## 三　甘肃义务教育优质均衡发展面临的困难与挑战

甘肃义务教育发展与人民群众对优质教育的期盼和教育高质量发展的要求还存在一定差距，义务教育经费投入不足、师资队伍配置不均衡、城乡学校管理水平和办学条件差距较大、优质教育资源覆盖面

① 杨雅玲、吴绍珍、潘裕：《兰州市义务教育优质均衡发展调查研究》，《甘肃教育》2022 年第 19 期，第 27~37 页。

② 杨雅玲、吴绍珍、潘裕：《兰州市义务教育优质均衡发展调查研究》，《甘肃教育》2022 年第 19 期，第 27~37 页。

不够、内涵式发展动力不足等诸多困难，严重影响着义务教育优质均衡发展的步伐。

## （一）义务教育发展不平衡不充分依然明显

一是义务教育资源区域间差距依然明显。甘肃各市（州）县（区、市）经济发展存在较大的差距，张掖、金昌等河西地区的义务教育优质均衡发展比其他市（州）强，甘肃偏远山区和民族地区的义务教育均衡发展程度低。二是义务教育资源城乡差距大。乡村义务教育仍然是甘肃义务教育的短板和弱项，受办学条件、办学规模、师资力量的影响，乡村学校的教育水平普遍低于城市学校，大量学生随迁到城镇学校就学，乡村学校因生源不足存在“空、弱、散”现象，乡村学校办学成本高、办学效益低。例如：2018~2022 年，永昌县生源流失严重，义务教育阶段学校减少 3 所，在校学生总人数减少 3387 人，永昌县第四中学（农村寄宿式九年一贯制学校）2023 年春季学期，七年级学生 50 人、八年级 53 人、九年级 52 人，合计 155 人。未来三年，中小学学生人数会以每年 35 人左右的速度减少，学校办学规模的急剧萎缩，造成学校办学经费越来越紧张。三是义务教育资源校际差异很明显。从新中国成立到现在，我国实行的是重点学校制度，重点学校经费投入较多、硬件条件好、师资水平优良、生源质量高，而普通学校、薄弱学校或新建学校资金不足、基础设施设备投入不足、骨干教师流失、生源数慢慢减少，无形中拉大了校际发展差距。

## （二）学位供需矛盾尤为突出

随着城市化步伐的加速和三胎政策的实施，进城务工人员随迁子女入学数量每年呈递增趋势，新建学校没有及时跟进，导致主城区学位严重短缺。加之，2016~2017 年是全国各地人口出生高峰时期，

2023年秋季，这波出生人口迎来入学，使中心城区学位供给呈现更加短缺状况，学位供给热点地区和热门学校的学位供需结构矛盾尤为突出。例如，部分房地产开发企业在住宅小区开发中对配建中小学教育政策落实不到位，造成业主子女入学难，周边学校入学压力大等问题。“兰州市呈现出适龄入学儿童数量持续增加，招生入学压力持续存在，学位缺口居高不下，教育规划用地开发不足，主城区学校承载力严重超限，区域资源紧缺等问题。”① “截至2022年年底，兰州市城关区区属中小学8万学生中随迁子女占比已超过50%，城关区尚缺义务教育学位2.6万个，需投入40多亿元新增中小学教育用地657亩，相当于新建20亩/所的学校33所。”② 甘肃各县区均不同程度地存在这一矛盾，迅速化解城镇大校额困难大、余地小，城区优质均衡发展压力更大，办学条件差异系数达标更艰巨，达标后保持更困难。

### （三）教育经费支出难度大

甘肃经济条件较为落后，各县（区、市）保工资、保稳定经济压力相对较大，教育经费支出很困难，严重制约着义务教育优质均衡发展步伐。例如：“城关区由于征地拆迁费用高，教育费附加资金无法用于征地拆迁，资金筹措难度大，造成部分项目迟迟难以推进。在棚户区改造、城中村改造及新建小区建设中强制要求按标准预留足够的中小学教育用地，特别是雁滩、东岗、黄河北等区域无力支付征地拆迁费用，致使项目推进难度很大。”③ 按照现有适龄儿童数量，安

① 《扩充新增学位实现有学上上好学——我市教育部门着力解决民生领域突出问题》，兰州市教育局（2023年7月23日），http://www.lanzhou.gov.cn/art/2023/7/23/art_128_1254821.html，最后检索时间：2023年8月23日。

② 杨雅玲、吴绍珍、潘裕：《兰州市义务教育优质均衡发展调查研究》，《甘肃教育》2022年第19期，第27~37页。

③ 杨雅玲、吴绍珍、潘裕：《兰州市义务教育优质均衡发展调查研究》，《甘肃教育》2022年第19期，第27~37页。

宁区需新增中小学教育用地 12.2 万平方米，才能达到主城旧区中小学生均用地面积省定标准，共需征拆、建设、设施配套等资金 17.6 亿元。此外，招聘的 185 名同工同酬及临聘教师每年仅工资支出一项就约 1800 万元。由于财政收支矛盾比较突出，仅靠区级财政保障教育支出难度较大。

## （四）学校标准化建设存在短板

受前期建设标准过低所限或部分中小学改扩建滞后影响，一些学校校舍、体育运动场馆、音乐美术教室面积和数量不达标，计算机和图书配备不齐。调查可知，安宁区截至 2022 年年底全区中小学占地面积 39.1 万平方米，其中区属小学生均用地面积为 8.39 平方米，仅为省定标准 11.4 平方米的 73.6%，区属小学生均用地面积不达标的学校占 83.3%。农村地区的教育生均经费仍处于较低水平，城乡之间教育经费差距大，农村地区缺乏足够的教育资源保障。永昌县部分学校硬件设施不足，农村中小学取暖费累计欠款高，学校公用经费无法保障正常运行。全省教育信息化 2.0 推进长效机制不够完善，“三全两高一大”发展目标还有差距，“三通两平台”建设还需进一步加强，信息技术与教育深度融合不够，构建一体化的“互联网+教育”大平台存在困难，优质教育资源分享覆盖面不够全面。

## （五）教师队伍建设仍需加强

一是教师依然短缺。截至 2022 年年底，安宁区区属小学有 20 所学校未能足额核定教师编制、缺口 208 个，城关区区属小学有 39 所学校未能足额核定编制、缺口达 371 个。乡村学校音乐、体育、美术、英语、信息技术等学科教师欠缺。二是教师队伍结构不合理。截至 2023 年 9 月，永昌县义务教育阶段教师中 40 岁及以下 208 人、仅占 14.4%，50 岁及以上 569 人、占 36.9%，青年教师断层严重，近四年预计退休教师 222 名，大批教师陆续退休造成的教师临时性短缺、年轻教师培养不到位的问题将更加凸显。三是师德师风、业务素质与新的教育形势还不相适应。教师损害学校学生利益、教学方式不当、发布不当言论和品行不良等行为时有发生；部分教师信息素养和信息化教学创新能力不足，网络教学平台与教学工作融合不紧密，存在设施设备利用率不高问题。部分校长专业化程度不高、年龄较大，校长的精力和创新力不足，后备人才少；学校优秀教师梯队建设工作滞后，与提升教育质量需求相比中高级教师岗位比例较低。教研职能弱化、教研员数量不足、教研方式创新不够，教师整体研究能力有待提高。四是教师培训不足。由于缺少培训经费，因此存在培训时间不充足、培训方式不丰富、高层次培训少、培训效果不够明显等问题。五是乡村地区优质教师下不去、留不住。乡村地区经济发展薄弱，一些骨干教师和年轻优秀教师更倾向于选择经济发展水平更高、发展空间更大的城区，导致乡村地区优质教师下不去、留不住。六是教师工作压力和负担大幅增加。随着课后服务的全覆盖，老师上班时长增加，出现教师工作压力大、职业倦怠加剧等问题。①

### （六）促进学生全面发展还需进一步加强

一是立德树人根本任务还未完全落实。“五育并举”的评价机制还未完全落实，部分乡村学校教育理念滞后，未依照国家标准开足开齐规定课程，学校德育、美育、体育和心理健康教育等课程难以保证，部分学生思想品质、体质健康和心理健康状况不容乐观。二是教育综合改革有待深化。素质教育还需进一步巩固，唯升学率、唯分数论还未能得到根本性扭转，评价的正向引导作用还没有充分发挥出

① 吴绍珍、杨雅玲：《甘肃深入落实“双减”政策的优化路径研究》，《西北成人教育学院学报》2023 年第 3 期，第 89~95 页。

来。三是智慧教育缺乏有效整合与共享。全省教育信息化资源分散，城乡标准不一，缺乏有效整合与共享，不能适应智慧教育需求。四是学校管理有待加强。部分中小学安全意识不够强，学校安全管理存在漏洞，校园安防建设不规范，安全责任还不到位，学生食堂、学校危化品管理存在一定的安全隐患。五是“家校社”协作机制还未形成。学校减负、家庭增负的现象仍然存在，社区在义务教育中作用发挥不足，部分家长自身文化水平低，对孩子的学习缺乏有效辅导和监督，一些学生因缺乏家庭关怀教育出现心理问题，甚至走上违法犯罪道路。

## 四　甘肃义务教育优质均衡发展的对策建议

甘肃直面义务教育优质均衡发展面临的困难与挑战，根据新时代义务教育优质均衡发展的目标和任务，对照国家标准从硬件和软件配置入手精准施策，持续巩固义务教育基本均衡发展成果，不断缩小城乡间、区域间、学校间差距，稳步推进义务教育优质均衡发展，保障中小学生享有公平而优质的义务教育。

### （一）做好整体规划安排，全面优化学校布局结构

要进一步完善“省级统筹、以县为主”的管理体制，积极推行简政放权，稳妥下放市属义务教育办学权限，增强各个县（区、市）政府统筹义务教育发展的职能。省、市（州）政府要建立义务教育优质均衡发展激励机制，在资金分配、项目安排等方面给予创建国家义务教育优质均衡工作进展快、推进效果好的县倾斜支持，以点带面引导其他县区如期实现义务教育优质均衡发展。各县（市、区）政府将义务教育优质均衡发展列为政府“一把手”工程，会同发展改革部门把握适应我国城镇化不断推进和农村人口日

益“市民化”的新趋势，根据当地适龄入学人口变化情况制定所在地中长期学位规划方案，合理调整县域城乡中小学校的布局结构，科学估算学校数量、专任教师数以及经费需求，在城区及城郊接合部规划建设一批新型的优质中小学，做好相应的软硬件资源配置工作。加大对开发商该新建、配建、还建学校而不建或未按标准建设的惩罚力度，确保新建居民区与配套的中小学同步规划、同步建设、同步使用，增加城区学位供给，持续消除义务教育大班额，缓解人口迁移带来的临时性压力。充分考虑农村留守儿童等群体寄宿需求，科学规划建设一批标准化寄宿制学校，按标准建好办好学校，以高品质寄宿制学校建设提升寄宿制学校教育质量。科学整合撤并，保留和建设管理好乡村小规模学校和教学点，使学校布局更加合理，确保每位学生能就近入学。

### （二）不断增强经费保障能力，确保教育经费只增不减

严格执行国家和省市（州）关于义务教育经费投入的各项政策，全面落实义务教育财政投入“两个只增不减”的长效机制，逐步提高义务教育生均公用经费保障水平，全力保障政府对义务教育阶段各项经费的开支。逐步建立中央和省市（州）教育资金与区财政1：1教育成本分担机制，给予县（区、市）级财政更多的教育经费支持。不断优化教育经费支出结构，针对城区征地拆迁费用高的现状，中央和省市（州）专项资金应适当向县（区、市）级财政倾斜，明确省市（州）补助资金也可用于教育用地征迁、校舍回购等项目；各级政府加大对农村地区、革命老区、民族地区等薄弱区域资金投入的倾斜力度；加大课程改革、教学改革、教材建设、校长教师培训等资金投入力度；将乡村小规模学校和办学经费相对紧张学校的取暖费用全额纳入县级财政预算，提升农村小规模学校、乡镇初中及中心学校建设学校经费保障能力。积极出台、落实各类减税免税的政策，鼓励社

会力量积极参与义务教育事业，倡导社会力量捐资助学、出资办学等，最终达到缓解地方财政压力的目的。持续加强义务教育经费管理，确保教育经费足额到位、使用安全和发挥最大效益。

## （三）不断改善教育设施，持续提升义务教育标准化水平

各县（市、区）按照《甘肃省义务教育优质均衡学校办学标准》，进一步改善提升义务教育薄弱学校基本办学条件，实现城乡义务教育学校教学及辅助用房、运动场地、实验教学仪器设备、图书、劳动教育器材等基本条件达到国家和省级标准，实现县域内义务教育学校硬件设施无明显差异。集中排查中小学师生宿舍、食堂等情况，优先改造维修师生住宿条件差、就餐环境差的学校，提升寄宿制学校安全管理水平。大力实施教育信息化 2.0 行动计划，依托人工智能、大数据等技术手段，加快数字化、智能化的校园环境建设，普及智能教室、虚拟实验实训室、智能图书馆等智能学习空间和学习终端，提升教师的数字素养和资源整合能力，加强教育数字化设备的更新维护与切实运用，打造面向学生、教师、教育管理者等对象的新时代教育内容数据库，在线共享全国名师课堂、名校网络课堂等教育资源，进一步扩大优质义务教育资源的覆盖面，有力推动义务教育优质均衡发展。

## （四）扎实推进教育综合改革，真正实现“五育”并举全面育人

一是深入推进城乡教育联合体模式。持续采取强校带弱校、建立学校联盟、学区化管理等办学形式，健全优质学校对口支援薄弱学校、新建学校帮扶制度，完善配套政策和激励措施，充分调动城市优质学校开展结对帮扶的积极性和主动性，不断向乡村薄弱学校传播先进教育思想、管理理念和办学经验，促进学校间管理、教学、教研紧

密融合，通过传、帮、带等形式推进城乡义务教育优质均衡发展。二是打造高效课堂。加强课程教材建设，加大学校课程资源整合力度，因地制宜编制地方课程，推动校本课程特色发展。开展教学视导，制定科学合理的教学计划和课堂教学基本要求，关注全体学生个性发展，积极探索基于情境、问题导向的启发式、体验式、讨论式、参与式、合作式等教学方式，积极探索走班制、选课制等教学组织模式，打造高效课堂。三是坚持“五育”并举。聚焦学生全面发展，坚持特色引领，持续推动“一校一品”“一校多品”特色教育模式，强化德育、体育、美育和劳动教育应有地位，开齐课程、开足课时。重视中小学生法制教育和心理健康教育，定期开展学生体质健康和视力监测，推动足球、篮球、排球等体育项目进校园，强化艺术审美素养的教学与实践，将德育、音乐、美术与语文、数学、英语等学科以同等地位纳入学生中考成绩，倒逼素质教育落地见效。四是建立中小学综合素质评价体系。坚持德育为先、育人为本，聚焦学生全面发展、个性发展、终身发展，建立省级中小学综合素质评价指标体系，各学校按照“一校一案”原则制定切实可行的学生综合素质评价工作实施方案，坚决纠正片面追求升学率、以考试成绩排名的功利化和短视化问题，严禁公布、宣传、炒作中高考“状元”和升学率，以科学的学生综合素质评价指挥棒全面巩固提升“双减”成果，营造全面推进素质教育的良好社会氛围。五是强化大数据赋能教育教学。进一步推动数字技术与教育教学的深度融合，用好国家中小学智慧教育平台，最大化发挥空中课堂、双师课堂、融合课堂的教育作用，努力让更多孩子享受优质教育资源。

### （五）优化师资配置，培养高素质创新型教师队伍

一是科学合理配备编制和岗位。各县（市、区）完善中小学教师准入和招聘制度，制定关于新建学校建制和师资编制等问题的专

项审批制度和保障机制，健全动态核编教师管理机制，通过公开招聘、特岗计划、定向培养、引进人才、“银龄计划”、支教走教等多种途径加快义务教育教师补充，依据国家课程方案配齐配足教师，确保以县为单位实现中小学教职工编制全面达到国家基本标准。配齐配强学校领导班子，培养专家型校长队伍，打造懂管理、精业务的校长团队。用好用活“县管校聘”政策，统筹调配编制内中小学教师资源，优化教师队伍。二是强化人才储备。强化学校管理人才队伍、骨干教师队伍、新教师队伍的建设，逐步加大省级公费师范生、地方优师计划、小学全科型教师培养规模，积蓄后备发展力量。三是强化师德师风建设。坚持师德师风第一标准，完善师德评价标准和考核体系，持续深化对全省义务教育教师分类分岗位开展德育培训，强化教师思想政治素质考察，健全教师荣誉制度，建立师德失范行为通报警示制度，严格落实师德考核负面清单制度、失范行为曝光制度，着力打造一支教学能力过硬、乐于奉献、爱学生、爱教育、充满活力的“四有”好老师。四是加大教师培训力度。将教师专业素养提升纳入工作重点计划，系统设计实施“国、省、市、区、校”五级培训，持续做好卓越型校长、专家型校长、骨干教师、学科带头人和普通教师的分层、分级、分类精准培训工作。建立健全省市县校四级教研体系，常态化组织教育教学研究、专题教研、集体备课和观摩课等教研质量提升工程，应用教研成果综合提升教师的教育教学水平。五是健全教师和校长交流轮岗保障与激励机制。深入实行县域内义务教育学校教师定期轮岗、支教、交流学习等制度，确保县域内义务教育学校校长与教师在城乡之间、学校之间合理流动，促进教师资源分布均衡。六是不断提高教师待遇。完善岗位绩效工资制度，落实津贴制度，继续推行同工同酬聘用制教师制度，绩效工资分配向班主任倾斜、向教学一线和教育教学效果突出的教师倾斜，继续改善农村教师工作、学习和生活条件，定期为教师开展心理咨询和心理健康服务，继续实施教师职称评审向乡村倾斜激励措施，吸引优秀教师、年轻教师到乡村义务教育学校教学，实现农村及城市学校教育质量全面提升。七是更大力度为教师松绑减负。明确要求全区各级各部门严禁向学校和教师安排、布置、摊派各类与教学无关的活动，最大限度减少对学校教学的影响，让广大教师安心教书育人。

### （六）坚持依法治理，推动教育治理体系和治理能力现代化

一是要深化办学体制改革。聚焦教育公平公正，积极稳妥推进中高考改革与考试命题改革，科学划定招生片区范围，确保各学区之间优质教育资源基本均衡。坚持以流入地政府为主、以公办中小学为主的教育原则，完善以居住证为主要依据的义务教育随迁子女入学政策，确保随迁子女与当地学生平等接受义务教育。强化学籍统一管理，严查人籍分离、空挂学籍、学籍造假等违规违纪问题。规范特长类招生制度，严查以各类竞赛成绩或考级证明为依据招生、提前组织招生等变相择生行为。二是保障特殊群体平等接受义务教育。完善政府统筹协调、部门各负其责、社会共同参与的农村留守儿童关爱和服务体系，努力解决留守儿童思想、生活和学习上的困难。落实常态化控辍保学工作机制，确保家庭困难学生无一人辍学。完善残疾儿童少年随班就读办法，切实保障残疾学生受教育的权利。三是完善督导评估制度。省、市（州）政府教育督导委员会办公室完善推进义务教育优质均衡发展的督导结果通报、表彰奖励、问题处理反馈与限期整改制度，将推进义务教育优质均衡发展作为考核市县乡政府及相关部门主要负责人履行教育职责的重要内容，坚持专项督导和综合督导相结合、全面督导和精准督导相结合，对义务教育学校的办学条件、教师水平和教学质量等各项指标进行省、市级督导评估，加强督导结果运用，通过以督促改、以评促申报为国

家义务教育优质均衡发展区评估认定奠定基础。四是深入推进学校安全管理。建立健全教育领域风险防控机制，进一步细化安全责任、落实安全措施，配合相关部门加大校园周边环境治理。紧密结合“全国文明城市创建”，积极开展“五大行动”及校园周边工程施工、道路交通、食品安全等领域安全隐患排查整治。实施青少年法治教育提升专项行动，健全学校未成年人保护、欺凌防控和预防性侵害等工作制度。打造数字监管示范区，把中小学生培训机构纳入平台管理，建立预收费监管专用账户，加强校外培训机构监管，对学科类隐形变异培训“零容忍”，发现即取缔，开展在职教师有偿家教整治工作。

### （七）密切“家校社”协作，创建多方协同育人环境

各学校要持续通过家长学校、家长委员会、家访、家长开放日、网络平台等形式，给中小学家长解读《中华人民共和国家庭教育促进法》，举办家庭教育知识专题讲座等家庭教育活动，指导家长树立正确的教育观念、掌握科学的教育方法，提高家庭教育管理责任。广大家长要关心孩子心理健康，激发孩子的自信心和创造力，培养孩子良好学习生活习惯。社区要主动建设家庭教育指导中心和社区学生服务站点，通过开展一系列文化活动，弘扬社会主义核心价值观，传递正向价值观念，丰富学生的精神文化生活，培育学生的高尚道德情操。周边公共图书馆、博物馆、美术馆、科技馆、青少年校外活动场所免费或优惠向学生开放，为学生提供趣味盎然的校外教育内容和形式。政府持续发掘当地自然生态、乡土民俗、革命传统等教育资源，进一步加强中小学校科普基地、劳动基地和示范性研学旅行基地建设，家校社协调一致合力帮助学生身心健康成长。

总之，更加公平、更高质量的教育是人民群众迫切的期盼和需

求，回应社会关切，甘肃各级党委、政府和教育系统要坚持党对教育工作的全面领导，贯彻落实党的教育方针，切实把义务教育作为重中之重，围绕“提升质量、促进公平”总要求，优先保障义务教育财政投入、公共资源配置，坚持内涵发展、“五育”并举，把义务教育办成让党放心、让人民满意的优质均衡工程。

# B.8

# 甘肃县域人口发展研究报告

李 晶*

**摘 要：** 县域是推动我国新型城镇化建设的重要空间载体，本报告对甘肃县域人口规模、城镇化及人口流动进行分析。研究发现，甘肃县域人口存在人口增长与收缩并存的现象，人口集聚度和人口城镇化呈现“西疏东密”和“西高东低”的现象，就地就近城镇化成为当前甘肃城镇化的主导模式。对此，本文提出加快转变甘肃经济发展方式、提高县城公共服务供给能力、推动县域人口高质量发展及落实政府县域治理的领导保障工作等对策建议。

**关键词：** 县域人口 城镇化 人口流动 甘肃

县城作为我国行政区划的基本单元，具有“亦城亦乡”“联结城乡”的过渡性特征①。2022 年，中共中央办公厅、国务院办公厅联合印发《关于推进以县城为重要载体的城镇化建设的意见》，强调县城对促进新型城镇化建设、构建新型工农城乡关系具有重要意义。新中国成立后，大量人口由乡村向城镇迁移，促使我国人口城镇化进程快速发展。进入新时代，随着全球经济格局的巨大转变，我国

---

* 李晶，甘肃省社会科学院农村发展研究所副研究员，主要研究方向为农业生态、农村发展等。

① 刘宁、刘青、李贵才：《中国的县域村镇人口迁移研究进展与展望》，《世界地理研究》2023 年第 2 期。

人口发展进入新的重构阶段，人口矛盾由数量性压力向结构性压力转化，呈现生育水平提升乏力、人口红利接近尾声、人口流动高度活跃、老龄化形态持续加深等趋势和新特征①。据全国人口“七普”结果显示，黑龙江、吉林、内蒙古、辽宁、山西和甘肃六省份出现人口负增长。

甘肃作为我国西部省区之一，在国家西部崛起战略中起到重要作用。近年来，甘肃城镇化进程发展迅速，2019年，甘肃城镇化率首次超过了50%，进入了城市社会发展的新阶段。但由于地理位置、资源禀赋及自身经济发展等因素，甘肃面临人口流失问题持续加剧的压力。因此，本研究以甘肃县、市、区为研究单元，深入分析甘肃县域人口分布格局演变、县域人口城镇化及其差异，对新时期甘肃推进以县城为重要载体的城镇化建设具有重要的实践参考价值。

## 一 甘肃县域人口规模及城镇化发展现状

### （一）全省人口规模变化趋势

根据2019年联合国发布的《世界人口展望》预测，我国人口规模将在2030年前后达到峰值，此后将进入人口负增长阶段。2021年5月11日，国务院新闻发布会第一次发布了第七次人口普查主要数据，“七普”结果显示，2020年中国总人口为14.12亿，已经突破了14亿大关，并将长期居于高位。但从增速上来看，我国人口增长速度呈放缓趋势。2010~2020年，全国人口年平均增长率下降0.04个

① 宫攀、张槊、王文哲：《人口视角下中国城市收缩的演变特征与时空格局——基于第七次全国人口普查公报数据的分析》，《人口与经济》2022年第3期。

百分点，意味着我国人口总量即将面临由升转降的历史拐点。全国范围内黑龙江、吉林、内蒙古、辽宁、山西和甘肃六省份出现人口负增长。

根据历次全国人口普查结果显示（见表1），甘肃从新中国成立到1982年，人口规模大幅扩大，1982年全国第三次人口普查时，全省人口总量为1956.93万人，相较上一次人口普查结果增长了54.94%；1990年全国第四次人口普查时，全省人口总量为2237.11万人，相较上一次人口普查结果增长了14.32%；2000年全国第五次人口普查时，全省人口总量为2512.12万人，相较上一次人口普查结果增长了12.29%；2010年全国第六次人口普查时，全省人口总量为2557.53万人，相较上一次人口普查结果增长了1.81%；2020年全国第七次人口普查时，全省人口总量为2501.98万人，相较上一次人口普查结果下降了2.17%。

**表1　甘肃历次全国人口普查人口数和人口增长情况**

单位：人，%

| 普查时间 | 普查人口数量 | 相较上一次普查的人口增长量 | 相较上一次普查的增长率 | 相较上一次普查的年平均增长率 |
|---|---|---|---|---|
| 1953年7月1日 | 11093641 | — | — | — |
| 1964年7月1日 | 12630569 | 1536928 | 13.85 | 1.19 |
| 1982年7月1日 | 19569261 | 6938692 | 54.94 | 2.46 |
| 1990年7月1日 | 22371141 | 2801880 | 14.32 | 1.69 |
| 2000年11月1日 | 25121191 | 2750050 | 12.29 | 1.13 |
| 2010年11月1日 | 25575254 | 454063 | 1.81 | 0.18 |
| 2020年11月1日 | 25019831 | -555423 | -2.17 | -0.22 |

资料来源：历次全国人口普查官方公布的数据。

## （二）县域人口规模变化趋势

2010~2020 年，甘肃县域人口规模扩张与收缩并存。人口增长的县域主要分布在城市的核心区域，共有 31 个县区，其中，城关区、七里河区、西固区、安宁区、嘉峪关市、金川区、白银区、华亭县、西峰区、临夏市、广河县、和政县、合作市人口规模增长率高于10%。同时，全省有 56 个县区出现了人口规模收缩现象，且呈连片收缩趋势。相比 2000~2010 年全省共有 44 个县域人口出现负增长，县域人口流失现象进一步加重，这与该时期甘肃在就业机会、工资水平、医疗、教育及卫生保障等方面与发达地区的差距越来越大，人口跨区域流动愈发明显有很大关系①。

从各个县域乡村人口规模来看，除嘉峪关市、华亭县、阿克塞县、合作市乡村人口分别增加了 0.19 万人、13.94 万人、0.02 万人和 0.36 万人外，其余 83 个县市区乡村人口规模均呈现不同程度的下降，乡村人口流失成为甘肃人口流失的主要原因。

城镇人口规模方面，2010~2020 年，随着工业化和城镇化的发展，全省 87 个县市区城镇人口规模均呈现不同程度的增长。相比 2000~2010 年，县域城镇人口流失问题得到一定改善（见表 2）。

## （三）县域人口集聚度变化趋势

人口集聚程度是评判区域竞争力和发展潜力的重要指标。由上述分析发现，甘肃县域人口发生了结构性改变，探索县域人口集聚的新形势和新特点有利于县域发展规划的科学制定。为更好地反映甘肃县域人口在空间分布的集聚差异性，本文采用人口集聚度模型计算某县

① 王绍博等：《县域人口空间分布格局演变及其影响因素研究——以甘肃省为例》，《人口与发展》2023 年第 3 期。

**表 2　2010 年和 2020 年甘肃县域人口规模情况**

单位：万人

| 地区 | 2010 年 | | | 2020 年 | | | 地区 | 2010 年 | | | 2020 年 | | |
|---|---|---|---|---|---|---|---|---|---|---|---|---|---|
| | 合计 | 城镇 | 乡村 | 合计 | 城镇 | 乡村 | | 合计 | 城镇 | 乡村 | 合计 | 城镇 | 乡村 |
| 城关区 | 127.9 | 125.9 | 2.0 | 148.4 | 146.6 | 1.8 | 张家川县 | 28.6 | 5.4 | 23.2 | 24.4 | 7.3 | 17.1 |
| 七里河区 | 56.1 | 47.0 | 9.1 | 71.2 | 62.4 | 8.8 | 凉州区 | 101.0 | 33.1 | 67.9 | 88.5 | 46.8 | 41.8 |
| 西固区 | 36.4 | 32.0 | 4.4 | 40.7 | 37.4 | 3.3 | 民勤县 | 24.1 | 4.6 | 19.5 | 17.8 | 7.2 | 10.7 |
| 红古区 | 13.6 | 10.0 | 3.6 | 14.4 | 10.9 | 3.4 | 古浪县 | 38.9 | 6.6 | 32.3 | 25.0 | 7.9 | 17.1 |
| 安宁区 | 28.9 | 28.9 | 0 | 44.0 | 44.0 | 0 | 天祝县 | 17.5 | 5.6 | 11.9 | 15.1 | 7.0 | 8.1 |
| 永登县 | 41.9 | 13.8 | 28.1 | 28.6 | 13.9 | 14.7 | 甘州区 | 50.7 | 21.7 | 29.1 | 51.9 | 27.8 | 24.1 |
| 皋兰县 | 13.2 | 4.2 | 9.0 | 12.5 | 7.1 | 5.4 | 肃南县 | 3.4 | 1.0 | 2.3 | 2.8 | 1.1 | 1.7 |
| 榆中县 | 43.7 | 14.0 | 29.8 | 47.4 | 23.3 | 24.1 | 民乐县 | 21.9 | 4.9 | 17.1 | 19.2 | 9.0 | 10.3 |
| 嘉峪关市 | 23.2 | 21.6 | 1.5 | 31.3 | 29.5 | 1.7 | 临泽县 | 13.4 | 3.7 | 9.7 | 11.6 | 5.4 | 6.2 |
| 金川区 | 22.9 | 19.5 | 3.3 | 26.0 | 23.8 | 2.2 | 高台县 | 14.3 | 3.5 | 10.9 | 12.6 | 6.4 | 6.1 |
| 永昌县 | 23.5 | 9.3 | 14.3 | 17.8 | 10.1 | 7.7 | 山丹县 | 16.1 | 6.6 | 9.5 | 15.0 | 8.3 | 6.7 |
| 白银区 | 29.4 | 24.6 | 4.8 | 33.8 | 30.7 | 3.1 | 崆峒区 | 50.5 | 24.8 | 25.6 | 50.4 | 33.2 | 17.2 |
| 平川区 | 19.2 | 11.6 | 7.6 | 20.1 | 14.8 | 5.3 | 泾川县 | 28.1 | 6.8 | 21.3 | 22.2 | 8.7 | 13.5 |
| 靖远县 | 45.5 | 11.4 | 34.1 | 37.3 | 14.7 | 22.6 | 灵台县 | 18.4 | 3.6 | 14.8 | 15.6 | 5.4 | 10.2 |
| 会宁县 | 54.1 | 10.4 | 43.7 | 40.2 | 14.2 | 26.0 | 崇信县 | 10.2 | 3.2 | 7.0 | 8.2 | 3.5 | 4.7 |
| 景泰县 | 22.6 | 9.2 | 13.3 | 19.9 | 11.2 | 8.7 | 华亭县 | 18.9 | 8.8 | 10.1 | 33.6 | 9.5 | 24.0 |
| 秦州区 | 64.4 | 31.9 | 32.5 | 65.7 | 43.1 | 22.6 | 庄浪县 | 38.3 | 5.6 | 32.7 | 36.6 | 11.3 | 25.3 |
| 麦积区 | 55.3 | 22.6 | 32.8 | 55.6 | 32.2 | 23.4 | 静宁县 | 42.4 | 6.9 | 35.5 | 18.2 | 11.1 | 7.2 |
| 清水县 | 26.7 | 4.1 | 22.6 | 24.1 | 7.9 | 16.1 | 肃州区 | 42.8 | 25.6 | 17.3 | 45.6 | 32.7 | 12.8 |
| 秦安县 | 51.6 | 9.4 | 42.2 | 41.6 | 14.1 | 27.6 | 金塔县 | 14.7 | 4.7 | 10.0 | 12.2 | 6.1 | 6.1 |
| 甘谷县 | 56.0 | 9.8 | 46.2 | 50.7 | 18.4 | 32.3 | 瓜州县 | 14.9 | 4.4 | 10.4 | 12.9 | 5.2 | 7.8 |
| 武山县 | 43.7 | 8.7 | 35.0 | 36.4 | 13.1 | 23.3 | 肃北县 | 1.5 | 0.8 | 0.7 | 1.5 | 1.0 | 0.5 |

续表

| 地区 | 2010年 | | | 2020年 | | | 地区 | 2010年 | | | 2020年 | | |
|---|---|---|---|---|---|---|---|---|---|---|---|---|---|
| | 合计 | 城镇 | 乡村 | 合计 | 城镇 | 乡村 | | 合计 | 城镇 | 乡村 | 合计 | 城镇 | 乡村 |
| 阿克塞县 | 1.1 | 1.0 | 0.1 | 1.1 | 1.0 | 0.1 | 康县 | 18.0 | 2.9 | 15.1 | 16.2 | 4.9 | 11.3 |
| 玉门市 | 16.0 | 7.9 | 8.1 | 13.8 | 8.8 | 5.0 | 西和县 | 39.3 | 4.6 | 34.7 | 35.1 | 9.8 | 25.3 |
| 敦煌市 | 18.6 | 11.2 | 7.4 | 18.5 | 13.0 | 5.5 | 礼县 | 45.8 | 5.1 | 40.7 | 42.4 | 12.8 | 29.6 |
| 西峰区 | 37.8 | 18.2 | 19.6 | 51.4 | 31.8 | 19.6 | 徽县 | 20.0 | 5.5 | 14.6 | 19.0 | 7.9 | 11.1 |
| 庆城县 | 26.2 | 6.8 | 19.4 | 23.5 | 9.5 | 14.0 | 两当县 | 4.5 | 1.6 | 3.0 | 4.0 | 1.8 | 2.2 |
| 环县 | 30.3 | 5.6 | 24.6 | 30.5 | 11.0 | 19.4 | 临夏市 | 27.4 | 22.1 | 5.4 | 35.6 | 31.5 | 4.1 |
| 华池县 | 12.1 | 2.6 | 9.5 | 11.9 | 5.0 | 6.9 | 临夏县 | 32.6 | 2.6 | 30.0 | 32.3 | 5.1 | 27.1 |
| 合水县 | 14.6 | 3.2 | 11.4 | 13.6 | 5.4 | 8.2 | 康乐县 | 23.3 | 2.5 | 20.8 | 25.6 | 5.9 | 19.7 |
| 正宁县 | 18.1 | 4.4 | 13.7 | 17.3 | 7.1 | 10.2 | 永靖县 | 18.0 | 7.0 | 11.0 | 18.1 | 9.5 | 8.6 |
| 宁县 | 40.6 | 6.0 | 34.5 | 33.6 | 10.9 | 22.8 | 广河县 | 22.7 | 4.3 | 18.4 | 26.1 | 9.0 | 17.1 |
| 镇原县 | 41.6 | 5.5 | 36.0 | 36.1 | 10.5 | 25.7 | 和政县 | 18.5 | 2.9 | 15.6 | 20.5 | 5.7 | 14.8 |
| 安定区 | 42.1 | 15.8 | 26.3 | 42.2 | 22.2 | 20.0 | 东乡县 | 28.5 | 3.5 | 25.0 | 29.0 | 5.7 | 23.4 |
| 通渭县 | 35.0 | 4.5 | 30.5 | 32.4 | 8.8 | 23.6 | 积石县 | 23.6 | 1.9 | 21.7 | 23.9 | 5.2 | 18.7 |
| 陇西县 | 45.3 | 16.2 | 29.1 | 42.7 | 21.9 | 20.8 | 合作市 | 9.0 | 5.7 | 3.3 | 11.2 | 7.6 | 3.7 |
| 渭源县 | 32.4 | 4.6 | 27.8 | 27.8 | 7.9 | 19.9 | 临潭县 | 13.7 | 2.5 | 11.2 | 12.7 | 4.8 | 8.0 |
| 临洮县 | 50.7 | 12.1 | 38.6 | 48.0 | 18.9 | 29.1 | 卓尼县 | 10.1 | 1.5 | 8.5 | 9.5 | 3.3 | 6.2 |
| 漳县 | 19.3 | 3.8 | 15.5 | 16.7 | 5.7 | 11.1 | 舟曲县 | 13.2 | 1.7 | 11.5 | 12.5 | 4.0 | 8.5 |
| 岷县 | 45.1 | 5.4 | 39.6 | 42.6 | 11.5 | 31.0 | 迭部县 | 5.2 | 0.9 | 4.3 | 5.2 | 2.0 | 3.2 |
| 武都区 | 55.5 | 13.6 | 41.9 | 54.7 | 24.4 | 30.3 | 玛曲县 | 5.5 | 1.1 | 4.4 | 5.7 | 3.2 | 2.5 |
| 成县 | 24.2 | 8.4 | 15.9 | 24.2 | 12.1 | 12.0 | 碌曲县 | 3.5 | 0.6 | 2.9 | 3.6 | 1.6 | 2.0 |
| 文县 | 21.9 | 3.3 | 18.6 | 19.7 | 6.4 | 13.3 | 夏河县 | 8.7 | 2.5 | 6.2 | 8.7 | 2.8 | 5.9 |
| 宕昌县 | 27.4 | 4.1 | 23.3 | 25.5 | 7.0 | 18.5 | | | | | | | |

资料来源：第六次和第七次全国人口普查数据。

域人口相对于全省的人口集聚程度，计算公式如下：

$$A_r = (I_r/I)/(area_r/area)$$

其中，$A_r$为某县域的人口集聚度，$I_r$和 $I$ 分别表示某县域和甘肃人口总数量，$area_r$和 $area$ 分别表示某县域和甘肃区域面积。参考已有的相关研究①，将人口集聚度划分为三类，即 $A_r<0.5$ 为人口稀疏区，$0.5\leqslant A_r\leqslant 2$ 为人口均值区，$A_r>2$ 为人口密集区。借助 ArcGIS 软件对县域人口集聚度空间分布特征进行可视化。

本文根据地理位置将甘肃划分为河西地区（包括酒泉、嘉峪关、张掖、金昌和武威）、白定兰地区（白银、兰州、定西）、陇东地区（天水、庆阳和平凉）和陇西南地区（陇南、临夏和甘南）4 个区域进行分析。第一，甘肃县域人口空间集聚度呈现“西疏东密”的格局，即人口多集聚在白定兰和陇东地区，陇西南地区除甘南州外，人口集聚度也相对较高，而河西地区人口分布较为分散，人口集聚度较低。第二，以县域单元为视角，甘肃县域人口空间分布疏密格局处于稳定状态，即 2010 年和 2020 年县域人口集聚度 $A_r>2$ 的密集区均为 39 个，占全省的比重均为 44.83%；人口集聚度 $A_r$介于 0.5 和 2 之间的均值区由 2010 年的 33 个减少为 2020 年的 32 个；人口集聚度 $A_r$小于 0.5 的稀疏区县域 2010 年和 2020 年分别有 15 和 14 个。第三，从县域人口集聚度来看，2010~2020 年，全省有 38 个县域的人口集聚度有所提高，含有人口密集区的县域 24 个。其中，城关区、安宁区、临夏市、七里河区以及西固区是人口高度集聚的区域，其 $A_r$值分别由 2010 年的 96.26、56.06、51.54、22.32 和 15.88 提高到了 2020 年的 114.88、87.84、68.73、29.14 和 18.26。

① 王莹莹、杨青生：《粤港澳大湾区人口空间集聚的演变及其就业效应》，《人口学刊》2021 年第 4 期。

## （四）县域人口城镇化变化趋势

2010 年，甘肃人口城镇化率为 35.9%，全省 86 个县域①人口城镇化水平为 33.2%；2020 年，全省人口城镇化率为 52.2%，县域人口城镇化水平为 47.7%。本文以甘肃全省人口城镇化率和县域人口城镇化率为划分界限，将高于全省人口城镇化率的县域划定为高水平城镇化区域；将介于甘肃全省人口城镇化率和县域人口城镇化率之间的县域划定为中等水平城镇化区域；将低于县域人口城镇化率的县域划定为低水平城镇化区域，结果见表 3。甘肃处于城镇化高水平发展阶段的县域个数由 2010 年的 26 个增长为 2020 年的 29 个，处于中等水平发展阶段的县域由 2010 年的 3 个增长为 2020 年的 6 个，处于低水平发展阶段的县域由 2010 年的 57 个减少为 2020 年的 51 个。

**表 3　甘肃各县域人口城镇化水平分类**

单位：%，个

| 年份 | 类型 | 城镇化率 | 县域名称 | 个数 |
|---|---|---|---|---|
| 2010 | 高水平 | >35.9 | 城关区、七里河区、西固区、红古区、嘉峪关市、金川区、永昌县、白银区、平川区、景泰县、秦州区、麦积区、甘州区、山丹县、崆峒区、华亭县、肃州区、肃北县、阿克塞县、玉门市、敦煌市、西峰区、安定区、临夏市、永靖县、合作市 | 26 |
| | 中等水平 | 33.2~35.9 | 陇西县、成县、两当县 | 3 |
| | 低水平 | <33.2 | 其他县域 | 57 |

---

① 研究所选的 86 个研究单元不包括安宁区和兰州新区，因安宁区无农业户籍人口，城镇化率为 100%，故剔除，不在研究范围内；兰州新区于 2010 年筹建，无第六次人口普查数据，故在此不做分析。嘉峪关市无下辖县、区，因而整体纳入一个研究单元。

续表

| 年份 | 类型 | 城镇化率 | 县域名称 | 个数 |
|---|---|---|---|---|
| 2020 | 高水平 | >52.2 | 城关区、七里河区、西固区、红古区、皋兰县、嘉峪关市、金川区、永昌县、白银区、平川区、景泰县、秦州区、麦积区、凉州区、甘州区、山丹县、崆峒区、静宁县、肃州区、肃北县、阿克塞县、玉门市、敦煌市、西峰区、安定区、临夏市、永靖县、合作市、玛曲县 | 29 |
| | 中等水平 | 47.7~52.2 | 永登县、榆中县、高台县、金塔县、陇西县、成县 | 6 |
| | 低水平 | <47.7 | 其他县域 | 51 |

为了更直观地分析甘肃县域人口城镇化水平空间格局特征，本文借助 ArcGIS 软件刻画了 2010 年和 2020 年县域城镇化时空演变格局。甘肃人口城镇化水平始终呈现“西高东低”的格局，即河西地区县域人口城镇化水平普遍高于甘肃中东部地区，其中，武威市凉州区最为明显，2010 年该地区城镇化率为 32.80%，处于低水平发展阶段，而在 2020 年该地区城镇化率上升为 52.83%，上升了 20.03 个百分点，处于高水平发展阶段。中等水平城镇化区域在 2010 年和 2020 年均以“零星状”分布在省内，并在河西、陇中地区范围扩大，其中，两当县由 2010 年中等水平城镇化转为 2020 年的低水平城镇化。随着高水平、中等水平城镇化县域数量的稳步增加，低水平城镇化区域范围逐渐缩小，说明甘肃县域城镇化在部分空间格局保持稳定的同时，城镇化水平趋于更加均衡。

## 二 甘肃人口流动变化情况

### （一）人户分离人口变化情况

人口流动规模和流动强度是考察人口流动的基本指标，其中，人户分离[1]是人口普查所定义的一种含义最宽泛的人口流动。2020 年，甘肃人户分离人口为 735.25 万人，相比 2010 年增长了 423.98 万人，增长幅度为 136.21%。从人户分离人口占全省常住总人口的比重（亦可理解为人户分离人口流动率）来看，2010 年，全省人户分离人口占全省常住总人口的比重为 12.19%，表示每 100 个甘肃人中约有 12 人为人户分离，到 2020 年人户分离人口流动率迅速跃升至 29.39%，比 2010 年增长 17.20 个百分点，表示每 100 个甘肃人中约有 29 人为人户分离。

由表 4 可知，2020 年，全省流动人口为 534.15 万人，相比于 2010 年，流动人口增加了 274.30 万人。省内流动人口由 2010 年的 216.57 万人增加到 2020 年的 457.59 万人，增长幅度为 111.29%。省外流动人口也有所增加，由 2010 年的 43.28 万人增加到 2020 年的 76.56 万人，增长幅度达 76.89%。2020 年，省内流动人口占全省流动人口的比重为 85.67%，省外流动人口占比 14.33%。

从全省各个市州层面来看，2010～2020 年，14 个市州流动人口规模均有不同程度的增大，2020 年，兰州市流动人口数量最大，达 174.07 万人，占全省流动人口（534.15 万人）的比重为 32.59%。从城乡流动人口结构来看，2020 年，城市流动人口占全省流动人口的比重为 83.88%，乡村流动人口占全省流动人口的比重为 16.12%。同时，城市人口流向外省现象日益凸显（见表 5、表 6）。2010～2020 年，城市省外流动人口由 2010 年的 36.29 万人增长至 2020 年的 61.49 万人，增长率为 69.44%，各城市省外流动人口均有不同程度的增长，增长率为 5.38%～180.93%。

---

① 人户分离是指人口现住地与户籍地不同。

**表 4　甘肃人户分离情况**

单位：万人，%

| 地区 | 人户分离人口 | | | 市辖区内人户分离 | | | 省内流动人口 | | | 省外流动人口 | | |
|---|---|---|---|---|---|---|---|---|---|---|---|---|
| | 2010 年 | 2020 年 | 增长率 | 2010 年 | 2020 年 | 增长率 | 2010 年 | 2020 年 | 增长率 | 2010 年 | 2020 年 | 增长率 |
| 甘肃省 | 311.27 | 735.25 | 136.21 | 51.42 | 201.09 | 291.09 | 216.57 | 457.59 | 111.29 | 43.28 | 76.56 | 76.89 |
| 兰州市 | 115.53 | 242.70 | 110.07 | 32.39 | 68.63 | 111.84 | 62.52 | 136.14 | 117.75 | 20.62 | 37.93 | 84.00 |
| 嘉峪关市 | 7.47 | 15.70 | 110.18 | 2.30 | 2.97 | 29.18 | 3.69 | 10.17 | 175.65 | 1.48 | 2.56 | 72.83 |
| 金昌市 | 9.75 | 19.74 | 102.36 | 1.51 | 5.71 | 278.00 | 7.22 | 12.36 | 71.08 | 1.02 | 1.67 | 63.81 |
| 白银市 | 21.46 | 47.13 | 119.56 | 2.78 | 11.33 | 307.08 | 17.71 | 33.10 | 86.93 | 0.97 | 2.69 | 177.06 |
| 天水市 | 22.55 | 51.50 | 128.32 | 3.80 | 21.93 | 477.13 | 17.29 | 26.20 | 51.56 | 1.47 | 3.36 | 129.14 |
| 武威市 | 12.25 | 39.52 | 222.56 | 1.69 | 20.08 | 1090.01 | 9.67 | 17.21 | 78.02 | 0.90 | 2.23 | 148.42 |
| 张掖市 | 14.67 | 38.26 | 160.78 | 2.24 | 14.26 | 535.78 | 11.41 | 22.17 | 94.26 | 1.01 | 1.82 | 79.91 |
| 平凉市 | 15.29 | 47.86 | 213.00 | 0.87 | 11.96 | 1274.56 | 13.32 | 32.86 | 146.68 | 1.10 | 3.05 | 176.68 |
| 酒泉市 | 24.25 | 44.96 | 85.36 | 1.32 | 11.49 | 769.45 | 15.34 | 24.83 | 61.86 | 7.59 | 8.64 | 13.75 |
| 庆阳市 | 22.44 | 56.48 | 151.63 | 1.42 | 10.55 | 645.00 | 19.35 | 41.66 | 115.34 | 1.68 | 4.27 | 153.73 |
| 定西市 | 13.13 | 44.30 | 237.25 | 0.33 | 11.17 | 3271.60 | 11.54 | 30.76 | 166.68 | 1.27 | 2.36 | 86.46 |
| 陇南市 | 12.33 | 35.35 | 186.77 | 0.76 | 11.00 | 1350.47 | 9.15 | 21.44 | 134.31 | 2.42 | 2.90 | 20.12 |
| 临夏州 | 15.48 | 38.76 | 150.37 | | | | 14.23 | 36.70 | 157.81 | 1.25 | 2.06 | 65.32 |
| 甘南州 | 4.64 | 13.01 | 180.09 | | | | 4.13 | 11.99 | 190.06 | 0.51 | 1.02 | 99.37 |

资料来源：根据全国第六次、第七次人口普查数据整理。

**表 5　甘肃城市人口人户分离情况**

单位：万人，%

| 地区 | 人户分离人口 | | | 市辖区内人户分离 | | | 省内流动人口 | | | 省外流动人口 | | |
|---|---|---|---|---|---|---|---|---|---|---|---|---|
| | 2010 年 | 2020 年 | 增长率 | 2010 年 | 2020 年 | 增长率 | 2010 年 | 2020 年 | 增长率 | 2010 年 | 2020 年 | 增长率 |
| 甘肃省 | 272. 93 | 635. 03 | 132. 67 | 49. 46 | 186. 98 | 278. 08 | 187. 19 | 386. 56 | 106. 51 | 36. 29 | 61. 49 | 69. 44 |
| 兰州市 | 110. 16 | 222. 84 | 102. 28 | 32. 05 | 67. 12 | 109. 42 | 58. 54 | 121. 95 | 108. 33 | 19. 58 | 33. 77 | 72. 49 |
| 嘉峪关市 | 7. 29 | 14. 99 | 105. 61 | 2. 29 | 2. 92 | 27. 46 | 3. 58 | 9. 74 | 172. 44 | 1. 43 | 2. 33 | 63. 59 |
| 金昌市 | 8. 67 | 17. 72 | 104. 42 | 1. 49 | 5. 67 | 279. 42 | 6. 30 | 10. 72 | 70. 18 | 0. 88 | 1. 33 | 51. 96 |
| 白银市 | 18. 74 | 40. 62 | 116. 72 | 2. 63 | 10. 98 | 317. 71 | 15. 25 | 27. 60 | 80. 90 | 0. 86 | 2. 04 | 137. 45 |
| 天水市 | 20. 16 | 45. 40 | 125. 25 | 3. 58 | 20. 52 | 473. 31 | 15. 73 | 22. 51 | 43. 06 | 0. 85 | 2. 38 | 180. 93 |
| 武威市 | 10. 21 | 32. 50 | 218. 43 | 1. 54 | 17. 93 | 1061. 50 | 8. 01 | 13. 06 | 63. 01 | 0. 65 | 1. 51 | 131. 80 |
| 张掖市 | 12. 30 | 30. 10 | 144. 73 | 2. 10 | 10. 94 | 421. 02 | 9. 54 | 17. 90 | 87. 73 | 0. 66 | 1. 26 | 89. 88 |
| 平凉市 | 12. 67 | 39. 13 | 208. 90 | 0. 74 | 11. 24 | 1425. 28 | 11. 21 | 25. 91 | 131. 07 | 0. 72 | 1. 99 | 175. 73 |
| 酒泉市 | 20. 10 | 36. 62 | 82. 22 | 1. 25 | 10. 30 | 724. 94 | 12. 11 | 19. 22 | 58. 70 | 6. 74 | 7. 10 | 5. 38 |
| 庆阳市 | 18. 33 | 44. 17 | 141. 05 | 0. 97 | 9. 39 | 866. 36 | 16. 23 | 32. 13 | 98. 00 | 1. 13 | 2. 66 | 135. 71 |
| 定西市 | 10. 60 | 38. 09 | 259. 18 | 0. 23 | 9. 82 | 4082. 25 | 9. 73 | 26. 79 | 175. 21 | 0. 63 | 1. 47 | 132. 09 |
| 陇南市 | 8. 23 | 28. 17 | 242. 32 | 0. 58 | 10. 15 | 1656. 85 | 6. 62 | 16. 42 | 147. 96 | 1. 03 | 1. 60 | 55. 67 |
| 临夏州 | 12. 17 | 34. 41 | 182. 63 | | | | 11. 37 | 33. 03 | 190. 65 | 0. 81 | 1. 37 | 69. 94 |
| 甘南州 | 3. 30 | 10. 27 | 210. 89 | | | | 2. 97 | 9. 57 | 222. 73 | 0. 34 | 0. 69 | 106. 28 |

资料来源：根据全国第六次、第七次人口普查数据整理。

**表 6　甘肃乡村人口人户分离情况**

单位：万人，%

| 地区 | 人户分离人口 | | | 市辖区内人户分离 | | | 省内流动人口 | | | 省外流动人口 | | |
|---|---|---|---|---|---|---|---|---|---|---|---|---|
| | 2010 年 | 2020 年 | 增长率 | 2010 年 | 2020 年 | 增长率 | 2010 年 | 2020 年 | 增长率 | 2010 年 | 2020 年 | 增长率 |
| 甘肃省 | 38.34 | 100.22 | 161.37 | 1.96 | 14.11 | 618.96 | 29.38 | 71.04 | 141.76 | 7.00 | 15.07 | 115.41 |
| 兰州市 | 5.37 | 19.86 | 270.00 | 0.35 | 1.51 | 336.28 | 3.98 | 14.19 | 256.25 | 1.04 | 4.17 | 300.62 |
| 嘉峪关市 | 0.18 | 0.71 | 294.58 | 0.01 | 0.05 | 444.21 | 0.12 | 0.43 | 274.61 | 0.06 | 0.23 | 310.65 |
| 金昌市 | 1.08 | 2.02 | 85.91 | 0.02 | 0.04 | 141.67 | 0.93 | 1.64 | 77.18 | 0.14 | 0.34 | 136.41 |
| 白银市 | 2.72 | 6.51 | 139.17 | 0.15 | 0.35 | 125.41 | 2.45 | 5.51 | 124.42 | 0.11 | 0.65 | 478.48 |
| 天水市 | 2.40 | 6.09 | 154.14 | 0.22 | 1.41 | 538.92 | 1.55 | 3.69 | 137.58 | 0.62 | 0.99 | 58.57 |
| 武威市 | 2.05 | 7.02 | 243.13 | 0.14 | 2.15 | 1396.79 | 1.66 | 4.15 | 150.71 | 0.25 | 0.72 | 192.14 |
| 张掖市 | 2.37 | 8.16 | 244.00 | 0.14 | 3.33 | 2206.17 | 1.88 | 4.27 | 127.49 | 0.35 | 0.57 | 61.16 |
| 平凉市 | 2.62 | 8.73 | 232.82 | 0.13 | 0.71 | 438.10 | 2.11 | 6.95 | 229.71 | 0.38 | 1.06 | 178.49 |
| 酒泉市 | 4.16 | 8.34 | 100.54 | 0.07 | 1.19 | 1529.82 | 3.23 | 5.61 | 73.71 | 0.86 | 1.54 | 79.73 |
| 庆阳市 | 4.12 | 12.30 | 198.74 | 0.44 | 1.16 | 161.72 | 3.12 | 9.53 | 205.53 | 0.56 | 1.61 | 190.29 |
| 定西市 | 2.53 | 6.21 | 145.39 | 0.10 | 1.35 | 1296.27 | 1.80 | 3.97 | 120.59 | 0.63 | 0.89 | 40.78 |
| 陇南市 | 4.10 | 7.18 | 75.20 | 0.18 | 0.86 | 374.01 | 2.53 | 5.02 | 98.52 | 1.39 | 1.30 | -6.18 |
| 临夏州 | 3.31 | 4.35 | 31.57 | | | | 2.87 | 3.66 | 27.72 | 0.44 | 0.69 | 56.79 |
| 甘南州 | 1.34 | 2.74 | 104.24 | | | | 1.17 | 2.41 | 106.95 | 0.17 | 0.33 | 86.09 |

资料来源：根据全国第六次、第七次人口普查数据整理。

## （二）流动人口迁移原因

由表4、表5可知，2020年，甘肃人户分离人口数为735.25万人，其中，城市人户分离人口数为635.03万人，占全省人户分离人口总数的86.37%。由图1可知，工作就业是促使城市人口迁移的主要原因，2020年，全省分别有180.8万和117.0万城市人口因工作就业和拆迁/搬家迁移至其他地区，其数量分别占全省城市人户分离人口数的28.47%和18.42%；学习培训和随同离开/投亲靠友也是引起城市人口迁移的重要原因，分别有93.0万和77.7万城市人口因此迁移至别地；子女就学、婚姻嫁娶和照料孙子女等原因使得64.6万城市人口迁移至别地。

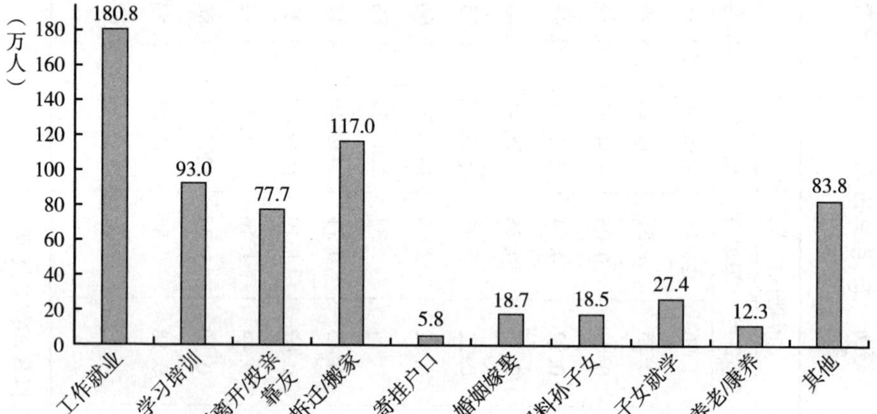


**图1　2020年甘肃城市流动人口迁移原因统计**

# 三　甘肃县域人口变化特征与面临的问题

## （一）县域人口变化特征

### 1. 县域人口扩张与收缩并存

进入21世纪，我国现代化建设不断进步，甘肃经济社会发展稳步推进。受社会发展程度的不断提升以及长期政策导向宣传的影响，人们的生育观念有所转变，生育率明显下降，全省人口规模进入平稳发展阶段。由于庞大的人口基数，2000~2010 年，全省人口规模仍持续增大，但人口年均增长率由 1990~2000 年的 1.13%下降至 0.18%，而在 2010~2020 年，全省人口数量每年以 0.22%的速度减少了 55.54 万人。2010~2020 年，甘肃各县域人口规模有“增”有“减”，其中，64.37%的县域人口出现收缩现象，呈连片式收缩，而分布在城市核心区域的县区人口规模有所扩张，如兰州的城关区、七里河区、西固区等 31 个县区。从各个县域城乡人口变化情况来看，乡村人口流失现象较县镇严重，2010~2020 年，全省有 83 个县市区乡村人口规模呈现不同程度的下降，全省各县市区城镇人口规模均有不同程度的增长。

2. 县域人口集聚度呈“西疏东密”格局

2010~2020 年，甘肃县域人口集聚度和城镇化水平的空间分布格局并未发生根本性变化，县域人口集聚度呈“西疏东密”格局，县域人口城镇化呈“西高东低”格局。其中，县域人口集聚度变化与县域人口规模变化相似，集聚度提升的县区同样多分布在城市的核心区域，如城关区、安宁区、临夏市、七里河区、西固区等区域，其人口集聚度分别由 2010 年的 96.26、56.06、51.54、22.32 和 15.88 提高到了 2020 年的 114.88、87.84、68.73、29.14 和 18.26。同样，位于陇东、陇南地区的秦州区、麦积区、崆峒区、庄浪县、西峰区、华池县、武都区等地区，凭借适宜的气候条件和良好的产业基础，人口集聚度也有所提高。上述地区凭借较高的社会经济发展水平、良好的产业基础、完善的公共服务以及良好的自然环境，吸引了大量的外来人口，使得人口分布相对集中。然而，诸多县域受中心城市人口虹吸效应的影响，人口规模和人口集聚度呈现下降趋势，如永登县、皋兰县、靖远县、会宁县、通渭县、陇西县、渭源县等，其人口多向兰州市、白银市、定西市迁移，而天水市、庆阳市的部分县域人口除了向中心城区迁移外，还向西安、成都等地迁移，造成人口集聚度下降。此外，对于河西地区的酒泉、张掖、武威而言，多以一项或多项主导产业发展起来，主导产业受市场波动的影响较大，经济发展的大起大落及该地区水资源的短缺，加剧了人口外迁，造成人口集聚度下降。

### 3. 县域人口城镇化呈“西高东低”发展格局

改革开放以来，甘肃各地城镇化水平得到长足提升，但同时也面临着城镇化发展机会不均等、发展差异较大的现实，整体城镇化水平呈现“西高东低”的发展格局。2020 年，甘肃人口城镇化水平为 52.2%，高出全省水平的县域有 30 个（包括安宁区），占比达 34.48%，且多分布在河西、陇中地区；中等水平城镇化区域以“零星状”分布在省内各个地方；低水平城镇化区域在陇东地区广泛分布。目前，甘肃城镇化已形成了以兰州、陇南、天水、庆阳为核心区，以金昌—武威、临夏—兰州—白银、陇南—天水—庆阳为集聚带的“多点多带”的发展格局，对周边县区城镇化发展起到一定带动作用，但依然存在一些市州城镇化发展不充分不平衡问题，如天水、定西、陇南、庆阳等市。

### 4. 就地城镇化成为主导模式

根据人口转移空间尺度的不同，城镇化又可分为跨省人口流动形成的异地城市化、省内跨县（市、区）人口流动形成的就近城市化和县（市、区）内人口流动形成的就地城市化①。“七普”数据显示，甘肃 2020 年城镇流动人口总量为 635.03 万人，其中，县（市、区）内流动人口、省内跨县（市、区）流动人口和省外流入人口分

---

① 杨传开。《中国多尺度城镇化的人口集聚与动力机制：基于人口流动的视角》，学位论文，2016 年。

别为186.98万人、386.56万人和61.49万人，占甘肃城镇流动人口总量的比重分别为29.44%、60.87%和9.68%。与2010年相比，三者人口规模均有所扩大，但省内跨县（市、区）流动人口和省外流入人口所占比重有所下降，而县（市、区）内流动人口所占比重显著提升，由2010年的18.12%上升为2020年的29.44%，上升了11.32个百分点，说明2010~2020年，甘肃就地城镇化率获得了较快发展。甘肃省跨省流入人口数量相对较少，人口流动主要为省内流动，尤其是在近十年，县（市、区）内流动人口占到流动总人口的半数。

## （二）面临的问题

### 1. 县域人口长期均衡发展有待提升

随着工业化和城镇化的迅速发展，区域间人口频繁流动，国内许多县域出现了明显的常住人口下降的现象。甘肃也不例外，超过60%的县域出现了人口收缩，全省87个县市区城镇人口均有所增加，而有83个县市区的乡村人口有所减少，乡村人口的绝对流失成为县域人口收缩的主要原因，这无疑对当地社会经济发展带来了新的挑战。对于中西部地区尤其是欠发达地区而言，县城在一定意义上是乡村的“脑”，大量周边农村人口向县城集聚，县域也是农业农村发展的延伸，服从农业农村发展需要，这些地区的县域经济是过去农村经济的延伸，与沿海经济带的县域经济存在不同的治理逻辑、治理目标和体制安排。虽然中西部地区县级政府让更多的优质教育资源进入县城，引导农民在县城购房定居，但往往中西部的县城提供不了充足的或高收入的就业岗位，农民仍然选择去东部沿海发达城市务工。因此，甘肃以及中西部地区的县城基本公共服务配置应当与当前人口规模精准匹配，将农民进城的内在需求作为首要考虑。

2. 人口快速流动给城镇化高质量发展带来挑战

人口的快速流动带来城镇化发展的变迁，但欠发达地区的人口流动对城镇化发展的影响有其特殊性。甘肃人口流动经历了人口向城镇地区迁移、城镇间人口迁移、跨区域人口迁移三个阶段，部分城市、县域人口收缩、乡村空心化等现象较为明显，城镇化发展面临一定程度的被放大问题。如除兰州、嘉峪关、天水、金昌、临夏、甘南外的市州，由于产业发展对农村剩余劳动力吸纳能力不足，加之乡村发展基础条件的制约，乡村人口跨区域流失问题依然较为严峻，且乡村人口的跨区域流失造成地区总人口的减少，使得城镇化水平出现明显的被放大。此外，农村人口向城镇集中是当前甘肃城镇化水平提升的主要因素。一方面扩大了迁入地的人口规模，增加了劳动力供给，进而促进区域经济增长；另一方面减缓了迁出地人口压力，城市将资本、技术回馈农村，加快了农村脱贫致富的步伐。但近年来，甘肃乡村人口流失问题较为突出，2010~2020 年，因乡村人口流失造成总人口流失的城市有 9 个，占全省城市总量的 64.29%，这与甘肃农村人居环境、基础设施及产业发展基础薄弱有很大关系。

3. 人户分离人口规模扩大加大城市治理压力

大量的流动人口迁移至非户籍区域就业工作，成为当地人口的重要组成部分，但户籍人口城镇化率并未完全跟上常住人口城镇化率，成为农业转移人口市民化中的关键障碍。2020 年，甘肃人户分离人口为 735.25 万人，相比 2010 年增长了 423.98 万人，增长幅度为 136.21%。由于我国户籍制度改革中农业转移人口市民化存在“人地钱”挂钩等方面的障碍，甘肃乃至全国各地户籍人口城镇化发展也存在障碍，户籍人口城镇化率通常滞后于常住人口城镇化率。甘肃人户分离人口规模的持续扩大，说明大量的流动人口持续在家乡和城市之间往返流动成为一种常态化现象。为了继续享受城市相对优质的公共服务，外迁的户籍居民仍然会将户口留在原地，这可能会导致以户籍为依据的城市公共服务供给和规划跟不上常住人口增加带来的需求，自然也回避了那些在异地实现市民化的农业转移人口在城市中平等享有公共服务权利的问题，换言之，市民化质量不高这一问题的核心在于每位市民还无法平等合理地共享社会经济发展成果，也难以平等追求发展机会。人户分离人口规模的扩大在严重降低社会公共服务供给精准度的同时，还将给城市政府的综合管理加大压力，给各项基于户籍信息的行政管理措施带来诸多不便。

**4. 城镇基本公共服务均等化多样化有待继续提升**

随着农业转移人口在城市居住趋于稳定，他们的诉求不再局限于经济利益，同时也希望在市民待遇上真正获得城市的接纳，如在基本劳动权益、社会保障、健康管理以及子女教育等公共服务方面获得同等对待。当前，家庭化迁居是甘肃乃至全国城镇化和迁移流动的主流，保证农业转移家庭在城市、县镇的住房、教育、医疗、养老等问题得到妥善解决，是甘肃城镇化高质量发展亟须解决的问题，也是综合解决由于以往城镇化不充分、不彻底而产生的留守儿童、空巢老人和留守妻子等人口发展问题的有效途径。

## 四　对策建议

### （一）加快转变经济发展方式，吸引人才回流

郡县安则天下安，县域强则中国强，县域经济是中国经济发展的重要载体。西部地区县域经济发展模式不同于沿海地区，沿海地区的农民已经从农业转移到第二、第三产业就业，而中西部地区的县域经济发展模式完全是另一种版本。以甘肃为例，大多数县域难以通过招

商引资方式引进现代制造业，区域中心城市对现代制造业的吸纳能力也是有限的，大量年轻劳动力外流，进一步加剧了人口流失和人户分离现象，因此，甘肃需加快转变经济发展方式，加快县域经济发展，创造更多就业机会和岗位，吸引劳动力和人才回流，促进县域人口均衡发展。一方面，完善离农退地机制，积极引导土地承包和集体合作机制，在农作物种植技术、观赏互动、异域乡土风情等方面创新，将农旅游结合，发展特色乡村旅游业，带动乡村经济发展，缓解乡村“空心化”现象。另一方面，甘肃的特色农产品闻名全国，如定西马铃薯、瓜州蜜瓜、天水花牛苹果等，各县域应延长产业链条，将创意和先进的生产技术融入产品生产中，增加县域就业机会，吸引人才回流。

## （二）提高县城的公共服务供给能力

县域单元内的人口流动、由县级向更发达的市级的人口流动以及由县域向其他省市的人口流动，很大程度上是由于本地县城的公共服务能力满足不了本地居民的需求，他们希望追求更好的生活质量和服务水平而选择在外地就业以及生活。为了选择更高品质的生活条件、给孩子提供高水平教育以及追求更好的医疗卫生条件而选择在外常住人口占据了绝大部分比例，县域单元内公共服务水平的提升可以有效缓解人口流动和县域人口流失问题。这些公共服务涉及我们生活学习的方方面面，包括教育、医疗卫生、社会保障、住房、公共交通等，因此，甘肃各县域应当进一步平衡城乡间教育和医疗资源配置，完善城乡间交通运输和互联网通信网络，加大农村医疗和养老保险等社会保障投入，健全更加公平完善的社会保障机制，深化住房制度改革，加大住房供给，降低住房价格，加大优质资源下沉力度，推动基层公共服务均等化，增强县域居民的幸福感和满足感。

### （三）推动县域人口高质量发展

人口高质量发展是指人口总量充裕、人口素质整体提高、人口分布合理、人口结构优化并与社会、经济、政治和文化高质量发展相适应的人口发展状态。人口高质量发展是经济社会高质量发展的必然要求，也是制约县域经济发展和城镇化进程的重要一环。实现县域人口总体质量上的提升，一是要健全生育支持和保障措施，破解新时代女性生育难题，提高生育养育保障机制，推动男女平等型社会体系构建和妇幼医疗保障体系建设，提升女性生育意愿和生育质量。二是要坚持科教兴国和人才强国战略，将教育强国建设作为人口高质量发展的战略工程，推动教育体制机制改革创新，全面提高县域人口科学文化素质、健康素质和思想道德素质，将县域人口红利转变为人才红利。三是要坚持人口高质量发展系统观念，将人口结构和分布状况统筹在县域经济政治发展规划范畴，通过政策引导和经济诱引优化人口结构和布局，推动县域人口高质量发展与政治经济高质量发展并驾齐驱。

### （四）提升县域社会治理保障人口均衡发展的能力

一是政府树立以人为本、服务至上、共同参与的治理理念，始终将人民的合法权益放在首位，重视和保障人民利益，使政府治理更加人性化。积极动员县域城乡居民参与社会治理工作过程中，使人民自我管理、自我服务、自我监督，构建多元化县域治理模式。二是提升县域政府治理的专业化水平，明确政府治理职责与边界，学习治理理论与方法，科学制定制度政策，协同推进政治、经济、文化高质量发展，生态可持续发展与人口均衡发展。三是推动数字化、智能化社会治理模式发展，建设社会治理线上线下融合发展平台，发挥互联网和人工智能在社会治理上的优势，增强数据分析和事件预测能力，为科学化政策制定提供技术支持和数据支撑，提升县域政府社会治理能力，科学规划人口均衡发展战略。四是加快县域社会治理法治化构建，法治是最理想的善治，法律制度应用于社会治理不仅是对政府行为的约束，更是强化政府治理能力和保障政府政策落实的有效手段。

B.9

# 甘肃农村社区建设研究报告

魏 静*

**摘 要：** 甘肃农村社区建设取得了显著效果，表现为社区治理水平进一步提高、乡村特色产业发展新格局进一步巩固、社区公共文化供给持续加大、社区综合服务能力得到进一步提升、人才建设机制逐渐健全、基础教育办学条件不断改善，尽管甘肃农村社区建设取得了一定成效，但依然存在社区主体参与不足、公共文化服务成效不明显、社区医疗卫生服务质量不高、养老供给不足等一系列问题，阻碍了社区建设提质增效，因此，应从提升社区治理水平、提高公共服务能力、精准对接社区文化服务需求、健全社区人才队伍、持续改善人居环境等方面着手，推动甘肃农村社区建设高质量发展。

**关键词：** 农村社区 社区建设 甘肃

## 一 甘肃农村社区建设取得的成效

农村社区建设对于优化农村社会治理体系、推动实施乡村振兴战略以及促进新型城镇化进程等具有重要的现实意义。2022 年，甘肃出台了《“十四五”城乡社区服务体系建设规划》，提出了农村社区

---

* 魏静，甘肃省社会科学院丝绸之路研究所副研究员，主要研究方向为社会史。

综合服务设施到2025年将达到80%覆盖率目标，在农村社区要建立面向村（居）民集文化、科技、教育、卫生、环境、体育、法律等于一体的综合性、多功能的公共服务设施。近年来，在乡村振兴战略的推动下，甘肃出台了一系列旨在提升农村社区治理水平的政策、制度及举措，并实施了一系列重大行动，使农村社区建设取得了显著效果。

## （一）社区治理水平进一步提高

加强和改进乡村治理是持续深化乡村振兴战略的重要切入点。近年来，甘肃在激活农村集体经济、促进农民增收等方面取得了显著成效。一是以党建引领夯实农村集体经济发展基础，充分发挥村党组织的政治优势、农民合作社的组织优势以及企业的资金人才优势，持续推动农民增收。以兰州市榆中县李家庄村为例，2021年，榆中县城关镇李家庄村党总支被评为甘肃“抓党建促产业振兴示范村党组织”，2022年，成为乡村振兴示范村，村集体经济收入为340万元，人均可支配收入达1.9万元。李家庄村通过村集体股份经济合作社、村办企业，将闲置土地资源进行规划流转，目前已建成600亩钢架蔬菜大棚。通过流转卧龙山集体荒山，建成占地114亩的万眼泉园林公墓，聚焦殡葬服务产业发展，带动村集体经济和农民增收致富。二是深入实施“和美乡村”创建活动。创建“和美乡村”是推广浙江省“千万工程”的甘肃乡村社区治理方案，2023年，甘肃出台了《关于深入实施“八改”工程的指导意见》，提出了农村改厨、改厕、改水、改房、改路、改电、改院、改气等“八改”实施方案，为打造美丽乡村提供了政策保障。三是推进法治乡村建设。为探索乡村法治建设新途径，2021年，《甘肃省加强法治乡村建设的实施意见》出台，为农村社区治理奠定了法治基础。近年来，甘肃在推动法治乡村建设方面取得了一定的成效，通过实施“一村一法律顾问”工程，实现了法律顾问乡村全覆盖。为贯彻落实“八五”普法规划，相关职能部门深入开展法律进农村、进社区、进家庭等活动达6万多场次，受教育村民累计达320万余人，有6.8万余名村民经培训成为“法律明白人”，有9386户被认定为“农村学法用法示范户”，推动法治文化融入乡村治理中。四是积极推动乡村建设行动。为推动乡村现代化治理，实现农民对美好生活的向往，2023年，《甘肃省乡村建设行动实施方案》出台，通过实施“5155”乡村建设示范行动，补齐乡村建设短板，推动农村社区建设高质量发展。

### （二）特色产业发展格局进一步巩固

随着乡村振兴战略的持续推进，甘肃乡村特色产业发展新格局进一步得到巩固发展。在乡村特色产业方面，高原夏菜产量和种植面积近年来持续位居全国第一，陇南中药材、定西马铃薯、庆阳苹果等种植面积及牛羊存栏量处于全国前列，“甘味”系列农产品连续2年位居“中国区域农业形象品牌影响力指数”100强榜首，不少具有地理标志和乡土特色的农产品成为甘肃乡村特色产业发展的突出亮点，如庆阳苹果、敦煌葡萄、兰州百合、苦水玫瑰等畅销全国。近年来，乡村旅游、康养休闲、电子商务等逐渐成为农民增收的支撑点。截至2023年上半年，甘肃创建4个国家级休闲农业重点县、10个乡村旅游示范县、43个美丽休闲乡村，乡村旅游人数、收入分别占甘肃全省旅游总量的66%和42%，农村电商等新业态带动农民人均增收超过500元。农民专业合作社9.4万家，产业化龙头企业近3500家，家庭农场6.5万家，国家级农业产业园9个，省级产业园30个。建成示范种养基地1325个，标准化养殖场存栏规模为1449万头（只），绿色标准化种植基地达2099万亩，牲畜粪便利用率、农膜回收利用率、秸秆利用率以及尾菜利用率分别达到80%、85%、89%及52%。[①] 目前，甘肃乡村特色产业发展框架主要是打造以现代寒旱特色农业为核心、“牛羊菜果薯药”六大特色产业为主导以及地方品牌为补充的产业体系，目标是推动乡村第一、第二、第三产业融合发展和绿色低碳产业发展。

## （三）社区公共文化供给持续加大

一是推动移风易俗，培育文明乡风。近年来，在全面实施乡村振兴战略背景下，甘肃农村以社会主义核心价值观为载体，通过自治、法治、德治相融合的现代治理途径，强化文明乡风创建，努力提高农村社区自我治理水平。首先，加大乡村婚俗改革力度，推动移风易俗治理。为农村青年搭建婚恋服务平台，积极倡导文明婚俗；其次，积极开展家规家训家风弘扬行动，评选“星级文明户”“好婆婆”“好邻居”“好儿媳”等先进典型。与此同时，推进殡葬移风易俗改革，提倡文明治丧，抵制不良丧葬风气。二是推动城乡公共文化服务一体化建设。首先，加大政策供给。近年来，甘肃相关部门先后出台了《甘肃省推进基层综合性文化服务中心建设实施方案》《乡村文化振兴规划（2022~2025年）》《甘肃省公共文化服务保障条例》等政策法规，为推进城乡公共文化服务一体化建设提供政策和制度保障。其次，加大农村社区文化设施供给。在各级党委和相关职能部门的推动下，截至2023年，甘肃共提升改造638个乡镇综合文化站，建成村级综合性文化服务中心1.6万多个，为8258个行政村配送20余万套（件）文化活动器材，建成659个乡镇数字文化服务驿站、744个村级数字文化点，建立乡（村）图书馆分馆1243

① 《甘肃：用好“千万工程”经验　推进“和美乡村”建设》，每日甘肃网，https：//mbd. baidu. com/ug_ share/mbox/4a83aa9e65/share？ product = smartapp&tk，2023年10月8日。

个、乡（村）文化馆分馆 1137 个，① 乡村公共文化服务设施条件得到进一步提升。最后，加强农村公共文化服务队伍建设。完善农村文化实用人才评定指标，加大乡村文化工作者培训力度。与此同时，相关部门及公共文化机构积极展开文化惠民活动，推进“送文化下乡”“戏曲进乡村”等活动进乡村，一定程度上满足了乡村群众文化需求。三是搭建“乡村舞台”，创新公共文化服务供给。近年来，甘肃借助“乡村舞台”，进一步带动了“乡土娱乐”产业的发展。一些地方，通过“乡村舞台”创新了公共文化服务模式，如在白银、金昌，乡村舞台除了文艺演出外，还开设了“道德讲堂”“身边好人”等弘扬社会主义核心价值观的活动。平凉泾川县村民组建了自乐班，利用“乡村舞台”开展皮影、评书、快板等演出活动，在保护民间文化遗产方面起到了较好的效果。

### （四）社区综合服务能力得到进一步提升

一是社区治理议事协调机构逐步完善，党建引领农村社区服务提高显著。社区党组书记和主任“一肩挑”比例分别达到 91%和 96%，较好地发挥了战斗堡垒和模范作用。二是社区服务设施不断完善，采取新扩建、租赁购买等方式，加快推进社区综合服务设施建设，截至 2022 年末，甘肃乡村社区综合服务设施达 8007 个，接近 50%的覆盖率，每百户居民社区综合服务设施面积为 26 平方米。三是社区服务功能逐步丰富。社会保障、就业、养老、医疗卫生、文化、法律、治安等公共服务扩面提质，社区服务更加丰富。四是人才队伍建设不断加强。截至 2022 年底，全省 15935 个村、1436 个社区完成换届，村“两委”班子年龄以及性别结构比例更为合理，社区专职工作者

---

① 《让更多群众享受文化获得感幸福感》，中国甘肃网，2023 年 5 月 9 日，https：//mbd. baidu. com/newspage/data/landingsuper？rs=4121182393&ruk。

稳步增加。① 五是“互联网+社区政务服务”等信息化手段运用加快，初步实现所有村民委员会、居民委员会信息集中统一和动态管理，智慧社区建设取得一定进展。

## （五）人才建设机制逐渐健全

近年来，甘肃坚持引导和培育相结合的改革思路，着力完善乡村人才发展机制，在乡村专业技术和实用技能人才队伍建设方面取得了一定的成效，为乡村振兴人才建设提供了支撑。一是加强基层事业单位人事制度改革。鼓励引导优秀青年人才向基层流动。一方面，优化岗位管理，畅通人才晋升通道。例如，在基层工作20年以上的乡村教师在申报中级职称时可以享受专业技术人才单列岗位。为基层高层次和急需人才建立特岗制度。截至2022年底，甘肃累计单列基层高级岗位10135个、中级岗位4292个。另一方面，建立“三放宽一允许”倾斜政策，鼓励高校毕业生去基层工作。截至2021年底，甘肃各市、州共招聘15483名公职人员，其中基层招聘人员达14871人，占绝大多数。二是优化基层人才职称评价制度。首先，通过“放管服”改革，将人才评价权下放至基层。例如，将师范、卫生、农业等专业的副高级职称评审权下放到一些市州。基层的高级职称评审制度也进行了一些改革，实行单独分组、单独评审的倾斜政策，截至2022年底，累计47435名基层人才获得了高级职称。其次，建立农民职称评审制度，对有专业实用技术的农民，以特殊评价的方式可以直接申报高级职称。截至2022年，甘肃全省有2万多名农民获得专业技术职称，通过特殊评价方式获得高级职

① 《甘肃省人民政府办公厅关于印发甘肃省“十四五”城乡社区服务体系建设规划的通知》，甘肃省政务服务网，2022年5月26日，https：//zwfw.gansu.gov.cn/xihe/zczx/zwgg/art/2022/art_1f5ded34c13b4436b0225046fa0f2445.html。

称的农民有4人。[①] 三是完善农村人才培养激励机制。一方面，借助各种人才培养平台，加强对农业农村领域中的人才培养。例如，借助全国杰出专业技术人才先进集体评选、省级领军人才评选、陇原青年英才选拔等平台，加大对农业农村领域中人才的选拔和培养。另一方面，切实落实各级各部门优惠扶持政策，鼓励高校毕业生到基层就业创业。在农业技术帮扶方面，通过技术专家服务团，为乡村建设和发展提供有力援助。四是强化乡村技能人才培训。一方面，以职业技能培训为重点帮扶地区培养人才，通过政府补贴性培训，为乡村重点群体提供就业服务。另一方面，借助甘肃劳务品牌加大人才培训力度，如通过“兰州拉面师”“陇原妹”“陇原巧手”等劳务品牌，以品牌带动人才培训，以品牌推动劳务输出，进一步扩宽乡村就业渠道。与此同时，鼓励农民工返乡创业，截至2022年，建立了6个农民工返乡创业省级示范县和3个返乡创业示范基地[②]，为大学生和农民工返乡就业创业搭建了平台。

## （六）基础教育办学条件不断改善

近年来，甘肃农村教育设施得到明显改善，稳定了乡村教师队伍，推动乡村教育高质量发展。一是加快农村中小学教师周转宿舍建设。2021～2023年，甘肃省教育厅筹措省级乡村教育专项资金3亿元，建设中小学教师周转宿舍2927套，已全部投入使用，进一步改善了乡村教育硬件设施。[③] 二是扩大城区学位供给量。2021～2023

① 《多措并举促进乡村人才振兴》，人力资源和社会保障部官网，https：//www. thepaper. cn/newsDetail_ forward_ 18168142，2022年5月19日。

② 《多措并举促进乡村人才振兴》，人力资源和社会保障部官网，https：//www. thepaper. cn/newsDetail_ forward_ 18168142，2022年5月19日。

③ 《完善基础设施　提升教育质量——甘肃省全力推进教育民生实事项目落地见效》，兰州新闻网，https：//mbd. baidu. com/newspage/data/landingsuper? rs = 867687232&ruk，2023年8月7日。

年，甘肃省教育厅统筹7.5亿元义务教育资金，在全省市州主城区增补义务教育学位78844个，通过名校办分校、强校带弱校、集团化办学的思路，促进优质教育资源城乡共享。三是推动农村学校基础设施建设，办食堂，建厕所，进一步提升办学质量。2021~2023年，甘肃省教育厅共安排专项资金7.3亿元，计划改扩建农村中小学食堂2267个，截至2023年，491个食堂改扩建项目完工率达到83.7%。2022~2023年，甘肃省教育厅共安排专项资金1.7亿元，改造农村中小学厕所540个，截至2023年，261个厕所建设项目完工率已达81%。[①] 四是实施农村学校营养改善计划。近年来，甘肃实施农村义务教育阶段学校营养改善计划，受益学生近159万人，农村学生营养不良率、贫血率、生长迟缓率等明显降低。五是实施农村义务教育“特岗计划”，进一步扩充乡村学校的特岗教师，鼓励引导高校毕业生到农村学校任教，持续优化乡村教师队伍结构。

## 二　甘肃农村社区建设存在的问题

尽管甘肃农村社区建设无论在政策保障方面，还是行动实施方面都取得了一定成效，但城乡二元结构的历史原因，使得农村社会治理实现现代化还需一定时间，就目前看，甘肃农村社区建设及其所发挥的实际功效还存在一定的问题，一定程度上影响了基层治理能力提升和治理现代化的实现。

### （一）社区治理主体参与不足

乡村社区治理在国家治理体系和治理能力现代化的进程中发挥着

① 《完善基础设施　提升教育质量——甘肃省全力推进教育民生实事项目落地见效》，兰州新闻网，https://mbd.baidu.com/newspage/data/landingsuper?rs=867687232&ruk，2023年8月7日。

基础性作用，《中共中央 国务院关于加强基层治理体系和治理能力现代化建设的意见》提出了共建共治共享的基层治理新格局。当前，甘肃乡村社区治理存在的问题主要有三个：第一，社区治理中农民主体缺失，农民应该在社区治理中发挥主体性作用，但在一些地方，由于农民大量外出，空心村普遍存在，社区治理主体大量缺失，留在村中的多是老、幼、妇三大群体，参与社区治理的积极性不高，对公共事务参与度低。第二，基层社区治理法律法规还不完善。农村社区治理是一项需要法律法规支持的工作。然而，在农村社区治理中，社区管理缺乏规范性和自治性，主要依赖政府指导和支持，农民参与度较低，社区治理效果不理想。第三，社会力量参与积极性不高。社区治理不仅需要政府的力量，也需要社会力量参与治理，需要社会资本支持，但在农村社区治理中，社会资本相对不足，无法充分发挥作用，降低了治理成效。

### （二）社区文化服务成效不明显

一是公共文化服务设施利用效率较低是当前甘肃乡村普遍存在的现象，比如，许多行政村已建设有农家书屋、文化广场、文化舞台等文化服务设施，但利用率不高，存在供需脱节、服务成效不佳等问题。一些农家书屋自设立之后就很少开放，一些村庄文化广场被村民利用为晒场。二是公共文化设施不完善。比如，一些乡村社区缺乏良好的网络信息设备以及媒体传播方式等，不利于乡村文化的现代化建设。除了基础条件发展相对落后外，村民需求的公共文化设施也存在供给不足的现象，如民俗博物馆、民间曲艺馆等。乡村公共文化活动供给内容单一，与当地产业融合度低，文化产品比较单调，对村民的吸引力不高，不具备乡土文化特色。三是城镇化导致农村人口流失量大，文化人才急剧衰落，传统优秀的乡村文化面临着消失的危机。四是乡村公共文化区域发展不均衡。经济落后的地区公共文化供给单一，村民参与的积极性低。县城公共文化供给较乡镇丰富，乡镇较行政村丰富，县域经济发达地区强于落后地区，历史文化底蕴深厚乡镇（村）较其他乡镇（村）丰富。

### （三）社区医疗服务能力不足

一是城乡医疗资源分配不均衡。相比城市，甘肃农村医疗卫生机构（包括乡镇卫生院和村卫生室）资源则严重不足，医疗技术水平及服务能力弱，难以满足社区村民对基本医疗服务的需求。二是乡村卫生机构医护人员总体技术水平不高。与城区相比，农村医疗卫生服务能力明显偏弱。农村经济发展相对落后，公共服务能力供给不足，加上收入待遇偏低，导致乡镇（村）卫生院吸引不了高技术人才，具有执业医师资格的医生较少。三是农民看病难仍普遍存在。目前，甘肃医联体只延伸到县级医疗机构，没能延伸到村级卫生系统。部分偏远农村离县级医疗机构路程较远，农民看病难题仍然普遍存在。

### （四）社区养老服务水平低

随着农村老龄化的加剧，农村养老服务需求与供给之间矛盾日益加剧，主要是当前农村养老服务供给远远不能满足需求。一是养老服务设施不足，农村社区养老服务中心建设滞后，无法满足老年人的照料需求。目前甘肃社区综合养老中心只延伸到了乡镇一级，村级综合养老中心建设亟须提上日程。县级公立养老机构服务能力弱，不能有效满足多数农村老年人的养老服务需求。二是县（乡）级公立养老机构缺乏专业的养老服务人才，包括养老护理人员、康复师等，导致服务水平相对较低，无法满足农村老年人多样化的养老需求。

### （五）基础教育水平总体滞后

当前农村教学资源不足，乡村学校设施和教学设备相对城市学校较为简陋，教学资源不足。师资资源少，尽管各级政府出台了一系列鼓励高校毕业生到基层工作的优惠政策，但农村教育的师资数量相比城市较少，同时教师的资历和教学水平也相对较低。值得关注的是，农村义务教育阶段学生数量减少严重，主要是因为农村地区经济发展落后，有条件的农村学生都选择去城市就读，乡村学校招生困难，学生流失严重。农村学校也缺乏家校共育的氛围，很多家长都外出打工，学生缺乏家庭教育，家校共育的氛围不足，这些因素都制约了乡村教育高质量发展。

### （六）社区人居环境改善不理想

一是基础设施不强，农村社区人居环境设施包括厕所设施、生活污水和垃圾处理设施等，但由于当前农村社区普遍基础不强、区域发展不平衡，基础设施欠账多，任务还很艰巨。二是农民主体意识不强，参与度有待进一步提升。村民是社区人居环境整治的主体，但是一些地方把社区人居环境整治当成一项政治任务，包揽太多，强调“自上而下”推动实施，忽略了提升村民的主体意识，人居环境整治的内生动力不足。三是资金不足，农村人居环境整治历史欠账多，整治及运行管护资金需求量大，特别是农村社区生活垃圾处理和排水设施资金需求更大。目前的投资方式主要是政府财政投入，容易导致基础设施配套不足、质量不高、管理维护滞后等问题。

## 三　提升农村社区建设的对策建议

### （一）健全完善社区治理体系

在农村社区治理中，应坚持基层党组织的正确引领作用，在村社区公共服务、公共建设、公共管理、公共环境、公共安全等方面发挥好服务作用。应坚持乡村自治的主体作用，发挥村民公约、自治章程、村规民约等民间习惯法在社区治理中的重要作用，将社会主义核心价值观融入基层自治文化中，使法治、德治、自治在乡村社区治理中发挥相辅相成的作用。鼓励将社会力量引入乡村治理中，制定并切实落实扶持社会组织的优惠政策，使社会组织在就业、养老、助学、培训、法律咨询、生产服务等方面发挥积极作用。保护村民的合法权益，持续提升村民自治能力，使村民在村级事务的协商议定中发挥重要作用。

### （二）增强社区医疗服务供给能力

一是完善乡村公共卫生服务体系。全面推进村级公共卫生委员会建设，加大村级卫生机构规范化标准化建设。二是强化乡村医疗卫生服务队伍建设。加大乡村医生培养力度，推行农村订单式免费培养医学生计划。三是开展村卫生室专项整治行动，在执业资格、人员资质、药品器械管理、医疗废物处置等方面进行规范整治，形成常态化管理机制。四是探索村卫生室一体化托管服务。以条件成熟的村卫生室为试点，实施镇村医疗机构一体化托管制度，健全村级卫生机构管理运行机制，建构职责清晰、结构优化、运转高效的基层医疗卫生服务管理体系。五是实施“大学生乡村医生”专项计划，加大对到基层服务的大学生的政策支持力度。

### （三）精准对接社区公共文化服务需求

一是从资金保障层面看，应建立农村公共文化服务均等化财政保障机制，保障公共文化向农村多渠道供给。各级政府应明确主体责任，建立健全公共文化经费保障机制，促进城乡公共文化服务供需平衡。加快农村公共文化服务人均经费预算制度建设，合理安排专项扶持和奖励资金，通过政府采购、定向资助、项目补贴、税收减免等措施实现城乡公共文化服务产品多元化供给，进一步发挥市场在城乡公共文化服务资源配置中的调节作用。二是从农村公共文化供需精准对接机制层面看，建立村民文化需求表达机制，通过建立咨询委员会以及文化服务网络信息平台等方式建立与村民的沟通，使政府精准了解村民的文化需求。同时，可以通过举办优秀剧目、民间戏曲、民俗文艺作品巡演和非遗展示等活动，促进乡村公共文化服务投入产生效能。进一步完善乡村公共文化服务考评机制，提高乡村公共文化服务的效率和水平。三是从保护农村优秀传统文化技艺角度看，应持续扩大国家级、省级非遗项目名录，通过建立专项资金用于打造和建立民间技艺工作坊、民间艺人培训班、优秀技艺展演、非遗传承人薪资等，为传承保护优秀民间文化提供保障。

### （四）推进社区普惠型养老服务建设

针对当前甘肃农村养老设施和服务不足的问题，一是应加强普惠型养老设施建设。政府应加大对农村养老设施的投入，加强农村适老化基础设施升级改造，建设更多的社区综合养老服务中心、日间照料中心等养老设施，满足农村老年人的养老需求。二是提高养老服务水平。在乡村振兴发展过程中，优先解决农村困难老年群体的基础养老服务问题，提升服务质量。政府应加强对农村养老服务的管理和监督，加大投入，以购买服务的方式鼓励社会力量参与农村养老服务，确保投身农村养老行业的中小微企业有“保底性”收入，提高普惠性养老服务的质量和水平。

### （五）进一步提升社区人居环境质量

一是以当前甘肃“和美乡村”建设为契机，加快解决乡村社区绿化、垃圾分类、噪声污染、污水治理等重点问题，打造资源节约和环境友好的新时代乡村社区。二是加强社区应急管理建设，积极开展防灾减灾宣传教育和应对突发事件应急演练，提高对公共安全事件的预防和处置能力。三是健全基层多元治理机制。建立多元共治机制，发挥村民主体意识，进一步提高农村人居环境治理能力。四是加大资金保障力度，拓宽投入渠道。规范预算编制，建立并加大农村人居环境整治财政专项资金，此外，还应拓宽资金渠道，创新投融资渠道，使村集体经济、社会组织发挥积极的作用。五是引入市场机制，通过政府主导、多方参与、市场运作的方式，建立规模化、专业化、社会化和可持续化的乡村人居环境治理和运营机制，使管理和服务得以稳定运行。应用大数据、物联网等技术，使农村社区人居环境得到科学化、常态化的治理。

### （六）加大社区人才队伍建设

一是健全配套政策机制，完善基层干部乡村岗位津贴制度和考评激励机制，切实落实基层公职人员教育、住房、医疗等配套服务措施，拓宽晋升通道，落实高校毕业生到基层工作扶持政策。二是对欠发达农村地区人才引进予以政策倾斜支持。中西部偏远地区教育资源匮乏，再加上自然条件、发展环境等客观因素限制，人才引进相对东部沿海地区明显处于劣势，因此，应对中西部偏远地区人才引进在条件上予以适当放宽和倾斜，探索在中西部地区开展产教融合重大产业试点，使产业、人才两个要素相互促进发展。三是加大农业实用技术人才培养力度。通过实施知识更新提升、农技人员轮训、骨干人才培养等计划，增强农业实用技术人才服务能力。优化农业课程培训，加强政府“买单”式培训，实现“培育一人、带动一批”。

### （七）补齐基础教育短板

一是持续加大农村教育专项资金投入，合理配置教学资源，提升乡村学校硬软件设施水平。合理调整布局农村中小学，因地制宜推进撤点并校。统筹管理县域内义务教育师资资源，建立教师轮岗交流管理体制，有效解决教育资源分布不均衡和教师短缺的问题。二是加强师资队伍建设，鼓励支持高校毕业生到乡村任教，进一步扩大农村教师晋升空间。三是充分发挥市县乡三级骨干教师、优秀校长带动效应，搭建学习交流平台，畅通城乡师生交流渠道，提升乡村教育质量。四是健全乡村教育保障体系，实施“名校建分校”“强校带弱校”“城市带农村”等教育体制改革，推动实现城乡教育资源均衡化发展。五是推动乡村学校实现家校共育的教育氛围。乡村学校可以建立家长学校，制定《家长培训制度》，以家长了解学校和提升家庭教育能力为目标，制定家长培训计划；做好家校沟通，教师可以通过各种形式建立和家长的联系，形成提升乡村学校教育的合力。

## 参考文献

潘明东、胡玉杰、王宗琦：《浅析农村社区建设的农民参与与动员》，《广东蚕业》2022 年第 10 期。

李玉才：《城乡融合发展视域下农村社区建设的逻辑进路——基于鄂中地区的调查与反思》，《领导科学论坛》2022 年第 9 期。

李少航：《基于政策扶持的农村社区建设及治理研究》，《吉林广播电视大学学报》2022 年第 2 期。

# 调查篇

## B.10 甘肃青年居住状况调查报告

李巧玲*

**摘　要：**　青年的住房问题是重要的民生问题，关系着青年的居住状况和生活境遇。本文研究发现房价高买不起、贷款买房压力大、租房难不稳定、居住面积小、环境差、住房配套设施不完善等问题已成为影响青年居住状况的重要因素。解决青年住房问题，要从完善支持青年购房的配套政策、落实保障性租赁住房建设政策、加强对租赁权利的法律保护、推动保障性租赁住房政策精准实施四个方面着手，保障青年人“住有所居、居有所安”。

**关键词：**　青年住房　居住状况　住房保障　甘肃

---

* 李巧玲，甘肃省社会科学院公共政策研究所研究员，主要研究方向为地方立法和基层社会治理。

住房制度改革影响青年的居住状况。城镇住房商品化改革之后，青年[①]的住房形式、住房类型、居住面积、居住方式呈现多样化趋势。但是，随着房价的持续上升，如何解决住房问题成为青年个人面临的最大难题之一。为了缓解青年人住房困难，党的十九大提出、二十大再次明确“加快建立多主体供给、多渠道保障、租购并举”的住房制度，要求各地大力发展保障性租赁住房建设。甘肃贯彻落实国家关于完善住房保障体系的决策部署，2021 年《甘肃省加快发展保障性租赁住房实施意见》（以下简称《实施意见》）印发，明确将青年纳入住房保障制度范畴，要求增加保障性租赁住房供给，破解青年“买房难租房贵”等住房困难问题。

为了全面了解甘肃青年的居住状况、感受及其居住需求，2023 年甘肃省社会科学院住房调研组就居民对住房与居住环境的评价及新市民、青年等住房困难群体的居住现状、意愿及需求等相关主题进行了调查（以下简称“住房调查”），深入剖析不同因素对居住状况、感受和评价的具体影响，了解不同群体的住房需求与市场供给的匹配度以及对住房市场的预期和购房意愿，对获取的第一手资料运用 SPSS 21. 0 做相应统计并得出结论，为政府制定与完善相关住房政策提供依据和参考，满足青年对居住的多样化多层次需求，助力青年人实现“住有所居、居有所安”的目标，提高青年居住的幸福感、获得感、安全感。

---

① 本报告的“青年”指因本人创业就业等原因来到城镇常住，未获得当地户籍或获得当地户籍不满两年的 16~35 周岁的居民，包括但不限于新就业大中专毕业生、进城务工人员等，这一群体在城市居住的时长和社会融入程度优于流动人口却低于市民群体，并兼具跨市、跨区（县）的流动性。

## 一　指标设计与被访者基本情况

### （一）指标设计

为了解居民居住状况并发现其影响因素，本研究在居住环境、居住条件、住房配套设施和住户经济条件等影响居住现状的因素方面设计了相关指标，如表1所示。

**表1　居民居住状况指标操作化**

| 指标 | 变量操作化 |
|---|---|
| 居住时间 | 在调查地居住的年数 |
| 居住区域 | 甘肃的5个市(1=兰州市,2=嘉峪关市,3=天水市,4=庆阳市,5=定西市) |
| 居住方式 | 1=居住产权房,2=租房,3=集体宿舍,4=借住 |
| 住房喜爱程度 | 1=非常不满意,2=不满意,3=一般,4=满意,5=非常满意 |
| 住房需求 | 1=保障性租赁住房,2=购房,3=其他 |
| 年龄段 | 1=16~25岁,2=26~35岁,3=36~45岁,4=46~55岁,5=56岁及以上 |
| 性别 | 1=男,2=女 |
| 职业 | 1=国家与社会管理者(处级以上干部),2=私营企业主,3=国企或私企中的高级管理人员,4=教师或专业技术人员,5=办事员或一般管理者,6=商业服务业员工,7=个体工商户,8=产业工人,9=学生,10=新的社会阶层 |
| 月收入 | 1=2500元及以下,2=2501~5000元,3=5001~10000元,4=10001元及以上 |

本报告对上述9项居住状况指标进行相关分析，删除了相关性程度低的性别指标，保留了居住时间、居住区域、居住方式、年龄段和月收入等能够反映被访者居住状况的物质条件指标，以及与被访者感受及需求关联程度高的住房需求与住房喜爱程度等测量指标。

### （二）被访者基本情况

住房调研组在兰州、嘉峪关、天水、庆阳和定西5个市进行问卷调查，发放650份调查问卷，共收回问卷643份，其中有效问卷626份，问卷有效回收率为97.36%。填写有效问卷的被访者中，年龄在16~35岁的有406人，占样本总数的64.86%，其他年龄段共占样本总数的35.14%。从被访者居住区域看，兰州市202人，样本选取量最多，占样本总数的32.27%；其次是天水市126人，占20.13%；定西市和庆阳市，各选取100人，均占15.97%；嘉峪关市98人，占15.65%。样本中家庭每月总收入5001~10000元的比例最高，占43.13%；其次是2501~5000元组，占40.89%；2500元及以下的，占8.63%；家庭月总收入高于10000元的合计占7.35%。被访者职业分布于10个社会阶层，其中新的社会阶层人士①占8.31%。

## 二　甘肃青年居住现状

### （一）住房形式

自20世纪90年代末以来，城镇住房商品化改革使住房从福利（实物）分配逐步转变为货币化分配、社会化供给，住房市场化与消费货币化时代，城市居民的居住形式呈现多样化趋势，青年人通过购

① 十九大报告指出“加强党外知识分子工作，做好新的社会阶层人士工作，发挥他们在中国特色社会主义事业中的重要作用”。“新的社会阶层人士”作为统一战线12个工作对象之一，是指随着改革开放和社会主义市场经济发展，在非公有制经济领域和社会领域出现的一些新的社会群体，主要包括私营企业和外资企业的管理人员和技术人员、中介组织和社会组织从业人员、自由职业人员、新媒体从业人员。

房、租房、住集体宿舍和借住等方式解决自身的居住问题。住房调查统计结果显示，406名被访青年中141人有自有产权住房（单位集资建房、买新商品房、买二手房），占被访青年总人数的34.73%，还有65.27%的被访青年通过租房（公房或私房）、住集体宿舍、和父母同住等方式解决居住问题（见表2）。

**表2　住房形式**

单位：%

| 住房形式 | 占比 |
|---|---|
| 单位集资建房 | 9.07 |
| 买新商品房 | 16.12 |
| 买二手房 | 9.54 |
| 租房(公房、私房) | 45.82 |
| 住集体宿舍 | 6.93 |
| 和父母同住 | 9.21 |
| 其他(自建房) | 3.31 |

## （二）自有产权住房

国际上用住房自有率来测量居民拥有自有产权住房的情况，青年住房自有率①是考察青年人居住条件和环境的常用指标。住房调查统计结果显示，被访青年中有141人购买了自有产权住房，住房自有率为34.73%，这种状况与青年自身的特点相关，青年人平均受教育程度较高、发展潜力较大、流动性较强，大部分人选择在城市工作生活，但普遍入职起薪较低、财富积累较少、资源获取能力较弱，购房能力不足。一部分青年无力承担高昂的购房成本，也不愿意当“房

① 青年住房自有率是以拥有居住房产产权的青年人数占青年样本总数之比计算的，其计算公式为：住房自有率=（居住于自有产权住房的青年人数/青年样本总数）×100%。

奴”，只能依靠租房居住来缓解经济压力。但是，大部分被访青年还不能接受“以租代购”，租房只是过渡性居住方式，他们规划在未来不同时间段买房，打算在1年内、3年内和5年内买房的青年分别占被访青年总数的36.61%、26.79%和4.46%。

## （三）住房类型

随着住房和城乡建设的进程加快、规模扩张，在住房市场上可供青年购买或租住的住房类型越来越多样化、个性化。现代住房结构从以往强调的稳定性、功能性向更加注重舒适性发展，居住品质高的住宅还兼具经济性、美观性和私密性，设计方面要求对社交空间、功能分区和私人空间进行有效分隔。总体而言，新建的住宅比老旧的住宅更加注重设计，越来越多的楼盘将舒适性作为吸引置业者眼球的亮点来打造。因而，住房的结构类型也反映出城市青年的住房品质，不同结构类型的住房反映不同的居住状况。住房调查统计结果显示，青年居住在多层楼房的最多、高层楼房的次之、平房的最少。从租赁住房的新旧情况看，青年租赁住房的房龄10年以内的居多，房龄5年以内的次之，房龄20年以内的排第三，2年内的新房排第四（见表3）。

**表3 住房类型**

单位：%

| 住房类型 | 占比 |
|---|---|
| 多层楼房 | 46.95 |
| 高层楼房 | 33.87 |
| 平房 | 19.18 |
| 住房房龄 | 占比 |
| 20年内 | 25.31 |
| 10年内 | 39.28 |
| 5年内 | 25.47 |
| 2年内 | 9.94 |

## （四）住房面积

住房面积是测量居民居住水平的主要指标之一，青年的居住条件改善情况与其住房面积的增减息息相关。甘肃城镇居民人均住房面积，2015年底为31平方米，2020年达到34.79平方米，[①] 居民的居住条件和人居环境得到显著改善。住房调查统计结果显示，被访青年居住的面积从10平方米到140平方米不等，房间数从1间到6间不等（见表4）。通常情况下，租赁居住的青年要与家人或者其他人共享住房空间，家庭整租（一个人或一个家庭租下整套住房）居住的私密性要好一些，合租（按间合租或按床位合租）居住的私密性较差，城市青年的居住方式不同、居住面积大小各异，反映了青年人的居住品质优劣不一。

**表4　住房面积**

| 住房面积（平方米） | 占比（%） |
| --- | --- |
| 10~20 | 15.60 |
| 21~40 | 27.26 |
| 41~60 | 21.43 |
| 61~80 | 19.71 |
| 81~100 | 6.62 |
| 101~120 | 6.35 |
| 121~140 | 3.03 |

## （五）租住环境

兰州市是甘肃唯一人口净流入的城市，来自兰州市的被访青年中，拥有自有产权住房的被访青年占本地被访青年总数的30.99%，租房居住的被访青年占本地被访青年总数的61.96%。采取租住方式解决居住问题的被访青年，在天水市、庆阳市、定西市和嘉峪关市分别占本地

① 国务院第七次全国人口普查领导小组办公室编《中国人口普查年鉴2020》，中国统计出版社，2022，第651页。

被访青年总数的36.51%、26.00%、16.22%和5.61%，均低于兰州租赁居住的青年在本地被访青年总数中的占比。兰州市老城区的地段好，交通方便、商贸集中、生活娱乐休闲便利，但该区域的小户型、低租金房源愈来愈少，新开发区域的大户型房源供给多但需求少，造成一定范围内的供需结构错配。据统计，兰州市租赁房屋市场房源总量规模较小，2021年为2.6万套，待租房源主要集中在近郊四区，其中城关区的火车站、西关、东部等周边配套较为完善的区域房源分布量较多，占50%以上①。在兰州住房租赁市场上，青年人一般选择在可负担的租金范围内租住符合自己经济状况的住房，选择“租金低，可以不考虑居住条件”的占兰州被访青年总数的35.76%；选择“租金低，住房面积可以小一点，长距离通勤远一些，远离商贸圈也可以接受”的占兰州被访青年总数的48.49%。超过四成的被访兰州青年不知道保障性租赁住房政策的具体内容，政策的知晓度和覆盖率偏低。

## 三　甘肃青年“住有所居”的感受

### （一）青年的住房自有率不高

目前，甘肃青年居住以购房和租房为主，租房是青年解决住有所居问题的重要途径之一。自有产权住房作为一种消费品，不仅是青年的居住空间，还是其资产的重要组成部分，住房产权的有无会形成“财富效应”和“房奴效应”，青年对住房资源占有的数量会影响其生活品质和生活方式。通过贷款或父母资助等方式购买了住房的被访青年认为，与之前无房的状况相比，拥有了自有产权住房后自己更倾向于选择喜欢的生活方式，自主决定生活节奏和生活偏好，但是住房

① 根据兰州市住房保障和房产管理局整合各租赁企业的数据信息初步测算。

负债和住房杠杆在一定程度上也会存在“挤出效应”，会显著增加家庭或个人的焦虑感。青年在购房之前或购房初期，为了积累购房款，不得不减少消费、增加储蓄、降低生活成本。①

2020年，中国人民银行发布的《城镇居民家庭资产负债情况调查》表明，中国城镇居民家庭的住房拥有率为96%，有一套住房的家庭占比为58.40%，有两套住房的占比为31%，有三套及以上住房的占比为10.50%，户均拥有住房1.5套②。住房调查统计结果表明，甘肃城镇居民家庭的住房拥有率为65.18%，被访青年住房自有率仅为34.73%，与其他社会群体相较，青年的住房自有率较低，青年居住状况和居住福利也低于其他社会群体，这一定程度上反映了在社会主义初级阶段和现有政策条件下，青年依靠个人力量购买住房的能力和实现居住满足的时间较长，需要通过市场力量以及政府来解决居住问题。

### （二）青年的居住满意度不高

#### 1. 青年居住满意度水平较低

一般而言，有三个方面的因素会影响青年对居住的满意度。一是青年从住房（作为“特殊商品”）中实际获得的感受与购房或租房之前的个人预期进行比较，包括住房质量（住房的建筑质量、内部结构、面积、采光、通风等）、基础设施、社区环境以及（购买、租住）商品的“价”与“值”的匹配程度。例如，在近两年建成的新房居住的青年满意度水平最高（76.76%），在高层居住的青年满意度水平较高（75.50%）。二是青年在使用住房过程中形成的主观体

① 胡蓉、任婉婷：《住房资源、生活方式与阶层认同——基于广州青年中间阶层的实证研究》，《华东理工大学学报》（社会科学版）2021年第5期。

② 《中国人民银行发布上年城镇居民家庭资产负债情况调查》，搜狐焦点，https://gy.focus.cn/zixun/3f3adb41e5900916.html，2020年5月5日。

验，例如，居住的地理位置是否太偏、职住是否分离、周边配套设施是否完善以及物业服务水平的高低等。住房调查统计结果显示，青年群体的居住满意度（57.75%）低于居民整体的居住满意度(69.18%)①，处于不同阶层的青年居住满意度水平也有差异（见表5）。三是租住私人住房的青年居住满意度水平更低，政府对青年住房给予政策支持（政府提供人才公寓、公租房、保障性租赁住房及发放住房补贴、单位提供集体宿舍等）会提升青年的居住满意度。通过申请保障性租赁住房、人才公寓、居住单位宿舍或领取住房补贴解决居住问题的被访青年中，处于居住满意度均值的人数占被访青年总数的87.15%；尚未获得住房保障支持的被访青年中，达到居住满意度均值的人数占比只有55.20%。

**表5　青年与其他被访群体居住满意度对比**

单位：%

| 群体 | 达到满意度均值占比 | 职业 | 达到满意度均值占比 |
|---|---|---|---|
| 所有被访者 | 69.18 | 1=国家与社会管理者(处级以上干部) | 86.36 |
| 低收入群体 | 55.43 | 2=私营企业主 | 75.68 |
| 青年群体 | 57.75 | 3=国企或私企中的高级管理人员 | 60.24 |
| | | 4=教师或专业技术人员 | 71.13 |
| | | 5=办事员或一般管理者 | 68.54 |
| | | 6=商业服务业员工 | 46.03 |
| | | 7=个体工商户 | 67.73 |
| | | 8=产业工人 | 75.00 |
| | | 9=学生 | 34.21 |
| | | 10=新的社会阶层 | 75.90 |

注：本报告依据2021年甘肃年人均可支配收入界定低收入群体。

① 依据626份样本计算的满意度均值为3.63，将此作为区分满意与否的标准，处于这一水平之上的个体在样本总数中所占的比重为69.18%，处于这一水平之上的青年样本在样本总数中所占的比重为57.75%。

#### 2. 青年居住条件和环境满意度较低

问及租房居住的体验，一些被访青年表示，自己租住的10~20年房龄的房屋，或者厨卫设施不全、装修简陋、没有功能分区，房东既不改造装修也不及时履行维修义务，或者周边的交通设施、医疗卫生设施、教育配套设施以及购物便利性和住房服务等跟不上实际需求，像这样单一居住功能的住房仅解决了基本居住问题。被访青年对租金的感受是：像中心区、商圈等具有区位优势、环境好的私租房租金很高。租金较低的私租房大致有两类，一类是距离市中心较远，基础设施不够完善，交通和生活不便；另一类是业主住了很久的老旧房子，内部设施简陋老化，外部公共空间狭小、无绿化场地，小区物业管理混乱。保障性租赁住房租金价格较低，但是大多存在通勤的距离和时间长、服务设施配备不齐全等职住不平衡的情况，在满足青年对居住环境的安全性以及社交性等社会需求方面则更为欠缺。

### （三）青年租赁居住的稳定性不高

居民通过居住形成一定的社会关系网络。从这个意义上讲，青年租住的房屋不仅是物质产品，而且以住房为纽带形成了租赁关系，青年与居住空间之间以经济为基础构成的（租赁）关系和关系网络的不稳定，意味着青年与居住空间的关系发生断裂或者不连续，居住的稳定性和安全性受到影响，居住水平与生活质量大打折扣，遭到被访青年的“吐槽”，这也是青年人认同“租房也难”的主要问题之一。被访青年表示，他们在租房期间几乎都遇到过租赁方随意单方面上涨租金和变更租期的情形。87.61%的被访青年认为，租金（定价权）和租期基本都由房东说了算，大多只签订一年期的租赁合同，长租得不到保障，租金可能随时上涨，青年人的租赁权益得不到保护。房屋租赁市场供需不匹配、保障性租赁住房供给结构性矛盾等问题依然存在。

## （四）青年的居住获得感不高

现有研究表明，居住状况会影响青年生命历程中的社会网络、婚姻、生育和流动，与个人主观阶层认同、个体的心理感受等息息相关。被访青年对自身居住的客观实际收益得失进行了获得感评价，评价结果为，自有产权住房居住对青年的获得感有明显影响。被访青年普遍表示，居住自有产权住房会增加其自尊心，对生活的控制感也显著增强，房价上涨带来的财富增值会逐渐强化对自身社会地位的认同，与租房居住的群体相较，在心理上更容易形成社区归属感，在行动中更倾向于积极参与社会事务，在与外界互动交流中不断提升获得感。但是，通过贷款购房的被访青年中，有58.21%的被访青年表示“还款压力大”，住房支出令青年压力倍增，日常生活中不得不精打细算，不开心成为常态，被迫减少必要的休闲娱乐活动，时常担心失业等安全感缺乏。83.76%的被访青年认为如果家庭要增加一个小孩子，就应该更换住房，给新增人口提供一个属于自己的空间。少数在机关事业单位工作的青年人表示，三年新冠疫情之后，有一段时间自己下班后要兼职做外卖骑手、快递小哥等，以减轻还贷的压力或补贴养育二胎的费用。

与“居住自有产权住房”青年的感受相反，租房者往往会产生“居无定所”的感觉，租房期限或租房价格的变动影响其心理预期，被贴上“蜗居”“蚁族”“鼠族”“群租”等标签，生活不安定和生活质量下滑等因素导致其产生“相对剥夺”感，居住获得感较低。有一些在兰州居住的被访青年表示，自己有租房的需求或已经在出租房居住，由于收入比较低，每月除了租金外还有其他生活支出以及储蓄备用金（用于买房、婚育等），对租金变动比较敏感，一旦房东要涨租金或者中断租约就被迫频繁换租。被访青年具有住房产权偏好，但是购房能力不足使得居住理想与居住状况之间具有张力和落差，82.27%的被访青年认同“以租代购”更多的是无奈的选择，它作为一种居住理念尚未深入人心，有产权居住是青年建立新“家”的物质保障和文化性符号，无产权居住会影响青年健康社会心态的形成以及青年结婚生子的意愿和时间，众多青年人因住房压力大而不得不“推迟结婚”或“推迟生育”。

## 四　改善甘肃青年居住状况的对策建议

### （一）完善支持青年购房的配套政策

#### 1. 制定《兰州市青年人才首次购房补贴实施办法》

2022年兰州市获批全国青年发展型城市建设试点。作为人口净流入的大城市，兰州市应充分利用这一机遇和平台，制定《兰州市青年人才首次购房补贴实施办法》。一方面，聚焦引才和住房等青年关切，明确规定购房支持政策的具体内容，创新支持青年人购房的措施办法，例如，提高青年人才首次购房补贴标准，对青年人才首次购房的，补贴博士每人9万元，硕士每人4万元，本科毕业生（技工院校预备技师、技师）每人1万元，专科毕业生每人5000元。另一方面，围绕推进强省会行动，建设人才公寓和人才驿站等住房，有效扩大人才“蓄水池”，对青年人才购买改善型住房的刚需予以政策支持，按购房金额发放一定比例的购房补贴。将企业引进人才纳入市级政策保障范围，对企业引进的“双一流”建设高校毕业生，连续三年给予每年最高3万元的租房补贴或提供免租人才公寓，大力营造青年人才发展的良好生态环境。

#### 2. 制定《兰州市推进人才公寓建设实施方案》

2019年以来，兰州市相继出台了《兰州市急需紧缺人才引进实施办法》等关于人才培养、引进、激励的一系列政策文件，但在贯彻落实过程中，也存在人才公寓总量少、人才公寓建设发展不平衡等问题，与打造人才发展环境示范区的要求有一定的差距。目前，兰州市聚焦保障青年安居幸福，规划建设青年公寓、保障性租赁住房等6万余套，500套青年人才公寓投入使用。为了进一步引进青年人才以增强人才聚集的效应，提升城市综合竞争力，兰州市应加快出台《兰州市推进人才公寓建设实施方案》，明确采取租房补贴和安家补贴两种方式发放人才安居补贴，以及给予不同层次人才不同的补贴标准；在人才公寓申请条件方面，放宽在兰州购买人才公寓的条件限制，例如，青年入住人才公寓5年即可按低于市场10%~20%的价格购买人才公寓，放宽人才仅可以购买单位社保缴存区人才公寓的条件限制。

## （二）落实保障性租赁住房建设政策

### 1. 因地制宜推动公租房建设

保障性租赁住房建设是改善青年居住条件和环境的“重头戏”，把推动发展保障性租赁住房建设作为解决甘肃青年阶段性住房问题的重要抓手。按照国家对公租房政策的调整，2019年起对列入全国71个重点城市范围的兰州市新筹集的公租房，给予中央财政资金支持，其余各地可结合实际情况，在确有需求的前提下自行筹建公租房。针对公租房房源少的问题，兰州市可将满足公租房保障标准的青年纳入公租房保障范围，各企事业单位可结合实际需求发展公租房和保障性租赁住房，享受公租房的各项优惠政策，为青年提供住房保障，满足经济承受能力低的青年的基本租住需求。

### 2. 推进非居住存量房屋改建

各地各部门要积极落实在资金、土地、税费和审批程序等政策方面对保障性租赁住房建设的支持，对企事业单位依法取得使用权的土地、闲置和低效利用的商业办公、旅馆、厂房、仓储、科研教育等非居住存量房屋，允许其用于建设保障性租赁住房，不补缴土地价款。政府提供政策支持配租型保障房建设，引导多主体投资、多渠道供给，限定面积、供应对象和租金标准的配租型住房，包括公共租赁住房（公租房）和保障性租赁住房（保租房）两类，实行以实物配租为主、租赁补贴为辅的保障方式，即政府或其他投资主体提供住房，出租给符合条件的保障家庭、单位或承租人，承租人依据租金标准、租赁面积承担租金或者给予租赁补贴，扩大适合青年人的租赁房源规模，有效缓解住房租赁市场结构性供给不足的问题。

3. 推进中高端长租公寓建设

2015 年长租公寓[①]在兰州起步建设，截至 2021 年底，兰州市租赁市场有 9 家上规模经营公寓的企业，长租公寓房源大约有 400 套、1800 间，主要分布在雁滩、黄河北、东岗和广场附近[②]，受到追求高品质居住条件和生活环境的被访青年的青睐。根据中高端长租公寓市场供给较少的实际情况，兰州市应运用财政、金融、税收等政策工具，大力支持中高端长租公寓建设项目，并在项目中配备专属的健身区域、共享办公区、共享厨房、共享休闲廊、自助洗衣房、快递柜等多项生活设施。除硬件设施以外，公寓还可以尝试提供灵活的选配方案、现代便捷的交互场景、科技化的配件和强大的后勤支持，满足青年住户对个人空间与共享空间的不同需求。公寓可推出智能化的管家服务，住户可以登录小程序进行自助操作，基本满足青年对提升居住品质的需求。

## （三）加强对租赁权利的法律保护

政府主导建设租赁监管平台和网络交易平台，加快建立健全住房

① “长租公寓”是“租售同权”和“租购并举”政策红利影响下的租赁市场一个新兴业态。主要是运营公司将房东房子租过来，然后进行装修改造，配齐家具家电，再以单间的形式出租给青年群体，租赁时间一般一年起步，并提供管家等多项服务。

② 兰州市住房保障和房产管理局统计。

租赁登记备案制度，同时把各类租赁房源纳入统一的租赁监管平台进行监督管理，实现租赁住房建设规范、监管到位和服务高效。加快推动对租赁权保护的立法保障，出台省级住房租赁条例和兰州市住房租赁实施细则，健全完善住房租赁法律法规体系，对房东、中介及租房者的权益做出明确规定，对房东和中介的相关租赁行为及房租的涨幅、租期的长短等内容做出相应的规范，依法保障租房者的合法权益。

## （四）精准实施保障性租赁住房政策

多渠道多措施优化住房公共服务内容、扩展住房公共服务面，“精准”实施发展保障性租赁住房建设政策。一是对于刚走上工作岗位的高校毕业生，区分租房支出占月收入比重较大、租金负担偏重的情况，结合新就业大学生租住需求与企业发展的需要，推出“五年五折租房”等措施，帮助大学生等青年群体在兰州住下来。二是借助“线上+线下”渠道扩大保障性租赁住房政策的知晓面、惠及面和覆盖面，开发网上申请平台，共享公安、人社、民政等部门的数据，借助“甘肃发布”微信公众号平台，做到“网上申请、全程网办、不见面审批”。三是利用传统媒体和新媒体广泛宣传保障性租赁住房政策，在地铁、公交系统播放宣传短视频，给重点企业推送政策短信。组建政策宣讲队，在毕业季、招工季，进校园、进企业、进社区，主动开展形式多样的宣传活动。

# B.11

# 甘肃居民绿色低碳生活方式调查报告

段翠清*

**摘　要：** 本报告对甘肃居民在绿色低碳发展的认知程度、绿色低碳生活行为践行程度、绿色低碳生活消费倾向，以及绿色低碳生活意愿方面进行了全面了解。目前居民存在对绿色低碳发展的认知整体比较笼统、对绿色低碳行为的参与和践行还不够积极、对绿色消费的了解和接纳程度不够深入等问题，需要通过开展形式多样的政策知识宣讲及带动活动、构建文明和谐的绿色低碳发展文化体系、加快速度构建全域绿色低碳发展产业体系等方式提升居民的认知度，加快绿色低碳生活方式变革的速度。

**关键词：** 绿色低碳　低碳生活　绿色消费　甘肃

党的十八大提出将生态文明建设纳入"五位一体"总体布局，自此，在经济社会中全面贯彻绿色发展的宗旨，成为全国各省区市进行社会发展和治理首要遵循的原则。2020 年，我国明确提出"碳达峰、碳中和"目标，在社会发展的各个行业和区域中遵循低碳发展的原则成为生态文明建设的首要任务。甘肃作为我国西部重要的生态安全屏障，近年来一直致力于区域生态环境的保护治理工作。随着国家"碳达峰、碳中和"战略的实施，甘肃依托其丰富的风能、太阳

* 段翠清，甘肃省社会科学院区域经济研究所副所长、副研究员，主要研究方向为生态经济学、环境科学。

能等清洁能源资源和近年来在新能源方面积累的产业基础，不断加快产业结构向着以新能源产业为主的绿色低碳发展方向进行转化，提升甘肃区域经济社会高质量发展水平。居民作为经济社会发展的建设者、参与者和受益者，其绿色低碳生活方式和行为意识直接决定区域高质量发展的速度和质量。因此，本文以甘肃省域为研究范围，以甘肃不同民众为研究对象，通过随机抽样的方式，对甘肃区域居民绿色低碳生活方式认知和行为方式进行了问卷调研，旨在为甘肃加快推进区域绿色低碳发展提供决策支持。

## 一　甘肃居民绿色低碳生活方式现状调查情况综述

### （一）被访者基本情况

本次课题调研以网络调研和实地走访调研两种方式展开，课题组选取兰州、武威、张掖、嘉峪关、陇南、甘南、临夏等7个市州作为调查对象，共发放问卷654份，回收有效问卷603份，问卷回收率为92.2%。调研对象基本信息如表1所示。

**表1　问卷描述性统计**

| 变量 | | 频数(人) | 比例(%) |
|---|---|---|---|
| 性别 | 男性 | 329 | 54.56 |
| | 女性 | 274 | 45.44 |
| 党派 | 中共党员 | 301 | 49.92 |
| | 无党派人士 | 18 | 2.99 |
| | 民主党派 | 5 | 0.83 |
| | 群众 | 279 | 46.27 |

续表

| 变量 | | 频数(人) | 比例(%) |
|---|---|---|---|
| 民族 | 汉族 | 464 | 76.95 |
| | 回族 | 55 | 9.12 |
| | 东乡族 | 19 | 3.15 |
| | 藏族 | 56 | 9.29 |
| | 裕固族 | 6 | 1.00 |
| | 满族 | 3 | 0.50 |
| 年龄构成 | 18~25岁 | 147 | 24.38 |
| | 26~35岁 | 198 | 32.84 |
| | 36~45岁 | 132 | 21.89 |
| | 46~60岁 | 96 | 15.92 |
| | 60岁以上 | 30 | 4.97 |
| 职业分布 | 党政机关管理人员 | 66 | 10.95 |
| | 国有企业管理人员 | 37 | 6.14 |
| | 私营企业主 | 33 | 5.47 |
| | 专业技术人员 | 101 | 16.75 |
| | 办事人员 | 88 | 14.59 |
| | 个体工商户 | 25 | 4.15 |
| | 商业服务人员 | 13 | 2.16 |
| | 工人 | 76 | 12.60 |
| | 农业劳动者 | 79 | 13.10 |
| | 自由职业者 | 85 | 14.09 |
| 文化程度 | 小学 | 29 | 4.81 |
| | 初中 | 33 | 5.47 |
| | 高中或中专 | 178 | 29.53 |
| | 大学专科 | 52 | 8.62 |
| | 大学本科 | 177 | 29.35 |
| | 硕士及以上 | 134 | 22.22 |
| 居住区域 | 城市 | 181 | 30.02 |
| | 县域 | 202 | 33.49 |
| | 乡镇 | 65 | 10.79 |
| | 农村 | 155 | 25.70 |

### （二）问卷设计基本情况

本次调研问卷主要分为居民绿色低碳发展认知、绿色低碳生活行为、绿色低碳生活消费方式、绿色低碳生活意愿四个维度，共设计20个选题，开展了为期一个月的调研活动。问卷详细情况如表2所示。

**表2　本次问卷问题描述**

| 问题分类 | 问题描述 |
|---|---|
| 居民绿色低碳发展认知调研 | 1. 您认为什么是绿色低碳？ |
| | 2. 您对甘肃实施绿色低碳发展政策的了解程度？ |
| | 3. 您认为甘肃在绿色低碳产业发展方面有哪些优势？ |
| | 4. 您是否认同"低碳经济，绿色生活"的观点？ |
| | 5. 您对自己所在区域的环境治理和保护现状是否满意？ |
| | 6. 您认为绿色低碳发展对日常生活是否会产生影响？ |
| 居民绿色低碳生活行为调研 | 1. 您知道生活中哪些行为会增加碳的排放吗？ |
| | 2. 您是否参加过绿色低碳宣传活动？ |
| | 3. 您日常工作生活中主要的出行方式？ |
| | 4. 您日常是否会对生活垃圾进行分类处理？ |
| | 5. 您是否会参加植树活动？ |
| | 6. 您是否会使用一次性生活用品？ |
| 居民绿色低碳生活消费方式调研 | 1. 您在日常生活中是否会使用清洁能源代替传统能源？ |
| | 2. 您对以下哪类绿色低碳产品更有购买的意愿？ |
| | 3. 您在外出就餐时是否有打包剩余饭菜的习惯？ |
| | 4. 您是否了解塑料制品对环境的危害？ |
| | 5. 您每周订外卖的频率？ |
| | 6. 您家里的电脑和电视在无人使用时是什么状态？ |
| 居民绿色低碳生活意愿调研 | 1. 如果低碳生活和个人习惯发生冲突，您会如何选择？ |
| | 2. 您认为自己可以在以下哪些方面采取行动实现绿色低碳生活？ |

## 二　调查结果分析

### （一）居民对绿色低碳发展认知情况调研结果分析

认知是行动的先决条件，甘肃居民对区域绿色低碳发展的认知程度直接决定了居民自身践行绿色低碳生活的自觉度。本文对居民在绿色低碳相关的概念、政策实施、产业发展、环境现状等方面的认知情况进行了调研，形成以下结果：

#### 1. 八成以上的居民对绿色低碳概念有不同程度的认知

对绿色低碳基本概念进行全面认知，是指导居民进行绿色低碳生活行为的前提。本次调研显示，有49.09%的被访居民认为绿色低碳就是降低碳的使用量，有17.41%的被访居民认为绿色低碳就是降低含有碳物质的使用量，有17.08%的被访居民认为绿色低碳是降低所有碳物质的使用量和排放量，还有16.42%的被访居民表示自己没有听说过绿色低碳这个概念。整体来看，83.58%的被访居民或多或少对绿色低碳这一词语的概念有一定的认知，但是大约五成的被访居民只是笼统地知道绿色低碳就是降低碳的使用量，对于碳源、碳汇以及绿色技术等方面的详细概念则表示不够清楚（见图1）。

#### 2. 有九成以上的被访居民对甘肃实施的绿色低碳发展政策有所了解

制度和政策作为区域绿色低碳发展的指导方针和实施方法，是居民提升绿色低碳认知水平的主要来源。近年来，甘肃相继出台20余项推进绿色低碳发展的相关文件，为甘肃绿色低碳发展提供指导。在本次调查中，当被问及对以上政策措施、战略规划、规章制度内容的了解程度时，有18%的被访居民表示非常了解，有35%的被访居民表示基本了解，有22%的被访居民表示“一般”，只是笼统地知道，

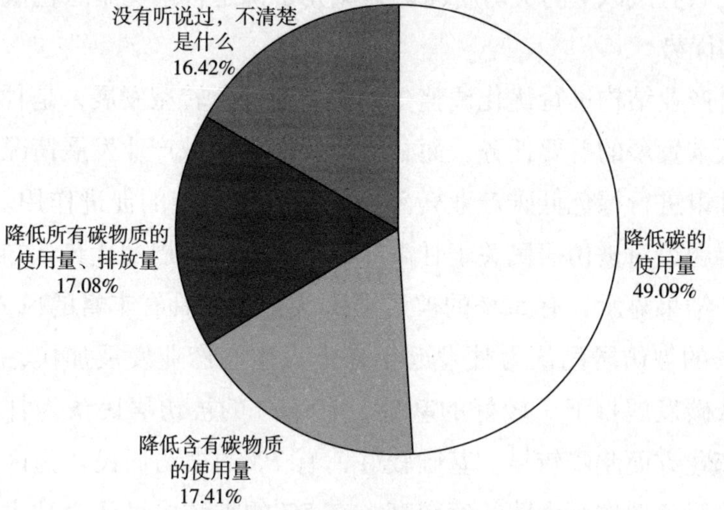


**图1　居民对绿色低碳概念的认知情况**

有20%的被访居民听说过一部分政策法规，“有一点了解”，还有5%的被访居民表示没有听说过相关方面的政策（见图2）。

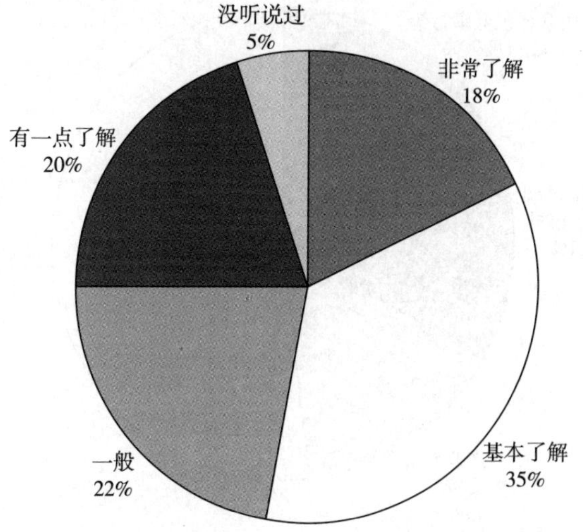


**图2　居民对绿色低碳发展政策的了解程度**

3. 有五成以上的被访居民认为风光资源是甘肃实施绿色低碳产业发展的优势

对产业结构进行优化调整，加快产业绿色转型发展，是甘肃进行绿色低碳发展的首要任务，而甘肃居民对本区域产业发展情况的了解会对甘肃进行绿色低碳产业转型和发展起到一定的促进作用。因此，本次课题组对被访居民关于甘肃绿色低碳产业发展的优势认知进行了调研，结果显示，有52%的被访居民认为甘肃具有丰富的风光资源，有15%的被访居民认为甘肃近年来十大生态产业发展加快，为甘肃绿色低碳发展打下了较好的基础，有21%的被访居民认为甘肃在新能源产业方面起步较早，基础较好，有7%的被访居民认为区域民众自身的绿色低碳行为践行度较高，有5%的被访居民认为甘肃近年来大力推行生态系统治理和保护，使得生态环境有了进一步的好转，为甘肃绿色低碳发展打下了较好的环境基础（见图3）。

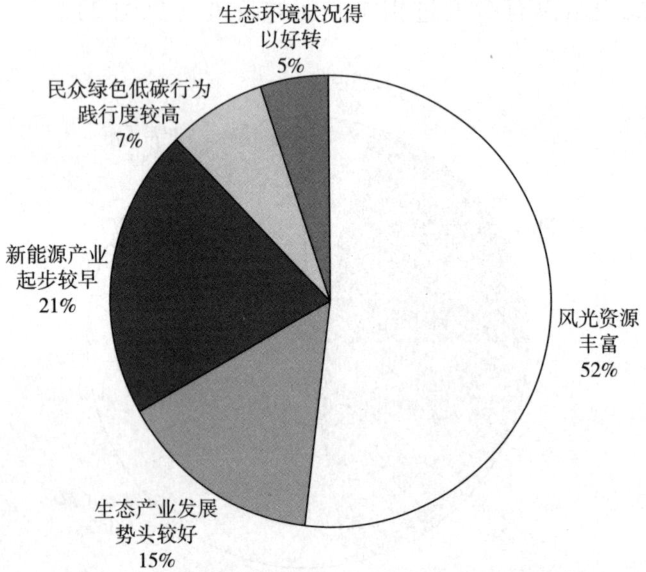


**图3　居民对绿色低碳产业状况的了解程度**

4. 有七成以上的被访居民对“低碳经济，绿色生活”观点有不同程度的认同

对甘肃区域居民“低碳经济，绿色生活”观点认知程度进行调研，有29%的被访居民表示非常认同此观点，有45%的被访居民表示对此观点基本认同，有17%的被访居民表示不认同此观点，还有9%的被访居民对此观点表示非常不认同。正所谓认同决定行动，只有居民能够从内心深处接受“低碳经济，绿色生活”的观点，才能更好地指导自身在生活和工作中付诸实践（见图4）。

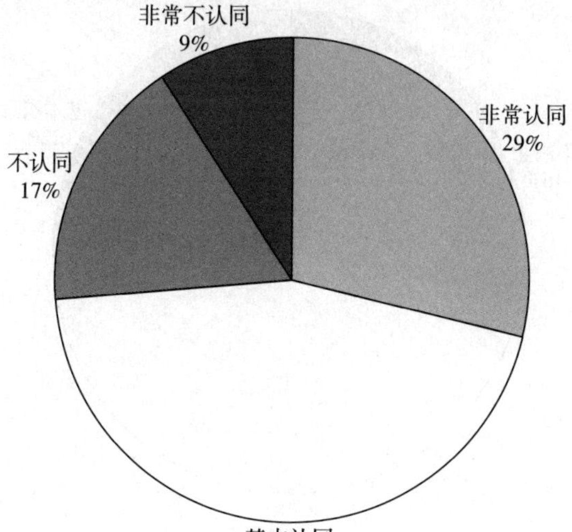


图4　居民对绿色低碳生活观念认同程度

5. 有七成以上被访居民能够接受自己周围的生态环境状况

自党的十八大以来，甘肃各级政府十分重视生态环境的治理与保护，在制度建设、环境治理、产业转型等方面进行了大量的改革，生态环境得到一定的改善。从本次调研结果来看，有5%的被访居民对自己所在区域的环境保护治理现状表示非常满意，有22%的被访居民对自己所在区域的环境保护治理现状表示基本满意，有45%

的被访居民对自己所在区域的环境保护治理现状表示一般满意，有16%的被访居民对自己所在区域的环境保护治理现状表示不满意，有12%的被访居民对自己所在区域的环境保护治理现状表示非常不满意（见图5）。甘肃经济社会发展受到自然环境的制约，近年来在全省人民的共同努力下，居民生态环境状况得以改善，但是与居民满意还有一定的差距，需要今后各级组织共同努力，提升人居环境质量。

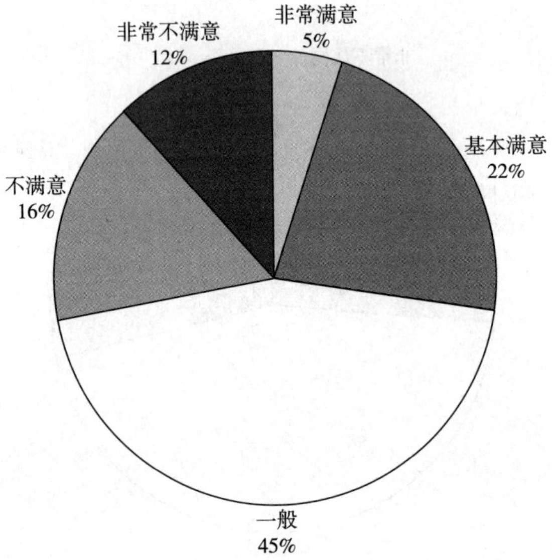


**图5　居民对周边生态环境满意状况**

6. 七成的被访居民认为实施绿色低碳发展对自己的日常生活会产生影响

让居民尽可能地对绿色低碳发展有一个客观准确的认知，能够加快甘肃绿色转型的发展速度，本次课题组从居民角度出发，对绿色低碳发展对居民日常生活产生的影响进行了调研。结果显示，在被访居民中，有11%认为影响非常大，有29%认为影响比较大，有30%认为影响一般，有16%认为影响比较小，有14%认为影响非常小。结果表明，居民从自身角度出发，认为甘肃现行的绿色低碳转型发展战略还是对自身日常生活带来了一定的影响，因此，怎样可以消除这些影响，让居民能够深切感受到绿色低碳转型发展对生活质量的提升，是下一步制定转型战略需要考虑的问题（见图6）。

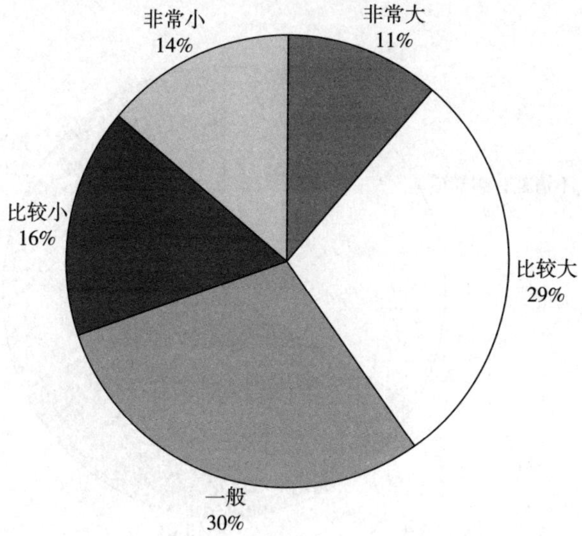


**图6　居民对绿色低碳发展对生活影响程度认知**

## （二）居民绿色低碳生活行为情况调研结果分析

绿色低碳生活如何践行，践行深度如何，是衡量居民践行绿色低碳生活程度的核心。本次调研主要从居民出行方式、参与相关活动活跃度、生活用品使用类别等角度出发，对居民绿色低碳生活行为践行情况进行了调研，结果如下：

### 1. 只有三成以上的被访居民对增加碳排放行为有所了解

居民对增加碳排放行为的知晓程度可以有效减少自身在生活中与碳排放相关的行为活动，进而为绿色低碳发展做出自身的贡献。

本次调研结果显示，有32%的被访居民表示知道生活中哪些行为会增加碳排放，有35%的被访居民表示不知道生活中哪些行为会增加碳排放，还有33%的被访居民表示虽然现在还不清楚哪些行为会增加碳排放，但是有迫切想知道的愿望。结果表明，大多数民众对在日常生活中如何减少碳排放行为还比较迷茫，需要进一步加强指导（见图7）。

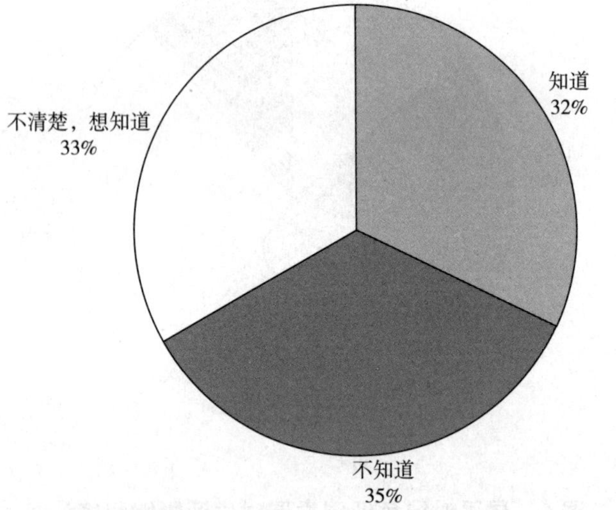


**图7　居民对增加碳排放行为了解程度**

2. 超半数居民选择低碳出行

居民对日常主要出行方式的选择倾向是践行绿色低碳发展过程中与居民最有关联度的内容之一。在本次调查中，当被问及“您日常工作生活中主要的出行方式是什么？”时，有11%的被访居民选择了步行的出行方式，有16%的被访居民选择了骑自行车的出行方式，有27%的被访居民选择了乘坐公交车或地铁等公共交通工具的出行方式，有25%的被访居民选择了驾驶私家车的出行方式，有17%的被访居民选择了打车的出行方式，还有4%的被访居民选择了摩托车等其他出行方式。当下，随着人们生活水平的提高和生活节奏的加快，私家车成为每个居民或者家庭必备的生活用品，也是居民经常选择的出行工具之一。从本次调查结果也可以看出，仍然有不到三成的居民会选择私家车作为主要的出行方式（见图 8）。

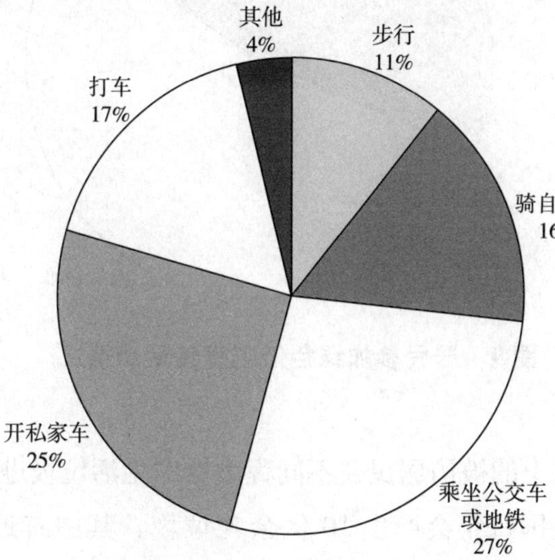


**图 8　居民日常主要出行方式**

### 3. 有六成以上的被访居民表示自己参加过绿色低碳宣传活动

随着甘肃绿色低碳发展战略的实施，各地市县每年都会举办各类绿色低碳宣传活动，提升居民参与绿色低碳行为积极性。而居民自身参与绿色低碳宣传活动，不仅能够提升自己对绿色低碳的认知，还能宣传和带动身边的居民参与绿色低碳行为活动。在本次调研中，课题组对被访居民参与绿色低碳宣传活动的自觉意识程度进行了调研，结果表明，有 16% 的被访居民表示经常参与绿色低碳宣传活动，有 53%的被访居民表示自己会偶尔参加绿色低碳宣传活动，还有 31%的被访居民表示自己从未参加过绿色低碳宣传活动，表明居民对绿色低碳宣传活动的参与度还较低，以后应该加强此方面的引导（见图 9）。

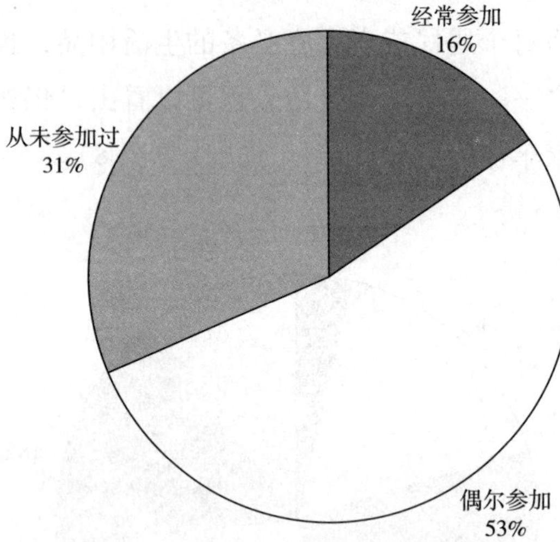


**图 9　居民参加绿色低碳宣传活动情况**

4. 有四成以上的被访居民会不同程度地对生活垃圾进行分类处理

据统计，我国每年会产生 10 亿余吨垃圾，其中有近一半是生活垃圾，如何对这些生活垃圾进行高效处理直接关系到我国经济社会高质量发展的水平。将垃圾进行分类收集和处理，可以有效提升垃圾资源的再利用价值和经济价值，减少垃圾处理过程中所产生的运输、分类等经济成本，节约资源，变废为宝，促进我国经济社会的高质量发展。在美国、日本、德国等发达国家，垃圾分类已经实施了很多年，并有一套相对较为完善的管理办法。我国于 2019 年在上海率先实施垃圾分类收集和管理，到 2020 年，我国又将垃圾分类试点城市扩展至 46 个，甘肃兰州也在其中。本次调查结果显示，13%的被访居民会经常对生活垃圾进行分类投放，有 32%的被访居民在有严格制度要求的情况下，会对生活垃圾进行分类投放，有 41%的被访居民表示由于对垃圾分类标准不能够准确理解等原因，没有对生活垃圾进行分类投放，有 14%的被访居民表示自己完全没有意识对生活垃圾进行分类投放（见图 10）。我国其实早在 20 世纪 50 年代就提出过垃圾分类的概念，但受经济社会发展水平、国民素养水平等因素制约，并没有付诸实际行动。近年来，我国在 47 个城市逐步开展垃圾分类试点工作，居民对垃圾分类的概念并不陌生，但是对于如何在生活中对垃圾进行分类收集和投放确实存在一定的困难。在本次调查的过程中，居民对垃圾分类感到困难最多的是如何分类，具体怎样区分，以及对平时投掷垃圾习惯的改变等，这在后续的垃圾分类宣传和制度实施上需要进一步加强。

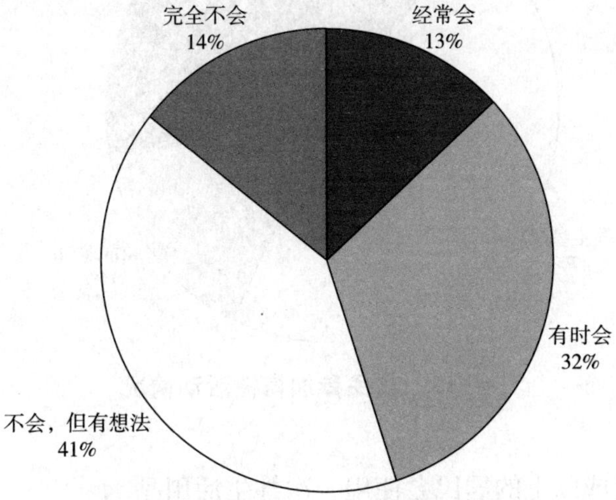


**图 10　居民对垃圾分类投放执行情况**

5. 有六成以上的被访居民表示会参加免费的植树活动

植被具有改善生活环境、提升气候质量、增加碳汇等多种优点，而提升居民参与植树活动的积极性，可以有效提高区域森林植被的覆盖率，进而增加区域碳储量，降低碳排放量，也是居民践行绿色低碳行为深度的衡量标准之一。本次调研中，当被问及“您是否会参加植树活动?”时，有 28%的被访居民表示如果是自费购买树苗，则不会参加，有 14%的被访居民表示无论自费还是免费，都会经常参加植树活动，有47%的被访居民表示会偶尔参加免费的植树活动，还有11%的被访居民表示植物活动毫无意义，自己不会去参加。结果表明，大多数居民在时间允许的情况下会参加免费的植树活动，而对于自费的植树活动则没有什么兴趣，说明居民还没有深刻认识到植树对绿色低碳发展的重要意义（见图11）。

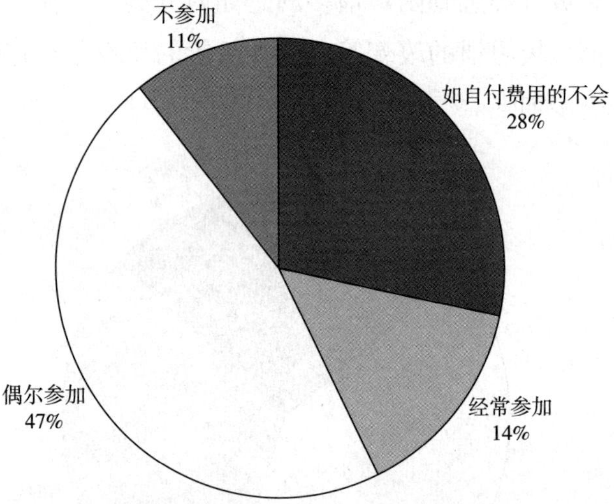


**图11　居民参加植树活动情况**

6. 有九成以上的居民会使用一次性生活用品

一次性生活用品主要是指仅能使用一次的物品。主要包括一次性塑料袋、一次性筷子、一次性饭盒、一次性拖鞋、一次性杯子、一次性纸巾等涉及人们生活各个方面的生活必需品。随着生产工艺的进步和外卖等新型服务行业的兴起，这些一次性产品的生产成本不断降低，生产工艺不断提升，再加上人们生活节奏的加快和生活水平的提高，一次性产品所具有的方便、快捷等优点增加了人们使用一次性物品的倾向性。据统计，我国每人每天要使用近40张餐巾纸，一家小吃店平均每天要使用200多双一次性筷子。本次调查中，当被询问到居民对一次性生活用品的使用情况时，有26%的被访居民表示自己会经常性地使用一次性生活用品，有65%的被访居民表示自己会偶尔使用一次性生活用品，只有9%的被访居民表示自己从来不会使用一次性生活用品。整体来看，在所有被访居民中，有91%的居民在生活中会或多或少地使用一次性生活用品，基本上达到了一个普遍使用的状况。一次性用品多是由塑料制成，难以降解，因此普遍使用一次性物品会给我国的生态环境造成极大的负担，带来毁灭性的破坏（见图12）。

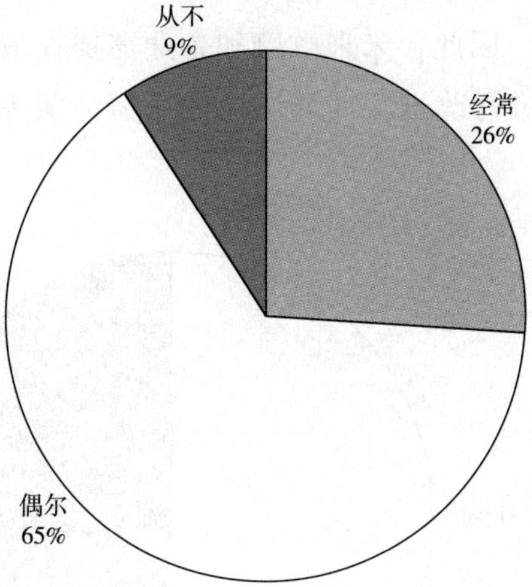


**图12　居民使用一次性生活用品情况**

## （三）居民绿色低碳生活消费方式情况调研结果分析

消费是居民日常生活中最能产生碳排放的行为之一，对居民日常消费中绿色低碳执行程度意愿和行为进行调研，可以增进居民对绿色低碳生活行为的了解。本文对清洁能源选择意愿、绿色产品购买意愿、就餐习惯等方面进行了调研，结果如下：

**1. 有七成以上的被访居民会不同程度地选择使用清洁能源**

居民日常生活是当下能源消耗的源头之一，对其逐渐进行清洁能源改造是未来实现“双碳”战略的必要路径之一。本次调研中，当被问及“您在日常生活中是否会使用清洁能源代替传统能源?”时，有28%的被访居民表示只要条件允许，就会选择清洁能源，有21%的被访居民表示不会选择使用清洁能源，还有51%的被访居民会根据使用便捷程度进行选择。结果表明，超七成的居民对清洁能源替代传统能源表示接受，但是绝大多数居民表示会在使用便捷的情况下进行更换，因此，未来政府和企业需要在清洁能源使用便捷性和稳定性方面进行改进，提升居民使用清洁能源的接受程度（见图13）。

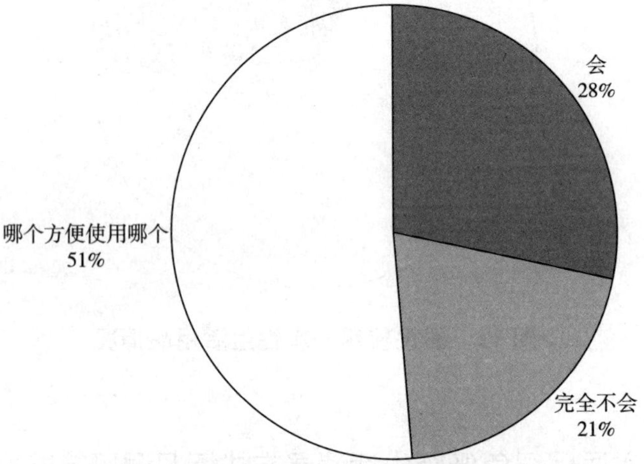


**图13　居民对清洁能源选择意愿**

**2. 绿色食品和绿色生活用品是居民最有意愿购买的低碳产品**

了解居民对绿色产品的购买意愿，可以为区域绿色低碳产业转型发展提供一定的参考。本次调研中，当被问及“您对以下哪类绿色低碳产品更有购买的意愿?”时，有23%的被访居民选择了再生纸、节能灯、节能空调、无磷洗衣粉等绿色生活用品，有18%的被访居民选择纯电动汽车等新能源交通工具，有34%的被访居民选择了无污染、安全、优质的绿色食品，有16%的被访居民选择了可回收、低污染、节省资源的绿色服装，有7%的被访居民选择了绿色装修及建材，还有2%的被访居民选择了其他类商品。结果表明，与居民日常生活息息相关的绿色食品和绿色生活用品是民众最具有购买意愿的低碳类产品，占被访人数的57%，为甘肃绿色低碳产业发展提供了参考依据（见图14）。

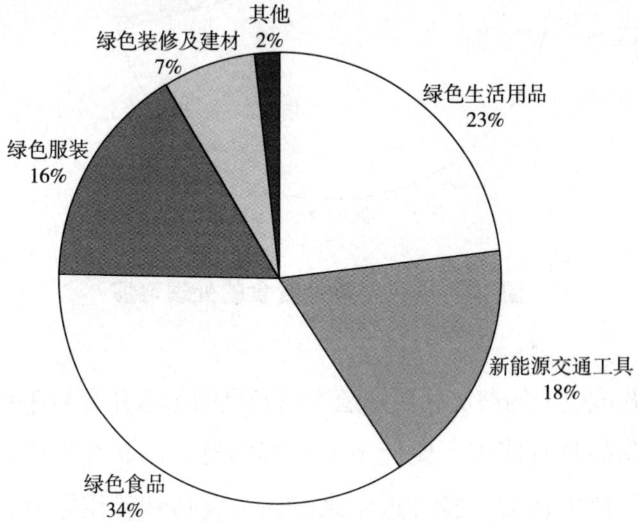


**图14　居民对绿色产品的购买倾向**

3. 有八成的被访居民有打包剩余餐食的习惯

人们在外出就餐的过程中会产生一定的碳排放，而将剩余的饭菜进行打包不仅可以避免食物浪费，而且可以有效减少人们生态足迹中的碳排放。本次调查结果表明，有29%的被访居民经常会将外出就餐时剩余的饭菜打包回家，有51%的被访居民偶尔会将外出就餐时剩余的饭菜打包回家，有20%的被访居民表示基本没有打包剩余饭菜的习惯（见图15）。作为举手之劳的行为，养成随手打包剩余饭菜、节约粮食的习惯，是减少居民生态足迹中碳排放的有效举措，需要今后加强引导。

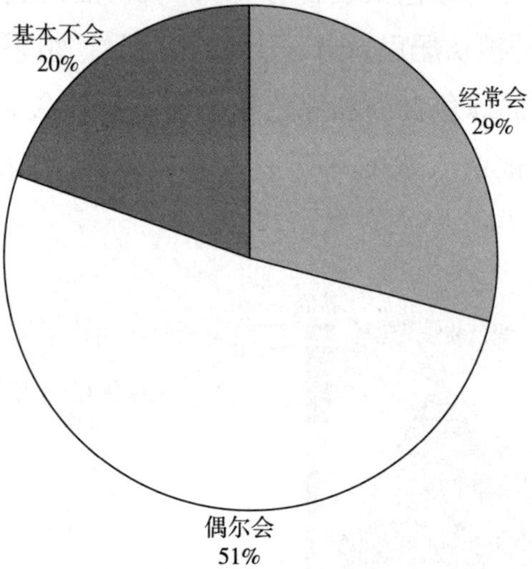


**图15　居民对剩余餐食的处理习惯**

4. 有八成以上的被访居民知道塑料制品的危害并会循环使用塑料袋

塑料制品具有使用方便但不易降解的特点，其在生产和使用过程中对环境的危害较大，经过近年来的大力宣传和使用限制，人们对塑料制品的危害有了越来越深刻的认识，本次调研的结果显示，当被问及“您是否了解塑料制品对环境的危害?”时，有12.6%的被访居民选择了非常了解，有21.39%的被访居民选择了比较了解，有26.04%的被访居民选择了一般，有26.53%的被访居民选择了了解一点，有13.43%的被访居民选择了完全不了解。当被问及“您在使用完塑料袋后会如何处理?”时，有16.42%的被访居民选择了随手扔掉，有18.08%的被访居民选择了循环使用，有65.51%的被访居民选择了用来当垃圾袋使用。可见，绝大部分居民对塑料制品的认知和使用方式在逐渐发生改变，但是也有少部分居民没有认识到塑料制品的危害，因此需要继续加强此方面的宣传和指导。

**5. 有九成以上的被访居民会将不使用的电器保持关机或待机的状态**

随着电子科技的发展，电视、电脑、手机等电子产品成为人们日常生活和工作学习中必不可少的物品。但是这些物品的频繁使用，也会造成电消耗量的增加，因此，应在日常生活中有效减少电子产品的耗电量，减少不必要的碳排放，助力“双碳”战略目标的实现。本次调研结果显示，有44%的被访居民电脑、电视等电子产品无人使用时，一般会处于待机的状态；有50%的被访居民电脑、电视等电子产品无人使用时，一般会处于关机的状态；还有6%的被访居民电脑、电视等电子产品无人使用时，一般会处于正常状态。电子产品在不使用的情况下，最好处于关机状态，可见居民在此方面的行为习惯还有待提升（见图16）。

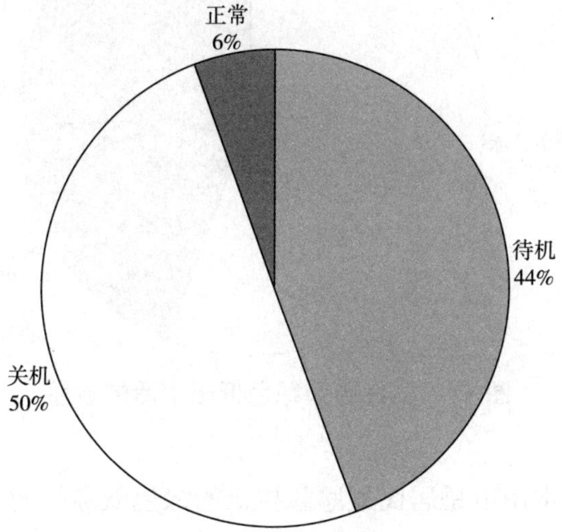


**图16　居民对日常电器的使用习惯**

## （四）居民绿色低碳生活意愿情况调研结果分析

### 1. 有八成以上的被访居民愿意选择低碳生活方式

随着生产工艺水平的提升和人们生活节奏的加快，当下所生产的各类生活用品为人们的日常生活提供了便利，久而久之，使得人们养成了一些不环保的生活习惯，与倡导的绿色低碳发展产生了一定的矛盾。本次调研中，当被问及“如果低碳生活和个人习惯发生冲突，您会如何选择?”时，有25%的被访居民表示会选择低碳生活方式，有19%的被访居民表示会遵循个人习惯，有56%的被访居民表示要视情况进行选择。可见，绝大部分居民会因为生活和工作的原因，在日常生活保持便利的情况下，选择绿色低碳生活行为方式（见图17）。

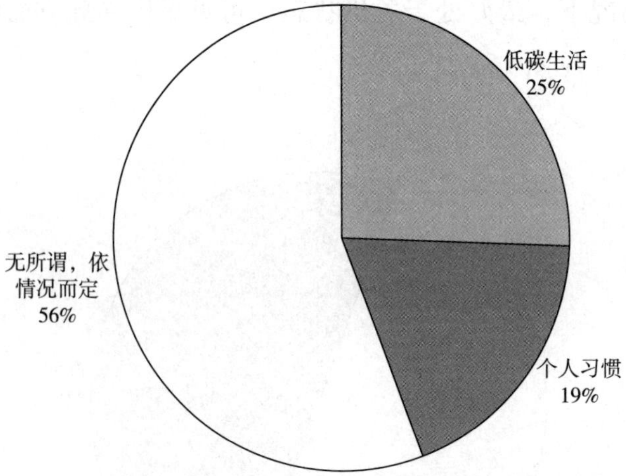


**图17　居民选择绿色低碳生活的意愿**

### 2. 节约用水用电是居民最愿意执行的绿色低碳行为

倡导绿色生活、践行绿色行为是我国生态文明建设的必然要求，本次调研中，当被问及“您认为自己可以在以下哪些方面采取行动实现绿色低碳生活?”时，有67.83%的被访居民选择了使用节能灯泡，并随手关灯；有89.22%的被访居民选择了节约用水、用电、用气；有66%的被访居民选择了不使电器处于待机状态；有45.77%的被访居民选择了尽可能地循环使用家庭物品；有40.63%的被访居民选择了使用太阳能热水器；有68.33%的被访居民选择了有计划地购物，适度消费，减少浪费；有51.24%的被访居民选择了使用无磷洗涤剂；有68.33%的被访居民选择了使用无氟冰箱和空调；有46.1%的被访居民选择了尽可能乘坐公共交通工具出行（见图18）。

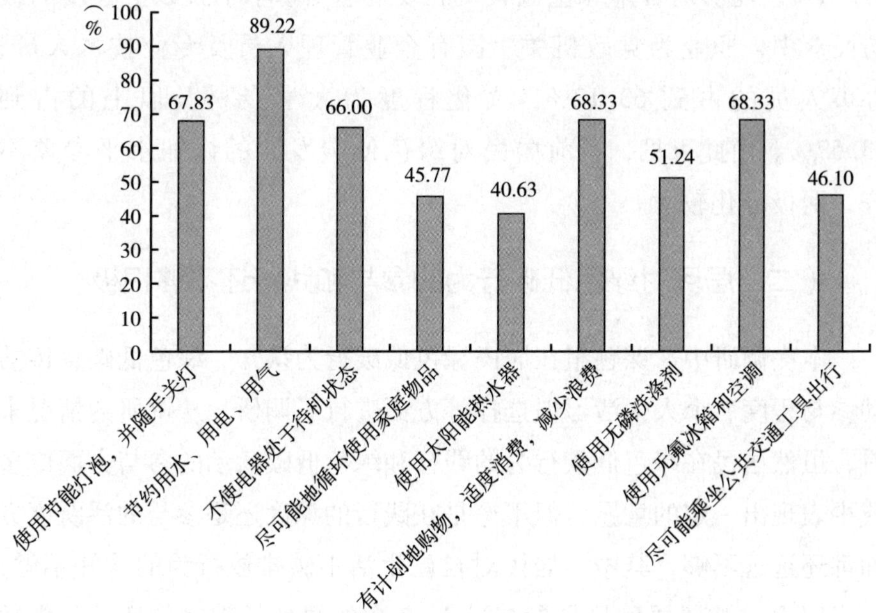


**图18　居民对绿色低碳生活行为的践行**

## 三　甘肃居民绿色低碳生活存在的问题及影响因素分析

### （一）居民对绿色低碳发展的认知整体比较笼统，不够深入

从本次调研情况看，居民不论是对整体的有关绿色低碳的概念、

政策、产业发展等方面的认知，还是对涉及自身绿色低碳行为、消费方面的认知都比较笼统，只是对目前绿色低碳发展的整体情况和架构有一个大概的认知，没有达到细致专业的认知水平。从职业和文化程度分类认知情况看，能够对绿色低碳概念有详细认知的被访居民中，职业为党政机关、国有企业管理人员及专业技术人员、办事人员的占到 84.53%，文化程度为大学专科及以上的占到 77.21%；能够对甘肃绿色低碳发展政策达到基本了解以上程度的被访民众中，职业为党政机关、国有企业管理人员及专业技术人员、办事人员的占到 63.12%，文化程度为大学专科及以上的占到 73.57%。由此可见，目前居民对绿色低碳发展的认知水平参差不齐，两极分化较大。

### （二）居民对绿色低碳行为的参与和践行还不够积极

本次调研中，课题组在居民绿色低碳行为认知、绿色低碳宣传活动参与程度、个人生活习惯选择等方面进行了调研。从调研的情况来看，虽然居民在绿色低碳行为的践行和绿色低碳活动的参与方面或多或少表现出一定的意愿，但不论是在践行的深度还是参与的活跃度方面都还远远不够。其中，居民对自己生活中碳排放行为的认知不够，一半以上的被访居民只是参与过 1~2 次的绿色低碳宣传活动，多数被访居民表示不会参加自付费用的植树活动，多数被访居民在个人生活习惯中选择绿色低碳行为主要依据便利程度。表明当下，居民对绿色低碳行为的践行主要还是依据日常生活的便利程度，其自觉度和认知度还有待提升。

### （三）居民对绿色消费的了解和接纳程度不够深入

日常消费作为居民生态足迹中主要的碳源之一，居民在生活中是否能够接纳和进行绿色消费活动对甘肃推进绿色低碳发展影响深远。

从本次调研的整体情况看，只有不到三成的被访居民会主动放弃传统能源使用清洁能源，绿色食品是居民最愿意消费的绿色产品，有五成的被访居民会偶尔将剩余饭菜打包回家，还有超过一成的被访居民有将塑料袋随手扔掉的习惯。由此可见，居民对绿色消费的了解程度还处于片面和笼统的阶段，对绿色消费的接纳和执行基本是以饮食安全、自身舒适度为前提进行考虑。

## 四　进一步提升居民绿色低碳生活方式的对策建议

### （一）开展形式多样的政策知识宣讲及带动活动，深化居民认知

正所谓认知程度决定践行深度，居民对绿色低碳发展的认知深度决定了其自身践行绿色低碳的自觉度和广泛度，因此如何进一步提升居民对绿色低碳的认知显得尤为关键。一方面，需要政府对居民在绿色低碳认知领域进行持续且有规律的引导。政府作为国家最具公信力的行政机关，其对民众行为的引导最具有说服力。因此政府需要在绿色发展和减碳知识普及等方面加强宣传教育力度和广度，培养民众践行绿色低碳行为的心理自觉性，进而对绿色低碳发展理念形成稳定持久的情感认同，推动民众绿色低碳行为践行度的提升。另一方面，增加政府推进绿色低碳发展宣传的活动方式。居民是一个庞大而复杂的群体，在年龄结构、知识储备、职业层级、生活地域等方面都存在很大的差异，因此宣传时也需要根据民众群体各自的接受程度和特点，选择合理的方式，使得居民在绿色低碳行为认知方面能够产生最有效的情感认同，提升宣传效果，最终提高民众对绿色低碳行为的认可度。

## （二）多措并举，提升居民践行绿色低碳行为的自觉性

让居民养成绿色健康的生活行为，是绿色发展的重要内容，也是提升居民绿色低碳生活践行度的重要抓手。一是要积极引导甘肃居民消费方式的转变。目前，随着人民生活水平的提高，居民对“吃、住、行”等方面的追求也越来越高端，这无形中既消耗了大量的资源，也产生了大量的有害气体，对生态环境造成了一定的负担。因此，应通过监督、引导、宣传等方法，逐渐让甘肃居民养成简约舒适的生活行为习惯。二是通过增加园林绿化面积、兴建市民公园等休闲场所，增加居民生活环境的舒适感，提升甘肃居民的绿色行为意识；通过合理布局城市发展规划，配套增加学校、医院等便民公共设施，提升甘肃居民享用公共服务设施的便利度，进而减少不必要的出行和消费。三是要建立健全绿色发展治理体系，通过法律监督、强制收费等方式督促甘肃居民尽快减少对一次性商品的使用频率；通过优化产业结构升级，提高新能源产业结构占比，对在日常生活中使用新能源相关产品的居民给予一定的补贴奖励，鼓励居民尽可能多地使用新能源产品，以促进绿色产业的发展。

## （三）加快构建文明和谐的绿色低碳发展文化体系

一般而言，居民作为社会的个体，非常容易关注他人对自身的评价和态度，同时也更容易受到社会整体环境的驱动而改变自身的行为习惯，因此，在全域社会中构建和谐文明的绿色低碳发展文化体系，将会提升社会管理的驱动能力，使居民产生自愿参与绿色低碳发展的行为。一方面，调动全社会的资源力量，政府机构以道德、价值观等“柔性”监管引导为主，企业通过绿色低碳产业体系转型和社会责任强化，推动甘肃居民绿色低碳消费观念的形成，在甘肃全域开展绿色社区、绿色学校、绿色家庭的示范创建活动，以绿色团体影响民众对

绿色低碳行为的情感认同，进而建立起“政府-企业-民众”三位一体的绿色低碳发展体系。另一方面，注重绿色低碳教育，提升居民的自身文化素养。文化素养决定认知高度，对于绿色低碳的深入认知需要一定的专业知识储备和理解能力，需要居民以“生态环境保护”为前提，摒弃一些过度浪费的传统生活习惯，提升个体绿色低碳生活素养水平和行为的自觉性。因此，政府、企业、社会组织机构应开展各级各类绿色低碳相关方面的培训，加强居民在绿色低碳文化素养方面的修炼。

### （四）加快速度构建全域绿色低碳发展产业体系

为居民提供更多、更便利、更全面的绿色低碳消费产品，不仅可以使居民更愿意改变个人习惯接受绿色低碳发展的红利，也能够对居民自愿践行绿色低碳行为产生强烈的促进作用。一是政府应强化基础设施建设，尤其是在交通、物流等领域，为居民的日常生活和出行提供便利，进而促使人们选择乘坐公共交通工具，减少出行中的碳排放量。二是提升绿色农业发展水平，保证食品安全。健康、安全、优质的绿色食品是居民最有意愿购买的绿色低碳类产品。要依据甘肃不同区域的资源禀赋和产业基础，加快农村草食畜产业、中药材产业、优质林果产业、有机蔬菜产业的品牌化培育，形成从源头到产品一条龙发展的绿色产业链①，提升绿色食品的种类、数量和质量。三是以清洁能源资源储量为依托，以科技创新为核心，加快绿色产业链在甘肃区域的空间优化布局，提升清洁能源产业的生产和使用效率，让更多的居民可以更加方便和快捷地使用清洁能源。

---

① 王建连、魏胜文、张邦林、张东伟：《乡村振兴战略背景下甘肃农业绿色转型发展思路研究》，《农业经济》2022 年第 2 期。

# B.12
# 甘肃社会工作助力乡村振兴调查报告

郑　苗*

**摘　要：**　本文以甘肃Y村实地调研为例，针对社会工作在助力乡村振兴中面临的对社会工作认可度不高、社会工作人才流失、角色定位不清、资金投入不足等困境，提出通过加强对社会工作的宣传、选择驻村模式、明确角色定位、整合资源发展特色产业、加强人才队伍建设等优化路径来助力甘肃乡村振兴，使社会工作能充分发挥自身的专业优势，推动农村社会的和谐发展。

**关键词：**　社会工作　乡村振兴　甘肃

## 一　社会工作助力乡村振兴的可行性

乡村振兴是实现我国农业农村现代化的总战略，是实现中华民族伟大复兴的重要举措，其目标是系统性地解决乡村发展中的各类问题，加快推进农业农村现代化，对推动中国式现代化发展具有重要的现实意义。作为实务性学科，社会工作在总体目标上与乡村振兴战略内在契合。乡村振兴战略的实施为社会工作提供了发展机遇。

### （一）社会工作价值理念与乡村振兴的本质趋同

乡村振兴战略的出发点和落脚点是维护农民群众的根本利益、促

* 郑苗，甘肃省社会科学院社会学研究所助理研究员，主要研究方向为社会工作。

进农民共同富裕。随着社会的转型和变迁，城乡差距拉大，农村弱势群体成为我国乡村发展的短板，而解决社会问题是社会工作专业的主要目标和重要使命。社会工作以社会公正为价值理念，合理分配社会资源和协调社会利益，通过专业服务帮助农村弱势群体脱离困境，实现共同富裕。在提供社会福利的过程中，社会工作坚持以人为本，遵循助人自助的核心价值，通过赋权和增能的方式挖掘农民自身的潜力，充分发挥村民的主体性，使之能够脱离外部力量来应对生活中的各种困境。社会工作在介入乡村振兴的过程中，以助人自助的价值理念最大限度地激发乡村振兴主体的内生力。

### （二）社会工作具体目标与乡村振兴的关注重心契合

社会工作是一门综合性的应用学科，是以利他主义为指导，以科学的知识为基础，运用科学的方法进行的助人服务活动。社会工作以助人、救难、解困和发展为主要功能，服务于个人、家庭、组织和社区等多类弱势群体或需要帮助的群体。涵盖老年人服务、青少年服务、残疾人服务、精神健康服务、就业服务等多个领域。在城镇化的过程中，多数弱势群体集中在农村，因而农村成为社会工作的主要场所。乡村振兴不仅要解决农村弱势群体的问题，还要解决人才、生态、文化、产业、组织等方面的问题。社会工作的专业优势和职业使命、工作领域和服务对象等特点，使其介入乡村振兴战略成为必然。

### （三）社会工作解决问题的技巧与乡村振兴具有互补性

目前，农村关系网络松散，社会组织结构单一，逐渐丧失其功能。农村社会工作可以从两个层面介入，通过恢复和重建社会支持网络来解决这一问题。一个层面是非正式社会网络的介入，社会工作者运用专业的技术，让服务对象参与到对农村家庭、同辈群体以及社区关系网络的挖掘和重建中。另一个层面是正式社会网络的介入，社会工作者扮演政策影响者和宣传者的角色，进一步完善社会政策和农村福利制度。

### （四）社会工作的服务特点与乡村振兴的具体内容具有共识性

乡村振兴的具体内容是提高广大村民的主动性、创造性、幸福感和获得感。社会工作注重对人的全面关注，在具体实践中坚持与村民同行，强调村民参与，遵循平等合作的原则开展服务。在服务过程中不仅要全面了解受助者的主要问题、心理状态、原因及其对问题的看法，还要了解其生活环境、家庭背景以及个人特质等，倡导社工与受助者的平等、良性互动。在此过程中，对受助者而言社会工作者既是引导者，也是支持者、同行者；既是受助者的“专家”，也是受助者的伙伴。社会工作这种关注人的服务特点，对激发村民的主动性和创造性、增进村民的获得感和幸福感有很大的帮助。从这些内容来看，社会工作的服务特点与乡村振兴的具体内容有共识性。

## 二　当前甘肃农村社会工作的发展现状及特点

进入21世纪以来，甘肃社会工作取得了一定发展，从单纯的高校专业教育转变为高校培养、政府推动和社会参与的局面。但受甘肃经济发展滞后、社会事业薄弱以及多民族聚居等客观现实的局限，甘肃的社会工作发展仍处于探索阶段。尤其是在经济落后的农村地区，社会工作的开展更为艰难。在发展的过程中有其自身的特点。

### （一）甘肃农村社会工作的发展现状

目前，甘肃有社会工作专业人才1.9万人，其中持证社工9796

人。十年来，甘肃社会工作的发展取得了一定成就，截至2023年上半年，全省建成乡镇（街道）社工站891个，其中街道社工站127个（全覆盖），乡镇社工站764个，全省覆盖率为66%。每个乡镇（街道）社工站配备2名专职社会工作专业人才，全省近2200名社会工作者在乡镇（街道）、村（社区）开展社会工作专业服务，其中乡镇社会工作专业人才约1600名。2023年8月，新增建设乡镇（街道）社工站150个，主要任务下达在白银市、定西市、酒泉市和陇南市。

近年来，甘肃农村社会工作以体制内外联动的方式发展。在体制内，随着国家相关政策的制定，民政、工青妇等部门对社会工作人才的使用和岗位的开设越来越重视，社会工作队伍在政府部门逐渐壮大。一些农村地区在乡镇设立了社工站，在敬老院配备了社工人才。在体制外，社会服务机构不断扩大规模，大量社会工作人才被吸纳至草根组织，并团结了一大批公益慈善机构。在服务领域，早期农村社会工作主要以应急救援、养老及社会救助为主，随着近几年的发展，服务领域拓展到便民服务、健康保障、社区服务、特殊群体关爱、农村教育和心理援助等方面，几乎涵盖了农村所有人群。有些乡村将农村社会工作与国家战略相结合，参与精准扶贫、社区治理创新、美丽乡村建设等工作。在工作方法上，甘肃农村社会工作根据具体实务中服务对象、特点和目标的不同而采用社区工作、小组或个案的方式。总体来说，甘肃农村社会工作在驻扎乡村期间，在经济上为村民增加了收入；在文化上，发展了当地乡村的特色文化，增强了村民间的凝聚力；在生活上，村风、民风和人居环境得到大幅度改善，村民的归属感和幸福感逐渐提升。但甘肃农村地处偏远，受经济发展及社会环境等多种因素制约，农村社会工作无论从理论上还是实践上，发展速度远不及城市。

## （二）甘肃农村社会工作的特点

### 1. 强调服务为本

当前，农村社会工作将农村社区、困境家庭和留守人群作为重点服务对象。随着中国城市化的迅速发展，这些群体的数量有增无减，其价值理念、文化素养和内在诉求等呈现复杂多样化的特征。甘肃社会工作起步较晚，很难以单一的方式来化解乡村振兴战略所面临的复杂多样化的问题，也很难在有限的社工服务中取得实际成效。从乡村振兴的整体目标来看，要有效解决这些问题，社会工作不仅要重视改善群体的生活，还要以全局的视角努力营造农村社会团结氛围、培育社会资本以及提升农村基础设施品质。

### 2. 治疗取向鲜明

目前甘肃专业社会工作注重调查产生问题的原因，再以资源整合者的角色整合社会资源，帮助服务对象。农村社会工作的治疗取向切实帮助了在困境中的农民，农村社会的各类矛盾也在一定程度上得到了缓和。然而农村社会工作在这一特征的影响下主要从事的是改良和修补性工作，服务局限于引导和改变村民的行为，缺乏以宏观视野把握农村社会的整体结构，导致乡村振兴的各种要求难以得到全面系统的回应。

### 3. 问题导向特征明显

全国各地发展农村社会工作的出发点和落脚点是解决现实问题。甘肃社会工作在专业使命和理论的影响下，将“专业应对社会问题的行动科学”的特征充分体现了出来，问题导向特征很明显。例如，江西的“万载模式”就是为了探索农村“三留问题”的治理新思路[①]。但是，社会问题出现之后才能发现问题，从发现问题到解决问题需要一定的过程。这一特点导致社会工作解决乡村问题处于被动状

---

① 汪鸿波、费梅苹：《乡村振兴背景下农村社会工作的实践反思及分层互嵌》，《甘肃社会科学》2019 年第 1 期。

态，应该对公平、正义、团结等代表着社会进步的议题增加关注，要以前瞻性的视野为乡村发展开出有效良方。

4. 协同角色鲜明

目前，政策的协同是我国农村社会工作的侧重点，在政府工作、农村治理和农民发展中社会工作者分别扮演协助者、参与者和同行者的角色。例如，在农村反贫困实践中，甘肃社会工作通过在价值观、方法与技术、组织动员社会力量等方面发挥作用，注重帮助政府和农民更好地实现各自目标①。但是，甘肃社会工作的保守主义赋予其协同色彩，导致在乡村建设中角色定位不清，功能发挥不充分，过于关注实务性工作而缺乏对制度性问题的关注，导致甘肃农村社会工作发展目标和路径不清晰，难以深入农村体制制度的建设和完善工作中去。

## 三　调研对象概况及社会工作实践

### （一）Y 村基本情况及存在的问题

1. 调研对象选取原因

本文选取甘肃 Y 村为调研对象，主要原因是其具有典型性。从地域上来看，Y 村地处甘肃最南端，东南与四川省青川县接壤，西邻四川九寨沟县和甘南藏族自治州，素有“陇上江南”、甘肃的“西双版纳”之美誉，拥有得天独厚的资源优势和区位优势，发展潜力巨大。从文化上来看，Y 村是多民族聚集区，尤其是白马族人民生活方式、风俗习惯、宗教信仰、民间艺术等已被纳入国家非物质文化遗产名录，成为“中国人文活化石”，在生态与民俗相结合的文旅产业上

① 向德平、姚霞：《社会工作介入我国反贫困实践的空间与途径》，《教学与研究》2009 年第 6 期。

有得天独厚的优势。从发展上来看，2008 年汶川地震重建后，Y 村重修公路、重建文化教育卫生等基础设施，修建 5 个白马民俗传习所，全方位推进 Y 村的发展。

2. Y 村基本情况

Y 村位于甘肃南部，平均海拔 3000 米，属秦巴山地，构造复杂，山岳特征显著。从气候来看，该村属亚热带向暖温带过渡区，为亚热带北缘山地气候，年平均气温 6.3℃，年平均降水量 600 毫米左右，无霜期年平均 260 天。从人文环境来看，该村总面积 51.95 平方公里，粮食作物播种面积 13121 亩，人均占有耕地 1.6 亩。全村有 10 个村民小组，境内居住有汉、藏、羌、蒙、撒拉、东乡等民族，有 183 户 786 名常住人口。Y 村常住人口中以 16 岁以下的儿童和 55 岁以上的中老年人为主，16~55 岁青壮年仅占 23%。Y 村文盲和高中以上文化程度的村民分别占 15%和 10%，多数是小学和初中文化程度，合计占 75%。从人口结构上看，Y 村的青壮年劳动力不足且文化程度不高。Y 村的经济发展以第一产业为主，粮食作物主要是小麦和马铃薯，经济作物有茶叶、花椒、木耳、纹党参、油橄榄，畜牧业以饲养生猪、牛、羊、家禽为主。

3. Y 村存在的问题

本次开展实地调查以参与式观察和半结构式访谈为主，综合来看，在乡村振兴过程中 Y 村面临的问题主要有以下四个方面。

第一，土地耕种价值下降。近年来，由于粮食价格低，村里大多数青壮年更愿意外出打工，导致土地荒废。Y 村土地被闲置或占用的原因各有不同，村子边缘被占用的地方用来建造房屋和办养殖场，另一部分闲置的土地因为靠耕种粮食收入低而直接被撂荒。

第二，“三留守”现象突出。大量的农村青壮年劳动力选择就业机会更多、医疗水平更好、教育水平更高的城市，人才的流失加剧了乡村的空巢化程度，妇女、儿童和老人成了建设乡村的主体。对留守儿童来说，他们渴望父母留在身边，希望有一个完整的家，缺失父母的教育和陪伴对于还处在成长期的儿童来说容易产生焦虑、孤僻的心理。对留守老人来说，他们既要承受和儿女两地分离的痛苦，还要承担抚养孙辈、耕种土地的责任。留守老人大多老弱病残且生活拮据，容易陷入心理压力大、老无所依的境地。对农村留守妇女来说，除了忙于繁重的家务和农业生产外，还要教育子女、照顾老人，甚至有些还面临着因长期两地分居导致的婚姻问题，身心压力可想而知。

第三，乡村公共文化生活缺乏。近年来，由于大量的人口流失以及新农村的建设，村庄人口稀少，原有的建筑和环境发生了巨大的变化。过去人群聚集的乡村公共空间逐渐衰败，而新公共空间的建设不足，导致开展各种集体且有益的文化娱乐活动的机会大大减少，农村公共文化出现“缺位”的现象。村民们更多地过着以家庭为中心的“私人化”生活，乡村邻里的情感逐渐淡化。

第四，社会治理模式单一。长期以来，我国乡村的治理主要是自上而下、层层落实的单向模式。随着治理模式的改革，乡村治理主体由一元变为多元。多元治理在理论上是非常科学的，但是在具体的实践中有一定难度，一是有的基层政府不愿下放权力，习惯于以行政手段向下发号施令，导致上下级之间互动减少。二是人才流失，缺乏年轻有为且积极参与自治的人才，很多自治职能被行政职能取代。

### （二）社会工作助力 Y 村乡村振兴的主要行动及效应

专业社会工作者到 Y 村后，用几个月的时间走访入户做前期调研，深入每家每户了解情况，并向村民普及社会工作知识，形成了一些详细的调研成果，让村民大致了解到社会工作的工作目标、服务范围。与村民建立了良好的关系后开始进行 Y 村乡村建设。社工在开展工作期间，主要采取了以下行动。

1. 开展社区服务

社会工作者通过之前对留守人群的调研，大致评估了其需求且得到他们对评估结果的认同，社工运用小组工作将目标具象化，有针对性地制定了长、中、短期三种目标，根据目标人群的不同需求，选择需求大致相同的人群组成小组，陆续对留守人群开展了社区服务活动。对留守儿童以教育和成长陪伴为主线，开展社区课堂、家庭作业辅导、唱白马民歌、户外体验等教育活动；对留守老人以社区讲堂为主要载体，宣讲健康知识，提供身体检查等服务；对留守妇女组织开展社区劳务技能培训，学习生态种植茶叶和油橄榄的技术，在小组互助中提高交流和沟通协作能力。

2. 打造公共空间

社工联合政府动员整合各方力量和资源为 Y 村打造了 6 处公共活动空间，其中包括为老人和儿童打造的集活动空间和社工服务中心于一体的社工站、集社区学堂和聚会场所于一体的村民活动中心，以及汇集 Y 村老物件的乡村文化博物馆和文化广场。这些活动空间的打造不仅为村民提供了公共参与和休闲娱乐的场所，也为 Y 村的特色文化搭建了展示的平台。

3. 举办法制宣传活动

乡村的禁毒教育是社会工作的重要工作之一。社会工作者根据 Y 村政府要求每月组织开展禁毒宣传活动。社工通过发放纸质宣传资料、组织村民集体观看禁毒宣传片以及知识问答有奖竞猜的方式对 Y 村村民，尤其是青少年和未成年人进行禁毒宣传教育，教导他们提高警惕，远离黄赌毒等对自身和社会有危害的违法犯罪活动。

4. 带动 Y 村产业升级

社工联合政府动员企业高校、社会组织和各类专家及技术人才，积极参与到乡村振兴中，为带动 Y 村的产业升级发挥积极作用。将Y村的农户与各大城市的超市对接，发展Y村特色产业直销直供、连锁经营等流通业态，搭建“企业+合作社+网点”的农村电子商务模式，社工组织专业团队培养了一批电商技术人才，构建农村电子商务服务网络，发展“淘宝”“拼多多”“京东”等经营方式，拓宽了Y村特色优质产品的销售渠道，实现了农业升级和农民稳定增收。

## 四　社会工作助力乡村振兴的现实困境

### （一）对社会工作的认可度不高，服务开展难度大

甘肃社会工作虽然已经发展了10年，但因地理位置、经济发展及社会环境等多种因素制约，其发展速度远不及发达地区。走访Y村了解到，村里留守群体思想普遍保守，他们很难接受外来群体介入他们的生活。据Y村的社工反映，大多数村民不愿意接受社工的引导开发他们自身潜在的能力，更不愿意改变他们落后保守的思想观念去接受新鲜的事物，甚至有些产生了抵触心理，少数能接受的也只限于物质上的资助。这一情况导致社工开展工作难度大、耗时长，服务效果达不到预期。

### （二）农村社会工作专业人才流动性较大

社会工作是一门以哲学、社会学、心理学、医学等为学科基础的综合学科，社工人才需要熟练运用小组、个案尤其是社区工作的方法。社会工作在发达地区发展势头良好，社工专业人才队伍逐渐壮大。但甘肃受制于经济落后、社会事业基础薄弱、起步晚等现实，社会工作发展缓慢，尤其是在农村地区，社会工作还处于起步阶段，社工专业人才更是凤毛麟角。目前甘肃农村社工人才的数量和质量都不

能满足当前的需求，加上语言障碍和生活习惯差异等诸多困难导致农村社工人才流失严重，影响了农村社会工作发展。调查数据显示，甘肃每年社会工作专业的毕业生从事社会工作的不足10%，流失的90%存在跨专业和跨地区就业的现象。现有在岗的专业社工也面临着工资待遇低、职业认同感低、职业发展不明朗等问题，严重影响了专业社工人才队伍的发展。

### （三）社工在开展工作过程中的角色定位存在偏差

社会工作是一种科学性和职业化的助人活动，社会工作者既与行政工作者有区别，也与没接受过专业训练的非专业工作者有所不同，农村社会工作者的主要任务是用专业的方法服务于农村弱势群体。但在Y村调研时很多社会工作者反映经常会发生被乡镇和村委会的人随意“差遣”的现象，尤其是有重大活动或上级单位大检查的时候，更是要加班处理与自己专业无关的工作。造成这种现象的原因是对农村社会工作者的职能和角色定位不清，使其工作与行政工作重叠交叉。如果农村社会工作者被安排大量行政工作，将更多的精力用在社会治理而非专业服务上，会更多地关注指标的达成而非内涵式发展，注重整治外在环境而非村民主体式发展。若不能及时纠正这种“去专业化”的思想，农村社会工作者将会等同于行政工作者，其专业优势不能得到充分发挥。

### （四）过分依赖政府，资金投入少

经济资源是支持社工机构发展的重要资源，对于我国大部分社工机构来说，主要的资金来源是依靠政府购买服务。社工机构在开展服务的过程中，首先考虑效率优先与促进发展之间的平衡，而这种发展困境是大部分缺乏资源支持的社工机构所要面临的。Y村的社工机构在公益领域经过了多年的运营发展，与后来成立的社工机构相比有更为丰富的资源投入和社会支持。但其运营资金大部分是靠政府的经费支持，社会捐助和自筹经费只占少部分。政府购买的服务，一方面为社工机构提供了资源支持，也赋予了社工机构合法身份；另一方面这种强政府弱机构的状态，制约了机构的自主性内生力，限制了其长远且可持续发展。

## 五 甘肃社会工作助力乡村振兴的优化路径

社会工作要运用专业的知识理论和价值理念，以合作者的身份参与到政府主导的乡村振兴中，协助政府促进城乡融合，整合社会资源，促进人与自然和谐相处，实现村民自我增能，推动乡村内生力的形成，最终实现农业强、农村美、农民富。

### （一）加强宣传教育，提高对农村社会工作的重视，加大支持力度

在乡村振兴战略中，社会工作发挥着重要的作用。但是，甘肃的社会工作发展缓慢，认知度还不够高，尤其是在偏远的农村地区，社会工作的意义和价值没有得到充分宣传，地方政府和村民对社会工作认识不足。要发展农村社会工作，更好地发挥专业价值助力乡村建设，就要充分利用电视、报刊、讲座、广播、微信、网站等媒体，宣传社会工作专业优势和社会工作专业人才对于助力乡村振兴的意义和作用。县（市）民政局要加强对社会工作宣传的指导，通过定期实地调研、工作交流、情况通报等形式，加强对村社工站设立情况的检查督导，提高社会工作在政府部门和村民中的知晓度和重视度，此外，在资金支持方面，当地政府要大力倡导社会各界对社会工作项目的关注，尤其要鼓励大型企业和慈善基金会对公益事业的支持，以购买社工服务项目或筹集资金的方式解决资金来源问题，支持社会工作助力乡村振兴战略。

## （二）社工驻村，“零距离”参与乡村振兴

在乡村振兴中，社会工作者要尊重农民的话语权，充分发挥农民的主体性作用，形成以农民的需求和意愿为导向的乡村振兴战略。湖南的“禾计划”和广东的“绿耕模式”“双百计划”都采取社工驻村的模式。面对“千村千貌”的情况，很难笼统地、不加区分地分析我国现存的大约 60 万个村庄振兴的适应性策略①。因此，乡村振兴模式因每个村庄的地理环境、风土人情和自然资源的不同而有所差异。社会工作者只有通过长期驻村才能系统深入地了解村子的具体情况，才能有针对性地制订出适合本村的振兴策略。尤其是对 Y 村这种多民族聚集的村落，不同民族和宗族间的人情关系错综复杂，风俗习惯各有所异。社会工作者要运用“人在情境中”理论，以驻村的方式与村民长期同吃同住、深度接触之后才能细致地把握当地的风土人情、语言、信仰和习俗，而后通过专业的方法挖掘村民的优势，实现村民的自我增能，从而激发农民在乡村振兴过程中的主观能动性②。

## （三）厘清工作范围及边界，明确社会工作者的定位

在乡村振兴战略中社会工作者扮演着引导者、合作者、宣传者、政策倡导者、咨询者等多个角色，不同的角色发挥着不同的作用。但不论扮演哪种角色都要把握分寸厘清边界，避免出现大包大揽或完全被行政化。“三留守”是当前甘肃农村比较突出的问题，导致农村社会整体人口结构失衡，人口素质低下。社会工作者应该针对甘肃农村的实际情况发挥自身独特作用，为农村留守儿童、妇女、老年人及困

① 郑风田、杨慧莲：《村庄异质性与差异化乡村振兴需求》，《新疆师范大学学报》（哲学社会科学版）2019 年第 1 期。

② 熊珮宇：《社会工作助力乡村振兴路径分析》，《南方农业》2021 年第 17 期。

境儿童提供服务。对于留守儿童，社会工作者作为宣传者，呼吁政府和社会投入教育资金保障乡村儿童的义务教育，并根据留守儿童不同年龄、需求、问题提供有针对性的关怀。对于留守妇女，社工可作为政策倡导者，吸引政府资源向留守妇女倾斜，帮助留守妇女拓宽生计之路，通过同质互助小组的建立帮助留守妇女疏导情绪，拓宽社会支持网络。对于留守老人，成立留守老人服务社，并针对不同老人的个性，采用个案工作的方法开展心理疏导和关怀服务。以多元化、专业化、精细化服务提升基层服务水平，增强村民的获得感、尊严感和能力感，打通为民服务的“最后一米”。

### （四）整合资源，发展特色产业助力乡村生计

产业兴，则乡村兴。要进一步发展Y村的经济，首先，社会工作者应该因地制宜，利用当地自然资源以及挖掘乡村特色产业及特色文化，积极参与当地产业规划，以乡村绿色环保的优势有效盘活当地的资产。例如，可以借助Y村的民族服饰、语言、手工艺品、茶叶文化、历史传说等，形成“一村一品”的乡村产业生产氛围，“品”可以是一种实物产品，也可以是一种文化产品①。打造出一张属于Y村的特色名片。其次，社会工作者要评估乡村的资源，明确其发展模式，扮演资源整合者和平台搭建者的角色，将政府、市场和社会资源整合起来投入到乡村振兴中，积极促进城乡企业间的合作交流。在农产品领域，推进Y村在纹党参和油橄榄等特色农产品上的深加工和互联网快消品的开发和建设，在文化旅游领域，重点加快白马藏族文化、大熊猫繁衍生态文化等的开发和运营。发掘杰出的乡村企业“带头人”进行经验推广，依靠本村自身的资源优势，以乡村为本、

① 伍娟：《社区资产视角下武陵山片区“三社联动”发展策略研究》，《农村经济与科技》2019年第2期。

村民为主体，打造乡村特色产业，树立乡村品牌，促进乡村振兴内源式发展。

### （五）发掘本土人才，加强农村社会工作人才队伍建设

实施乡村振兴战略，关键是要实现人才振兴。中共中央办公厅、国务院办公厅印发的《关于加快推进乡村人才振兴的意见》明确提出："加强农村社会工作人才队伍建设"。虽然甘肃专业社会工作人才数量逐年增长，但甘肃农村社会工作仍处于起步或探索阶段，尤其是地处偏远、经济落后的农村地区，社工人才的供给远远不能满足当前农村发展的需要，专业人才流向农村有现实困难。因此，强化本土人才支撑尤为重要。首先，不断发掘乡村的内生动力，从内部破局。乡村人才掌握本土的知识、技能和经验，并对当地风土人情了如指掌。从当地人才队伍中发掘优秀人才并重点培养，动员并充分发挥他们的能力，必然会带来可观的资源效应。其次，加大资金投入力度，提升社工福利待遇。从甘肃高校社会工作专业引进专业社工人才，为农村社会工作者科学地设置工作岗位，并纳入事业编制管理，为社工人才提供稳定良好的就业环境。最后，要建立定期督导制度和精细化的考核指标体系，尤其是在社会工作职业考试等级评价方面，由注重结果评估转向过程评估，将实际服务年限、服务质量成效、服务对象的满意度作为重要的考评依据；建立专业技术晋升制度和薪酬激励制度，保障人才扎得下、留得住、干得好、有活力。①

### （六）深挖乡村文化，增强村民归属感和凝聚力

文化振兴是乡村振兴的"魂"，是乡村振兴之根本。甘肃农村地

① 卫小将、黄雨晴：《乡村振兴背景下农村社会工作人才队伍建设研究》，《中共中央党校（国家行政学院）学报》2022年第1期。

区有很多传统的民间艺术，种类繁多，形式多样，其中“花儿”“环县道情皮影戏”“格萨（斯）尔”“傩舞”已被列入联合国非物质文化遗产名录。近年来，甘肃农村地区部分独具文化价值的民间艺术逐渐褪色，一些代代相传的民间艺术、传统手工艺等非物质文化遗产面临消亡的危险。例如Y村的傩舞“池哥昼”，因为越来越多的年轻人外出打工，很难找到适合跳“池哥昼”的年轻演员。社会工作者要鼓励村民加入文化资源的挖掘保护和传承工作中，立足地方特色资源，深入挖掘池哥昼、火圈舞、玉垒花灯戏、土琵琶弹唱等传统文化资源。社会工作者作为组织者和倡导者，要组织村民开展琵琶弹唱、白马民歌大赛，开展玉垒花灯戏、“村晚”等群众性文化活动，培育民俗文化队伍，不断增强村民对家乡文化的归属感和村民间的凝聚力。同时，社会工作者应发挥资源链接者的优势利用现代市场化机制，在文化资源中加入现代化的元素，将其转化为兼具欣赏性和高商业价值的文化产业。

### （七）改善环境，建设美丽宜居乡村

农村最大的优势和宝贵财富是良好的生态环境，营造生态文明的乡村是乡村振兴的必然要求。社会工作者作为宣传教育者，组织村民开展垃圾分类、绿色消费等宣传教育活动，将尊重自然、保护自然的环境保护意识内化于民心，使村民能够自觉自愿地参与到环境保护中，使乡村从干净整洁向生态宜居转变。在村庄风貌、美化绿化等方面的规划上，社会工作者要以筹划者的角色积极推动生态乡村建设，将“山水乡愁”的天然意境体现出来，既要保留农房建造的地方特色，又要使整个村庄错落有致，彰显甘肃不同地域如河西走廊、甘南高原、中部沿黄、陇东陇中黄土高原、南部秦巴山等的乡村历史文化、风土人情，让“看得见山，望得见水，留得住乡愁”成为美丽宜居乡村的亮点。

# B.13

# 甘肃乡村振兴重点帮扶县公共服务体系建设调查报告

邓慧君*

**摘　要：**　乡村振兴重点帮扶县公共服务体系建设，面临既要筑牢基础，又要提质增效的双重任务。经过两年多的持续努力，乡村振兴重点帮扶县公共服务体系建设取得明显进展，基础设施不断升级，软件服务持续优化。在分析了重点帮扶县公共服务体系建设面临的问题后，本报告提出了合理规划重点帮扶县公共服务设施项目建设、开展乡村公共服务体系建设提升行动、鼓励各类社会组织参与公共服务体系建设、探索建立乡村公共服务体系自主供给机制等对策建议。

**关键词：**　乡村振兴　公共服务体系　甘肃

乡村公共服务体系建设是为满足农业农村发展和农民生产生活基本需求而提供的公共设施和服务。如何建立健全公共服务体系，推动农村公共服务体系建设向适合农村社会生产生活实际迈进，是实现美丽乡村建设的基础性工作。公共服务体系建设是一项复杂的系统工程，学术界就其概念的内涵和外延至今仍有多种观点，目前大家一致认可的观点是，公共服务体系建设是以满足公共需求为目的，由政府

* 邓慧君，甘肃省社会科学院马克思主义研究所研究员，主要研究方向为党史党建、改革与发展。

运用公共资源，通过各种方式向社会成员提供公共设施和服务，涉及教育、卫生、文化、养老、城乡基础设施建设、环境保护和治理等领域。

乡村公共服务体系建设是农村发展的基础性工作，也是乡村振兴战略面临的基本任务。近十年来，农村公共服务体系建设取得了突破性进展，2021 年是“十四五”开局之年，国务院印发《“十四五”公共服务规划》，将公共服务体系按照基本与非基本进行分类，提出到 2025 年，总体目标和任务是实现基本公共服务的均等化和公共服务的提质增效，推动基本公共服务体系建设向普惠性和更高层次迈进。

本文围绕甘肃乡村振兴重点帮扶县基本公共服务体系建设进展以及存在的问题开展调研，在农村基础设施建设、义务教育、公共卫生服务、基本社会保障、公共文化服务等方面提出对策建议，以期为推动重点帮扶县公共服务体系建设提供决策参考。

## 一　甘肃重点帮扶县公共服务体系建设面临新机遇

2021 年精准扶贫工作完成后，中央根据贫困县经济社会发展实际，确定了乡村振兴重点帮扶县的目标任务，2021 年 8 月，甘肃 23 个县区被确定为国家重点帮扶县。分别是：陇南市：宕昌县、礼县、武都区、西和县、文县；临夏州：东乡族自治县、积石山保安族东乡族撒拉族自治县、永靖县；甘南州：舟曲县、临潭县；定西市：通渭县、渭源县、岷县；天水市：秦安县、麦积区、张家川回族自治县；平凉市：庄浪县、静宁县；庆阳市：镇原县、环县；白银市：靖远县、会宁县；武威市：古浪县。

有 36 个中央单位和天津、山东两省市作为目标对接帮扶单位和地区在甘肃开展帮扶工作。如中国作家协会对应临潭县为重点帮扶县，国家乡村振兴局对应渭源县为重点帮扶县，南开大学对应庄浪县为重点帮扶县，中建集团定点帮扶康县、康乐县、卓尼县等。各帮扶单位确定帮扶点后，根据各自优势结合帮扶实际，积极开展帮扶工作，中国中化控股有限责任公司在古浪县投入265万元，实施人居环境整治、住房改善和教育设施改造等项目。碧桂园在东乡区和渭源县共实施帮扶项目30余个，帮助近6000户群众受益。①

帮扶单位对重点帮扶县的公共服务体系建设工作重点是，建立健全农村基础设施建设，比如开展农村公路管理养护、农村公路路况自动化检测、农村供水工程建设改造、农村电网巩固提升等。尤其是对易地搬迁集中安置区的基础设施努力做到一次性达标。强化基本公共服务县域统筹，加强普惠性、基础性、兜底性协调推进，推动基本公共服务供给由注重机构行政区域覆盖向注重常住人口覆盖转变。多渠道加快农村普惠性学前教育资源建设，办好特殊教育；推进县域医疗卫生共同体建设，推动农村基层定点医疗机构医保信息化建设，强化智能监控全覆盖。帮扶单位和地区还对承担公共卫生服务的村卫生室予以补助，派驻医疗援助和科技援助到重点帮扶县基层乡镇和村内服务；加强乡镇便民服务和社会工作服务，实施村级综合服务设施提升工程。

截至2023年9月，天津山东两省市保持资金帮扶力度不减，已投入财政援助资金32.22亿元，是协议数的1.34倍，其中投入23个重点帮扶县15.15亿元，县均6587万元。② 资金的投入，极大地缓解了重点帮扶县的财政困难，保证了基础性工作的展开。各重点帮扶县抓住机遇，利用帮扶单位的优势结合本地实际，开展各种帮扶工作，以期推进县域经济社会发展迈上新台阶。

---

① 《深化东西部协作和中央单位定点帮扶，助推巩固拓展脱贫成果上台阶、乡村振兴开新局》，每日甘肃，http：//www.gs.gov.cn/gsszf/c114890/202209/2127636.shtml，2022年9月22日。

② 《深化东西部协作和中央单位定点帮扶，助推巩固拓展脱贫成果上台阶、乡村振兴开新局》，http：//www.gs.gov.cn/gsszf/c114890/202209/2127636.shtml，每日甘肃，2022年9月22日。

## 二　甘肃重点帮扶县公共服务体系建设进展

### （一）基础设施建设

2023年甘肃乡村振兴重点帮扶县公共基础设施建设提质增效工作全面开展，水库、道路、水电、村级活动场所建设等均有各类项目开工和在建。主要集中在水库整修、扩建及垃圾无害化资源化处理、生活垃圾焚烧处理、危险废物处理、污水集中处理等设施的建设和改造方面；同时改建县城公共厕所，配建补建固定老旧公共厕所或移动式公共厕所、增加无障碍厕位等，大大增加县域公共服务体系建设的基础设施内容。

各帮扶县建成运行和在建的基础设施建设项目有：2023年8月张家川县科技馆、马家塬车舆博物馆、图书馆三馆开馆运行；西和县计划总投资1.4亿元建设文化交流发展中心，2023年先投资0.7亿元开建；2022年，积石山县投资390万元，新建教师周转宿舍32套、学校食堂1所，投资3451万元在县城棚户区新建一所六年制小学；庄浪县总投资3.98亿元，建成县第八幼儿园、西城九年制学校、阳川镇刘湾幼儿园、县三中体育美育劳动教育场地等项目。①

① 《张家川县科技馆马家塬车舆博物馆图书馆开馆运行》，甘肃政务服务网·张家川县，http://www.zjc.gov.cn/info/11631/889472.htm，2023年8月9日；《38.21亿元！2023年一季度西和县重大项目集中开工》，西和新闻网，http://www.gsxh.gov.cn/html/2023/xhyw_0212/18417.html，2023年2月12日；《积石山：为民办实事项目助力教育优质均衡发展》，甘肃政务服务网·积石山县；https://www.jss.gov.cn/jss/zwdt/bmdt/art/2022/art_3086cb85cbc646b1b8adbf658351fa8e.html，2022年10月10日；《2023年全县教育工作要点》，甘肃政务服务网·庄浪县，http://www.gszhuanglang.gov.cn/zfxxgk/fdzdgknr/ggqsydwxxgk/jy/art/2023/art_f5e502249add4dd8b828fefc3acb493f.html，2023年4月19日。

2023年各帮扶县继续完善公办养老院基础设施建设，提升养老院基础设施建设水平，张家川回族自治县建设4个乡镇综合养老服务中心，其中三个乡镇综合养老服务中心已完成主体工程，预计11月中旬交付使用。西和县改建汉源镇综合养老服务中心，新建乡镇综合养老服务中心2个。礼县计划到2025年建设1所集养老服务、护理疗养于一体的康养中心，提升公办养老院入住率和标准化服务水平。静宁县通过院舍扩建、项目改造，在界石铺、甘沟、威戎、李店、古城的中心敬老院增设老人居室、休闲娱乐、医疗康复等功能室，新增养老床位80张，其中护理型床位40张。

## （二）义务教育服务体系建设

### 1. 提升教学质量

各县认真贯彻落实新修订的《中华人民共和国义务教育法》，严格依法行政、依法治教、依法办学，促进义务教育依法发展。优化教育资源配置，加强师资队伍建设，创新教育教学管理，整体提升县域教育水平。利用暑期开展教师培训，文县举办全县暑期教育高质量发展学校管理能力提升培训班，邀请优秀教师开展业务讲座。各县创新师资队伍管理，形成义务教育阶段的教师评价体系，制定教育质量评价标准，激发教师爱岗敬业热情。

### 2. 加强学校安全管理

强化教师安全责任意识，教育学生提高自我保护能力。会宁落实《中小学校岗位安全工作指南》，健全县教育局监管、学校家庭协同、乡镇村和相关部门联动、学校专职工作人员自管自查的安全责任体系。向学生及时开展安全知识教育，暑期放假发布防溺水通告，及时防范校园暴力欺凌事件发生，提高防电信网络诈骗意识，开展禁毒禁赌教育，提高学生自我安全意识和防范能力。

### 3. 落实学生补助

各帮扶县结合精准扶贫建档立卡户数据，对学生进行伙食补助。庄浪县以每生每天5元标准按照天数予以伙食补助。为保障食品安全，不少学校建立学校领导成员轮流陪餐（餐费自理）制度，建好工作台账，规范陪餐费用收支，切实保证食品安全。宕昌县按照《甘肃省学生资助资金管理办法》，审查学区资金分配使用情况，规范台账，在规定时限足额拨付，严禁挤占挪用资金情况发生。

## （三）公共文化服务体系建设

乡村振兴重点帮扶县继续做好公共文化服务硬件设施建设，改善县城已有的文化馆配置，增加图书设备，实现网络服务全覆盖。完善乡镇公共文化服务设施，依托党群服务中心建设，建立公共文化活动室、阅览室、图书室，为乡村文化广场配备健身器材和休闲活动设施。例如，会宁县深入贯彻落实《全民健身条例》和《体育强国建设纲要》，全面推进《会宁县全民健身实施计划（2021~2025）》，举办了第一届全民健身运动会。

开展文化遗产保护传承工作。张家川县文化馆出版《张家川非物质文化遗产辑录》《张家川花儿全集》《张家川花儿研究》等书籍，举办花儿学术研讨会。岷县继续普查非遗项目，新增鸣鹤缠身棍、传统纱灯会、皮影戏、摆场子、车氏家族秧歌、扯面糖制作技艺等项目为县非物质文化遗产代表性项目。张家川县文旅局鼓励省市级花儿传承人每年带徒弟2~5人，在县文化馆开展传习活动。临潭县结合传统端午民俗活动龙神赛会，在民族聚居区开展集商贸交易、民俗活动、文化旅游、非遗传承保护于一体的文化活动，以文旅活动推动中华民族共同体建设。

## （四）公共医疗卫生服务体系建设

结合爱国卫生宣传月，2023年各重点帮扶县开展卫生健康活动，提高全民爱国卫生自觉。岷县爱卫办在4月份全国第35个爱国卫生月活动中，组织全县广大干部群众开展以“宜居靓家园 健康新生活”为主题的全民卫生大清扫活动。各县定期开展常规性自来水检测，保证饮用水安全。

提高公共卫生服务水平，开展服务人员培训。甘南州举办国家基本公共卫生服务疾控项目能力提升培训班，构建以疾控机构为骨干、医疗机构为依托、基层医疗卫生机构为兜底的卫生健康新格局；坚持以防范重大传染病疫情为抓手，持续落实新冠疫情“乙类乙管”各项措施，不断提升常态化防控和应急处置能力。

关爱老年群体，开展养老服务。礼县落实国家基本公共卫生服务项目，每年为65岁以上老人提供健康管理服务，通过中医药保健、医养结合措施，评估失能半失能老人，做到慢病有管理、小病能处理、大病易转诊，疾病早发现、早治疗。探索为居家老人提供规范医疗和健康服务的方式。到2025年，社区卫生服务中心和乡镇卫生院、社区卫生服务站和村卫生室开展老年人中医健康干预服务比例将分别达到100%和70%。

## （五）公共养老服务体系建设

公共养老服务是政府承担的养老服务，主要针对县域城乡鳏寡孤独、失能半失能的五保老人和经济困难的老人开展养老服务。重点帮扶县开展养老服务质量达标评估及养老护理培训，落实养老清单服务，加快推进养老服务高质量发展，提高养老护理职业化、专业化、规范化水平，更好地满足养老服务需求。庄浪县开展养老机构相关知识培训，每期培训60个学时，有理论知识培训和实践技能培训两门课，全县各养老机构通过开展交叉互查和交流学习，不断提升特困供养机构服务质量。

充分发挥养老护理公益性岗位的作用，解决脱贫家庭子女、脱贫劳动力、城乡未继续升学初高中毕业生、农村转移就业劳动者、下岗失业人员、高校及职业院校年度毕业生和离校2年内未就业高校毕业生、残疾人、退役军人等的就业困难，优先为他们提供养老行业的公益性岗位，就近就业，为养老院提供服务。

开展医养结合试点，在各帮扶县的县医院开设老年医学科。礼县计划到2025年，全县二级及以上综合性医院老年医学科比例达到60%以上，床位不少于20张；85%以上的综合医院、康复医院、社区卫生服务中心和乡镇卫生院建设老年专科。各帮扶县都实行社会福利事业彩票公益金的60%以上用于支持发展养老服务的资金统筹制度。

## 三　甘肃重点帮扶县公共服务体系建设面临的问题

### （一）公共服务体系建设从业人员缺乏

卫生、教育等专业性较强的行业，需要大量中高端人才，但存在的问题是编制保障不足，专业人才难引进，工作人员流动性大，基层乡镇和村落平台留住人才、引进人才存在困难。基层普遍缺少专业人才，“不专业、不专干”问题严重，岗位调整频繁，流动性大，影响业务工作的开展。

### （二）公共服务体系建设存在供需矛盾

公共服务体系建设存在供需矛盾，造成资源和资金投入的浪费。

比如，农家书屋图书种类与农民生产生活需求不匹配，存在阅读人次少、书籍闲置等问题；农村公益电影也因网络与手机终端等的普及，上座率不高，甚至无人观看。基层公共服务从业人员学习交流机会少，业务提升慢，业务和见识都封闭落后，导致公共服务水平跟不上。虽然网络全覆盖，但信息技术应用不足，公共服务方式难以与时俱进。普遍存在重娱乐设施、轻社会教育和健康文体活动的问题。

### （三）公共服务体系建设宣传不够

基层对公共服务体系建设的政策宣传和解读不到位，农民不能及时准确地了解相关内容。比如政府养老政策，很多老人不了解公立养老院入院标准，有些达到入住标准的人仍然没有享受到养老服务。政策宣传不到位，百姓不了解，基层工作开展不起来，好的政策发挥不了作用。一些公共服务体系建设项目和公益性用人岗位存在优亲厚友现象。

## 四 甘肃重点帮扶县公共服务体系建设对策建议

### （一）合理规划重点帮扶县公共服务设施项目建设

按照功能优先、经济适用、便利可及的原则，合理确定公共服务体系建设的基础设施建设项目和规模，按照人口规模、区域环境、居住集聚程度有序推进。对于使用率高的服务设施，适度增加布点、控制规模，力争做到小而精。对于服务频次较低或服务事项较少的公共服务建设项目和设施，在统筹考虑服务链条通畅的基础上适度集中布局，宁缺毋滥，杜绝盲目建设和资源浪费现象发生。在公共服务体系项目建设上下功夫，注重现有公共服务体系建设设施的全面和精细设置，狠抓质量，脚踏实地，夯基础、补短板，着力破解公共服务设施粗放、设计不合理等问题，整体提升公共服务体系建设设施质量水平。

### （二）开展乡村公共服务体系建设提升行动

乡镇卫生院和村卫生站点合理规划疫苗接种、健康监管、优生优育、疾病防控等公共卫生服务内容，乡镇卫生院更多承担医疗救助。尝试建立农民定期体检制度，男女55周岁以上实行每三年一次免费体检，包括采血、全腹部B超、胸透等基础性体检项目。充分发挥基层党组织作用，鼓励开展积极健康的村级文化活动，杜绝村文化活动低俗迷信现象，结合非物质文化遗产保护以及传统民俗活动，开展现代文体活动，推进传统文化的现代化。

### （三）鼓励各类社会组织参与公共服务体系建设

鼓励企事业单位的公共服务与附近乡村共享，鼓励民营企业开展参与公共服务体系建设工作，地方政府在地方发展规划上给予空间。发挥村一级公共服务体系建设的主体能动作用，充分释放自我发展活力，开展各种形式的公共服务体系建设工作。鼓励地方政府企业、社会组织、有经济能力的个人参与公共服务体系建设，参与建立文体活动场所、开展文体活动的工作。培育发展面向农民提供各类公共服务的组织。扩大政府向社会组织购买服务的范围和规模，对社会治理、行业管理、公益慈善等领域的公共服务项目，同等条件下优先向社会组织购买。培育社会工作类社会组织，引导社会工作者提供专业服务，形成政府、社会、个体协同发力、共建共享的公共服务体系建设发展格局。

## （四）探索建立乡村公共服务体系自主供给机制

农村公共服务体系建设要从实际出发，充分考虑提供的服务能否满足农民生产和生活需求，比如提供水利灌溉和农田整治基础设施建设、农业技术推广等，能否适合农村自然环境，能否适合农民生产实际。改变一味提倡城乡公共服务体系建设一体化发展的观点，要尊重农村实际，推进适合农村生产生活方式、自然环境、居住结构、家庭关系的公共服务体系建设。探索建立农村基层自主自治的公共服务体系建设机制，充分发挥基层党组织作用，对村落小范围的公共服务体系建设采取政府引导和基层民主协商的办法，调动农民自治自主积极性，听取群众意见，推动基层村落公共服务体系建设的合理发展。

# B.14

# 数字技术助力基层治理现代化调查报告

## ——基于兰州市的个案研究

杨亚琼*

**摘　要：** 基层治理是国家治理的基石，基层治理数字化是实现基层治理现代化的前提，事关党和国家大政方针贯彻落实和人民群众切身利益。本报告以兰州市基层治理数字化实践为案例，分析了兰州市基层治理数字化的实践过程和发展困境，兰州市基层治理数字化过程中依然存在基层数字化设施不完善、专业人员匮乏、居民数字化素养不高、居民参与基层治理的积极性不高等问题，应在完善基层数字化基础设施、提高基层人员数字化专业化水平、提升居民数字化素养和技能以及打造基层数字技术多层次场景应用等方面进一步提升兰州市基层治理数字化水平。

**关键词：** 基层治理　数字技术　治理现代化　兰州

基层治理是实现国家治理体系和治理能力现代化的基础性工程，推进基层治理现代化对实现国家治理现代化具有举足轻重的作用。进入21世纪以来，大数据、物联网、云计算等数字技术日益成熟，为基层治理注入新的动能。对于基层政府来说，要顺应数字化发展形

* 杨亚琼，甘肃省社会科学院公共政策研究所助理研究员，主要研究方向为政府绩效评价、政府绩效治理。

势，让数字化赋能基层治理现代化。《中华人民共和国国民经济和社会发展第十四个五年规划和2035年远景目标纲要》提出，以数字化推动城乡治理模式创新，提升社会治理数字化水平。2021年4月，《中共中央　国务院关于加强基层治理体系和治理能力现代化建设的意见》出台，提出要实施“互联网+基层治理”行动，提高基层治理数字化、智能化水平，推动基层治理现代化。党的二十大报告进一步指出，要构建精细化、标准化、信息化的基层治理数字化平台。2021年12月，《甘肃省数字政府建设总体规划（2021～2025）》出台，指出要将数字技术广泛应用到社会治理中，提高社会治理的数字化水平。运用数字技术推动基层治理现代化已成为新风向。

## 一　数字技术在基层社会治理中的作用机制

“数字技术”是指数字时代技术治理思想在社会治理领域的应用①。数字技术赋能基层治理是以“大数据驱动基层治理”为理念，依托于大数据、人工智能、云计算、区块链等数字技术，精准掌握基层各类资源和数据，实时监测辖区各类问题和事件，为辖区内的企业和居民提供便捷的线上服务。数字技术在基层的应用，既提高了基层数字化管理水平又畅通了居民诉求表达渠道。数字技术赋能基层治理，并不是将数字技术与基层社会治理领域简单结合，而是将数字技术作为一种治理工具，对基层治理的模式、运作方式等产生深刻变革。

### （一）提升基层治理效能

第一，数字技术实现基层资源整合。数字技术的运用打破了基层

① 韩兆柱、何晗：《数字技术赋能基层社会治理的运作逻辑、价值悖论及调适路径》，《长白学刊》2023年第4期。

各领域、各部门“碎片化”、条块分割的局面，促进基层各部门间沟通与协作。通过建设统一的数字化平台，对基层各部门、各领域的资源进行整合，消除“数据孤岛”，实现信息共享、数据共建、资源共用，有效推动基层各方力量参与基层治理。第二，提高基层工作效率。通过构建数字化、可视化的大数据平台，基层管理更为高效、便捷。一是基层组织能快速实时掌握基层动态，并快速做出反应；二是通过数字化平台，民众诉求在线上表达，问题在线上解决，提高了基层服务的效率。

### （二）优化基层治理模式

传统的基层治理与数字化治理有本质上的区别，在传统治理模式下，政府更侧重于管理，虽然有企业、民众、社会组织等参与基层治理，但主要以政府为主导，其余力量参与力度较小，参与程度较浅。同时，由于时间、空间和技术上的障碍，割裂了政府与企业、居民、社会组织等之间的关系，基层治理的协作性不高。数字技术在基层治理中的应用，打破了政府与居民、企业、社会组织等主体之间空间和时间上的阻碍，治理模式由政府主导的单一治理模式转变为政府、居民、企业、社会组织多元参与的基层协同治理模式，基层治理格局由传统的“自上而下”变为“上下互动”，调动了各方力量参与基层治理的积极性[①]。因此，数字技术赋能基层治理实现了跨时空、跨地域的协作，打破了技术的限制，为优化基层治理模式提供了机遇。

### （三）提升基层治理精准性

第一，在数字化条件下，基层组织合理有效利用大数据、人工智

---

① 雷瑞萍：《运用数字技术推动基层社会治理现代化》，《三晋基层治理》2020 年第 2 期。

能、物联网等信息化手段，全面、高效、快捷地收集信息，精准记录基层基本情况和居民对公共服务的多样化需求，当决策需要某些数据相关性的分析时，利用数字技术可以在短时间内从海量数据中找到关键数据，掌握这些数据，基层组织就可以为居民提供个性化、定制化的商品和服务。借助数字化技术，治理主体匹配供需双方需求的能力更加精准。第二，数字技术能够精准地记录基层各类数据变化的规律、趋势和方向等，同时，也可以完整地记录事情产生的过程，为基层治理主体精准预警预测、研判分析、矛盾化解等提供坚实的基础。

### （四）降低基层治理成本

第一，降低信息成本。通过数字化平台实时动态监测居民参与基层治理的行为，并实时将基层治理情况通过数字化平台传递给居民，提高基层治理的公开透明性、实时动态性和民主化水平。第二，降低时间成本。数字技术让“数据替群众跑腿”，跨越多部门协作障碍，减少群众与政府之间的空间阻碍，提升基层治理效率，降低基层治理的时间成本。第三，降低人力成本。如今的城市社区，已经由“熟人社会”向“陌生人社会”转变，再加上社区人员结构更为复杂，人口流动速度明显加快，数字技术应用于城市社区治理，既可以降低城市社区治理的难度和不确定性，还可以降低人力成本。

## 二　兰州市数字技术助力基层治理现代化实践与探索

2020年兰州市被确定为全国市域社会治理现代化试点城市，兰州市通过创新市域治理体系，突出信息化、数字化和智能化支撑，打造“一中心三平台多阵地”的基层治理体系，打通基层治理“最后一公里”，探索具有兰州特色、市域特点的社会治理新模式。本报告以兰州市为个案，探究数字技术助力基层治理现代化的实践，为甘肃乃至全国基层治理数字化提供有益参考。

### （一）以制度建设为保障，夯实基层治理基础

为创新基层治理体系，提升基层治理能力，2022 年 9 月，甘肃省民政厅制定了《关于指导兰州市提高基层社会治理能力的实施方案》，提出要在兰州市开展基层治理创新实验，通过乡镇政府服务能力试点建设、街道服务管理创新实验开展、省级城乡社区治理创新实验区创建、社区治理能力提升示范创建、村委会规范化试点建设、易地搬迁集中安置区治理实验等，打造基层治理标杆，为全省基层治理现代化发挥标杆和示范作用。2023 年 2 月，为进一步激发基层创新活力，优化基层治理模式，兰州市采取了以下措施：一是印发了《兰州市提升基层治理能力示范创建指导方案》，对社区治理创新试验田、基层民主协商制度建设、居民自治制度建设、社区能力提升、村委会规范化运行等方面的内容进行了进一步细化，为基层治理数字化奠定了基础。二是制定了《切实加强全市村民委员会规范化建设实施方案》，提出要进一步完善村民委员会制度章程，提升基层规范化水平。截至 2023 年 3 月，向兰州市 409 个社区和 676 个村印发 1500 册村（居）务公开登记簿、1085 册《兰州市城乡社区治理文件汇编》[①]，为乡村基层治理数字化提供规范化制度化保障。

### （二）构建规范化体系，释放基层治理效能

2022 年兰州市创建了小兰社会治理综合指挥中心（以下简称小兰指挥中心），构建了市、县、乡、村四级治理体系规范化管理平

① 宋芳科：《兰州市民政局狠抓三项措施　提升城乡社区治理》，中国甘肃网，2023 年 3 月 11 日。

台，初步形成了覆盖兰州市 8 个县区 114 个乡镇街道和 1173 个村社区四级治理网络①，为兰州市基层治理精细化、数字化和智能化提供平台支撑。制定了《小兰指挥中心实体化运行工作指引》，依托综合指挥中心和党群服务中心全市共建 1212 个小兰指挥中心。各级小兰指挥中心设有工作机构、有专门的办公场所、有专职人员、有相关配套制度、有明确的职责职能、有信息化支撑，通过“六有”标准，打造规范化、一体化的小兰指挥中心。各级小兰指挥中心围绕信息收集研判、矛盾排查化解、法律咨询、社会化服务等功能，落实工作会商、请示报告、四级响应、首问负责、督办问效五项机制。实现市级统筹协调解决重大难题、县级组织实施解决突出问题、乡街强基固本解决具体问题、村社落实落细解决服务问题的权责架构②，实现四级小兰指挥中心闭环办理，搭建以“小兰帮办”为支撑，12345 民情通热线、网民留言等数据平台畅通民情民意表达渠道，形成了“小程序+App+热线+平台”的运作模式，实现了线上线下对接机制和治理形势分析预警机制。兰州新区文曲中心社区构建了集“数字街区运营指挥中心”“智慧党建管理服务中心”“社会治安综合治理中心”“城市服务管理指挥中心”“综合应急管理指挥中心”于一体的社区综合治理中心③，实现“一个中心”牵头，远程处置、社区管理、便民服务等多项推进的社区治理格局，提升基层治理数字化水平。

### （三）多平台协同联动，提升基层协同治理能力

兰州市打造以“小兰帮办”公众诉求办理平台为核心、三维数

---

① 张烁：《我市不断提升市域治理现代化水平》，《兰州日报》2023 年 8 月 24 日。
② 庄桐欣：《一网统管、一网通办！甘肃兰州打造“一中心三平台多阵地”市域善治体系》，甘肃政法网，2023 年 2 月 27 日。
③ 张建平：《全面提升基层社区治理智能化、规范化、便利化水平 兰州新区打造社区综合智慧治理平台》，中国甘肃网，2022 年 3 月 4 日。

字社会服务管理平台和平安甘肃信息化管理平台为支撑的数字化信息平台。突出优势互补、数据融通，利用互联网、大数据对各类基层信息进行汇总、分类、监测、分析、预警等，并依托平台处理事件、预警研判、协调调度等，提升基层协同治理能力。“小兰帮办”是覆盖全市范围的四级规范性管理平台，“小兰帮办”已成为政策宣传、政务公开、多元参与、服务基层等的主阵地。截至2023年2月，兰州市“小兰帮办”注册人数为389.93万人，2022年7月以来共受理群众诉求事项7万余件，办结率超过97%①，实现基层治理“一网统管、一网通办”。平安甘肃信息化管理平台的建设，打通整合了200多个部门的数据资源，在矛盾纠纷排查化解、社会形势研判、联动处置等方面发挥了不可替代的作用。三维数字社会服务管理平台通过整合政府职能和社会资源、信息数据共享等，成为集社会服务和社会管理于一体的调度指挥平台。依托12345民情通服务热线，极大地畅通了群众诉求渠道，提升了群众参与的积极性。通过三维数字社会服务管理平台，进行综合研判、指挥调度、统计决策和专项交办等，有效解决基层社会服务管理中群众诉求表达渠道不畅、资源不能共享、数据采集口径不一、数据不实等问题。

### （四）多阵地统筹共建，打造治理新格局

兰州市构建了“乡街统筹、村社推进、网格支撑”的三级联动治理网络，在乡街以政法委员统筹基层政法单位构建联动机制、在村社构建联防联控机制、在网格构建群防群治机制②，推动基层矛盾全域联防、基层隐患全域联排、基层平安全域联创。在乡街层面，充分

---

① 庄桐欣：《受理群众诉求7万余件，办结率97%！甘肃兰州“小兰帮办”打通基层治理最后一公里》，甘肃政法网，2023年3月24日。

② 孔令闻：《兰州：打通指挥中枢　激活末梢神经“一中心三平台多阵地”体系赋能市域善治》，甘肃政法网，2023年3月17日。

发挥政法委员的作用，依托小兰指挥中心，统筹辖区综合治理中心、派出所、人民法庭、矛盾调解中心等基层政法单位，推动基层信访维稳、公安、执法司法机关等力量资源有效整合，形成基层平安治理合力，建立基层政法治理的“大格局”。在村社层面，发挥全市“社工委”专业优势和村党组的聚合功能，聚合辖区资源，开展情报信息搜集、矛盾排查化解、重点人群服务、走访联系群众等工作。在网格层面，兰州市印发了网格服务管理四项制度和网格员工作六项机制，精准划分网格，将机关党员干部就近纳入基层网格中，推动治理和服务向基层末梢延伸。全市依托党员阵地网，打造“网格党员阵地”，实现力量在网格聚合、矛盾在网格化解、服务在网格提供。截至2023年，全市共划分网格4565个，其中城市社区网格3014个、农村网格859个、专属网格692个①。

## 三　兰州市数字技术助力基层治理现代化的困境

### （一）基层数字化设施有待完善

随着小兰社会治理综合指挥中心、“小兰帮办”公众诉求办理平台、三维数字社会服务管理平台和平安甘肃信息化管理平台等的建设，兰州市社会治理数字化平台已初步搭建，为社会治理奠定了基础。但目前基层正处于数字化治理的初步阶段，由于投入不足，数字化基础设施建设相对薄弱，数据采集平台不完善、基础数据体系不健全，部分农村地区存在电力供应不稳定、数字化平台建设滞后等问题，不能满足基层数字化发展需要，导致基层治理数字化水

① 庄桐欣：《一网统管、一网通办！甘肃兰州打造“一中心三平台多阵地”市域善治体系》，甘肃政法网，2023年2月27日。

平不高。调研显示，超八成的受访者认为基层数字化基础设施还有待完善，基础设施不健全等客观条件限制了基层治理数字化发展（见图1）。

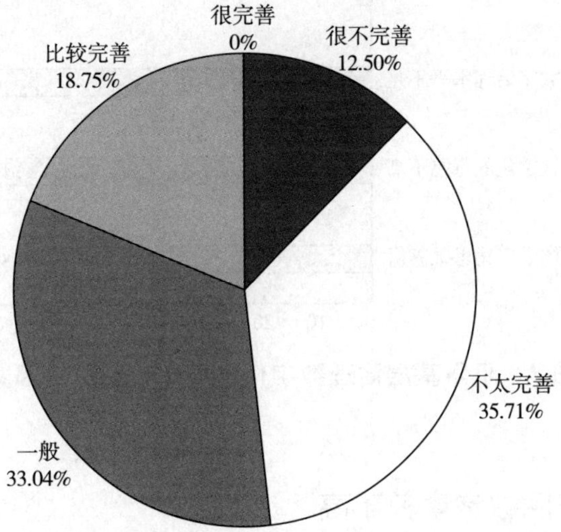


**图1　兰州市基层数字化基础设施完善程度**

## （二）基层数字化专业人员匮乏

要实现基层治理数字化，需要具备较强信息化知识和实践能力的专业人才。但目前兰州市大部分基层缺乏具有数字化思维的干部，部分基层工作人员对数字化技术的运用还不够熟悉。在乡村地区这种现象更为明显，互联网、大数据、信息技术人才更为匮乏，基层人员对乡村数字化认识不到位，数字意识薄弱，再加上农村教育、医疗、住房等各项保障工作较城市而言缺乏吸引力，导致乡村无法吸引到人才尤其是数字化人才，使基层缺乏推进治理数字化的实施力量。在调研中当被问到“阻碍基层治理数字化发展比较重要的因素”时，受访者回答排名第一的是基层工作人员数字治理水平不足（见图2），数字人才短缺已成为制约基层治理数字化发展的重要因素。

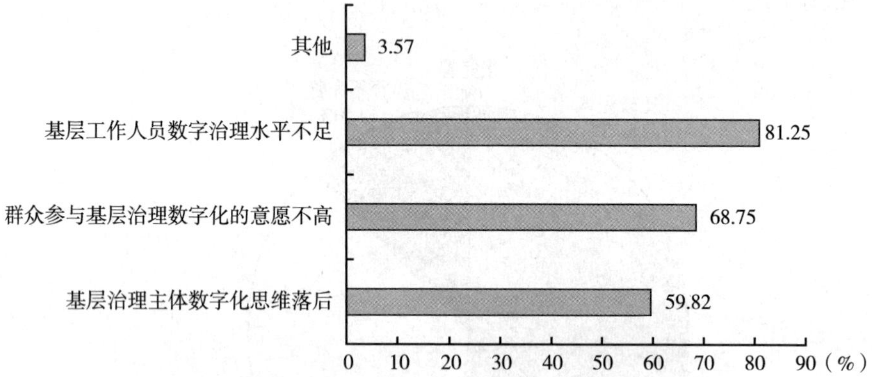


**图2　阻碍基层治理数字化发展比较重要的因素**

## （三）居民数字素养不高

尽管居民在数字化技术、数字平台应用等方面熟悉程度较高，但对于一些新兴技术如云计算、大数据、人工智能、区块链等的认知和理解能力不强，在一定程度上制约了居民在数字化时代的发展和竞争。当前，还存在严重的数字形式主义，有些数字平台设置不合理、数字系统不完善、各数字平台间功能交叉重叠等，导致数字系统和数字平台使用率降低，部分数字平台和系统沦为“摆设”。在本次调研中发现，仅有20.54%的受访者对数字技术比较了解，35.72%的受访者不了解数字技术（见图3），有48.21%的受访者经常使用数字平台办理各项事务（见图4），可见居民数字化意识不强，缺乏对数字技术、数字系统和数字平台的深入认知。从整体来看，居民数字素养不高。居民的数字素养影响其参与基层治理的方式和途径，决定了其参与基层治理的能力和水平。

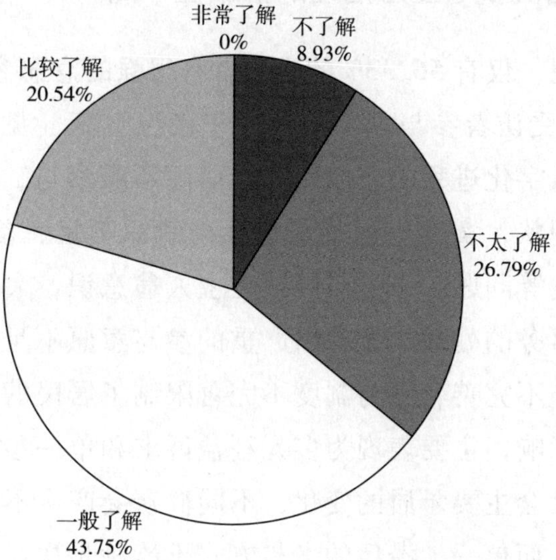


**图 3　居民对数字技术的了解程度**

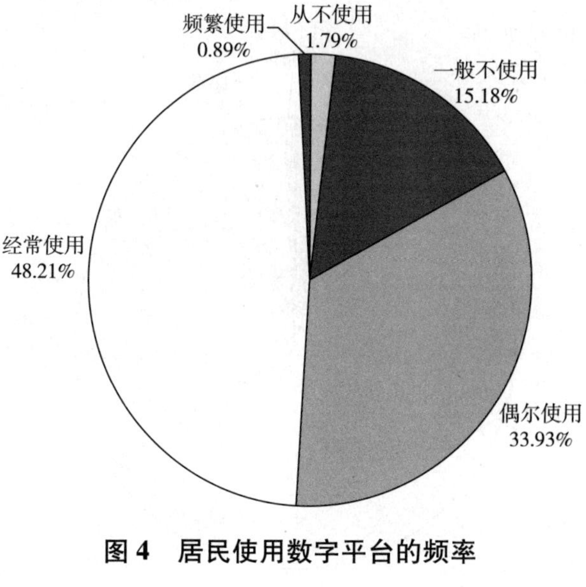


**图 4　居民使用数字平台的频率**

## （四）居民参与基层治理的积极性不高

调研发现，仅有56.33%的受访者有很强的意愿参与基层治理，有43.67%的受访者参与基层治理的积极性不高（见图5）。当前，在基层治理数字化进程中，依然存在居民不愿参与、不能参与、参与层次低的现状，实践中面临居民参与意识不足、参与渠道受限、参与环境影响等问题。一是居民缺乏主人翁意识，大多数居民更在意自己个人事务的处理，表现出严重的参与意愿不足；二是基层数字化基础设施不完善和参与制度不完善限制了居民的参与渠道；三是参与环境影响，主要表现为多元利益诉求和单一参与渠道之间的矛盾。随着社会主要矛盾的变化，不同群众会产生不同的利益诉求和利益表达，而单一、滞后的参与方式不能满足居民需求，参与需求与参与渠道、参与方式产生矛盾，导致居民参与基层治理的积极性不高。

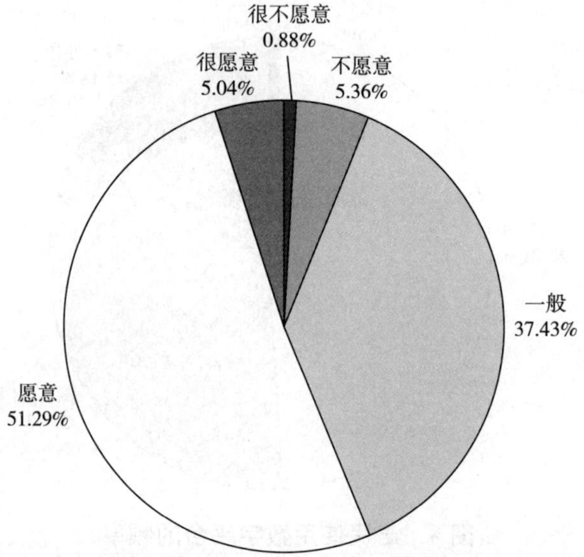


**图5　居民参与基层治理的积极性**

## （五）基层治理数字化的应用场景待挖掘

从政府层面来看，当前兰州市基层治理数字化的应用场景相对单一，主要集中在信息化办公、政务服务和社区管理等方面，数字技术与其他领域的融合场景相对较少。数字技术在基层的应用场景更窄，调研中发现，居民参与基层治理的主要领域有生活服务、医疗服务和税收服务等（见图6），在农村地区基层治理数字化的应用场景更为单一，农业农村场景的应用大多以单项技术为主，技术集成应用场景较少，数字技术与农业农村领域业务结合度的横纵面仍需拓展，农业农村生产、农民生活、乡村治理的诸多场景仍然有待以数字化的方式来提升效能。

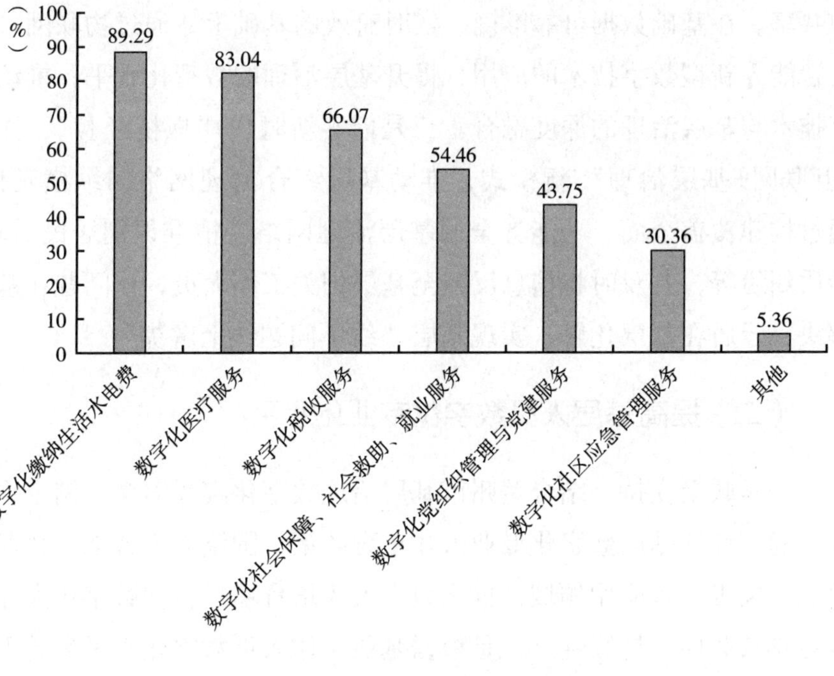


**图6　居民参与基层治理的场景**

## 四　运用数字技术推进甘肃基层社会治理现代化对策建议

### （一）完善基层数字化基础设施

基于小兰帮办基层治理平台，一是加快建设绿色低碳、高效使用、安全可控的综合性智能化数字基础设施，筑牢基层治理数字化基础，持续优化基层治理数字化环境。二是完善基层信息数据库，加速基层治理数据体系建设，建立共享、共治的基层治理数据库，推动政府数据治理机制创新，构建政府、企业、社会多元主体参与的协同治理模式，在职责分工明确、协同互助的条件下，实现基层治理数据资源共享。在基础数据可靠准确、实时有效的基础上，通过物联网、人工智能等新型数字技术的应用，提升基层治理的数智化水平，推动数字技术与基层治理的深度融合。三是借鉴新时代“枫桥经验”，探索“互联网+基层治理”新模式，推动基层综合治理网络向纵横延伸。通过构建覆盖全面、功能齐全的基层治理网络，精准识别居民需求、矛盾纠纷等，并及时将信息反馈至基层相关工作人员，让问题在基层解决，矛盾在基层化解，实现基层“线下问题线上解决”。

### （二）提高基层人员数字化专业化水平

一是政策支持。结合兰州市基层治理数字化实际需求，制定系统性、稳定性的基层数字化专业人才培育政策，围绕人工智能、物联网等数字技术工程应用领域，推出数字人才培育项目，使数字化人才培养更具长久性、持续性。二是根据基层工作人员数字化水平参差不齐的现状，分层次开设数字化培训课程、举办研讨会等，开展有针对性的专业化培训和研讨，提高基层队伍数字化专业素养和技能水平。三是积极引入社会力量参与基层治理，把数字化人才培养、培训委托给第三方，根据受训人员存在的问题，不定期、有针对性地开展培训，降低时间成本。另外，大力招募志愿者，吸纳更具有服务竞争力的数字化志愿者人才，使基层治理数字化队伍多元化，进一步壮大基层数字化队伍。

## （三）提升居民数字化素养和技能

一是加强居民数字化教育。数字化教育是提升居民数字化素养的重要途径。政府可以通过开展数字化培训班、举办数字化知识讲座等方式，向居民普及基础的数字技术知识，提高居民的数字素养。同时，还可以通过制作数字化教育视频、宣传片等方式，培养居民数字安全意识。二是推广数字化产品。政府可以通过推广数字化产品，让居民更加深入地了解数字化知识。例如，向农村推广数字化农业设备、数字化农业管理软件等产品，让农民了解数字化技术的应用场景和优势。同时，政府还可以通过补贴等方式，鼓励农民购买数字化产品等。三是重点提升老年人数字素养与技能。2022 年兰州市国民经济和社会发展统计公报显示，2022 年末，兰州市 65 岁及以上人口占到总人口的 12.71%，老年人口占比较大，老年人数字素养成为全民数字素养提升的短板，应通过政策引导、加强对老年人的数字化培养、提升子女数字反哺意识、多渠道推动适老化数字环境建设等方式，帮助老年人跨越“数字鸿沟”。

## （四）提高居民参与基层治理的意愿

一是推进基层党组织数字化建设。强化数字技术在基层组织建设中的运用，利用数字技术打造基层数字党建平台，通过居民广泛使用的社交工具传播党的路线、方针、政策等，推动党的创新理论“飞入寻常百姓家”。二是在数字化平台上完善信息发布渠道，定期发布与治理相关的信息，包括政策解读、项目进展、决策结果等，确保基层治理信息对居民透明和公开，让居民了解决策过程和内容、治理的方向和进展等。三是通过数字平台广泛听取民意，汇聚民智，调动群众的积极性、主动性和创造性，进一步深化网格化治理，实现精准治理、精细服务，共同构建共建共治共享的社会治理格局。

### （五）打造基层数字技术多层次场景应用

一是充分把握数字技术特性与业务特征的融合性，打造多层次数字化应用场景，为居民提供多样性、广覆盖的便民服务，如养老场景应用，依托网络技术和数字平台，打造“吃、住、行、享”等场景，通过智联网和物联网打通治理端和服务端的“一网联结”，实时关注老人生活，这样不仅拉近了老年人和数字产品技术的距离，也便利了政府对养老行业的治理管控。二是发挥数字技术优势，加快农业农村关键场景向纵深推进，将数字技术与乡村民生、生态、文化等领域深度融合，打造更高层次、更多样化的应用场景。加快线上线下资源融合，推动更优质的数字技术服务资源向乡村渗透，持续更新数字技术应用场景。

## 参考文献

郑琼：《基层治理数字化转型的应然逻辑、现实困境及优化路径》，《中州学刊》2023 年第 9 期。

马怀德：《基层治理数字化的重要意义及完善路径》，《浙江学刊》2023 年第 5 期。

吴建南、王亚星、陈子韬：《从“增负减能”到“减负增能”：基层治理数字化转型的优化路径》，《南京社会科学》2023 年第 7 期。

刘能、陆兵哲：《契合与调适：数字化治理在乡村社会的实践逻辑——

浙江德清数字乡村治理的个案研究》，《中国农业大学学报》（社会科学版）2022 年第 5 期。

徐艳晴、郭娜、毛子骏等：《政策引导基层政务服务数字化变革研究——以海口市龙华区政务服务中心为例》，《公共管理学报》2022 年第 4 期。

庄传伟：《赋能基层治理现代化　构建民心相通共同体——江苏有线的“数治化”探索与实践》，《中国广播电视学刊》2022 年第 10 期。

王向阳：《国家治理转型、村庄社会类型差异与基层治理重构——基于国家治理转型与村庄社会基础耦合适配的分析视角》，《学习论坛》2023 年第 5 期。

## B.15
# 强省会背景下兰州建设青年发展型城市调查报告

吕思聪 *

**摘　要：**　兰州在强省会背景下持续发力建设青年发展型城市，高位推进，强化组织领导；政策优化，落实项目带动；机制创新，全面保障青年；全面宣传，持续营造氛围，取得一定成效。但目前建设过程中仍然存在一定不足，如城市规划和建设中青年优先的理念不够突出，青年发展参与度有待提高，创业环境友好程度有待提升等。要加速兰州青年发展型城市建设，下一步要在改善住房水平、营造良好就业创业环境、打造青年友好城市氛围等方面努力。

**关键词：**　强省会　青年发展型城市　城市建设　兰州

城市是国民经济和社会发展的基本空间单元，既是国家高质量发展的基石，更是绘制2035年基本实现社会主义现代化、2050年建成社会主义现代化强国宏伟蓝图的支点。城市高质量发展需要青年群体的有力支撑。青年兴则城市兴。青年立大志、明大德、成大才、担大任，才能确保党和人民事业薪火相传，亦需要在城市的广阔舞台上完成宏伟蓝图的书写。

---

* 吕思聪，甘肃省社会科学院公共政策研究所助理研究员，主要研究方向为城市治理。

2022年4月，共青团中央联合中央宣传部、国家发展改革委等17个部门印发相关意见，开展青年发展型城市建设试点，在明确总体要求的基础上，设计出青年高质量发展与城市高质量发展相增益的模式，并就其组织实施展开周密部署①，兰州入选第一批试点城市名单。作为试点城市，兰州市建设青年发展型城市的做法得到了团中央的认可和肯定。2023年5月，全国青年发展型城市中期评估组对兰州试点建设情况进行实地评估，结果为A档，在西北5个试点城市中位居第一，多项做法被纳入首批创新举措清单并在全国范围内推广。

## 一　兰州建设青年发展型城市的举措

### （一）高位推进，强化组织领导

自2022年6月兰州被列入试点城市名单以来，党管青年原则得到生动体现和有效落实，构建起党委领导、政府负责、各部门齐抓共管、全社会广泛参与的工作格局。兰州市委高度重视青年发展型城市建设工作，主持召开建设青年发展型城市动员大会、专题会和推进会，成立了市委、市政府主要领导任双组长的建设工作领导小组，市委常委会会议先后17次进行专题研究部署，把青年发展型城市建设作为贯彻党的二十大精神和习近平总书记关于青年工作重要思想的具体举措，推动将青年发展型城市建设纳入省、市、县政府工作报告和市委全委会工作报告以及“十四五”发展规划、市第十四次党代会、市委全面深化改革要点，将青年发展型城市建设与全市发展大局和整体建设规划有机融合。建立健全了定期调度和通报制度，将建设青年

① 唐瑞、许家涛：《青年优先发展　塑造城市未来》，《兰州日报》2023年9月8日。

发展型城市纳入“三抓三促”行动督导和市委巡察工作重点任务，强化工作落实。专项列支50万元工作经费，保障建设工作高效开展。坚持市县联动，推动青年发展型城市建设工作在区县层面落实落细，推动形成纵向政策合力。

### （二）政策优化，落实项目带动

共青团兰州市委聚焦“青年成长、青年友好、青年有为、青年有爱、青年活力”五大行动，重点实施“青春善治、青春助梦、青春铸魂、青春兴兰”四大工程，激发青年的能动性和创造力，实现城市与青春的双向奔赴。全市各相关单位的政策举措相继出台，如《兰州市落实强省会战略进一步优化营商环境若干措施》（第1~7号）、《兰州市贯彻落实稳定和扩大就业若干措施责任清单》、市委组织部《新时代兰州“萃英计划”（青年人才版）》、市科技局“青年科技人才创新专项”、市退役军人事务局《兰州市关于军人随军家属退役军人随调家属就业安置办法》《兰州市优化生育政策促进人口长期均衡发展实施细则》《兰州市青年发展友好政策手册》等，出台覆盖就业、创业等领域青年普惠性政策120余项，形成了具有兰州特色的青年发展政策体系。开展“青年友好月”活动，积极打造“兰州青年友好卡”，以近百项小切口惠青举措，培育青年消费新热点，紧盯青年个性化、多元化消费需求，大力发展街区经济、夜间经济等新兴业态，打造青年消费新IP，不断引燃青年消费新热点。

### （三）机制创新，全面保障青年

聚焦青年宜学、就业、创业、婚育等涉及青年城市生活发展的方方面面，解决青年急难愁盼和生活所需，为青年减少后顾之忧，持续增强青年在城市的认同感、获得感、幸福感和安全感。2022年青年发展型城市建设以来，持续扩充教育资源供给，新建、改扩建中小学、幼儿园10所，新增学位1.2万个；提供创业孵化空间146万平方米，发放青年创业担保贷款482笔2.06亿元，“低门槛”征集青年科技人才创新专项1145项；发布引进2190名急需紧缺人才公告，征集青年就业岗位18万余个，开展线上线下招聘活动1500余场，累计促进青年就业6万余人①。2023年留兰高校毕业生2.5万人，同比增加3%。规划建设青年公寓、保障性租赁住房等6万余套，500套青年人才公寓投入使用。打造以街道社区团组织为堡垒的青年之家、青年驿站，引导青年参与志愿服务，为青年互学互鉴、增进友谊搭建平台。坚持科研助力，推出《兰州工作》青年发展型城市专刊两期，将建设青年发展型城市纳入年度哲学社会科学和市政协重点课题，围绕建设工作开展专题研究。

### （四）全面宣传，持续营造氛围

兰州市筹划举办建设青年发展型城市专题交响音乐会进高校等活动，在中央广播电视总台等中央主流媒体刊发新闻稿件14篇，发布3部主题宣传片，利用地铁、共享单车等交通工具和城市地标电子大屏日常化、持久化地营造城市青春氛围。新冠疫情期间，共青团兰州市委牵头创作了多首文艺作品。兰州市七里河区坚持把习近平新时代中国特色社会主义思想作为青少年成长进步的“指路明灯”，抓好“青年大学习”主题团课和“红领巾爱学习”主题队课线上学习，组织青年讲师团和红领巾讲师团面向青少年开展宣讲35场次，兰州市城关区在观金城、城关发布等政府公众号开设“青年发展型城市建设专栏”，及时发布相关工作动态、特色活动和经验做法，依托抖

① 武永明：《兰州市教育局回应扩大教育资源等热点问题——明年拟新增中小学幼儿园学位1、2万个》，每日甘肃网，2021年12月31日。

音、微博等新媒体平台，推送青年发展型城市专题内容 85 篇，在市民广场、商业街区、商务楼宇等区域滚动播放创建内容，张贴宣传海报 1 万余份，特别是在兰州万象城、万达广场等地标建筑进行青年发展型城市灯光展播。

## 二　兰州青年发展型城市建设现状调查

本次研究通过发放问卷的方式搜集数据。为调查兰州青年发展型城市建设情况，问卷调查内容主要针对兰州青年发展型城市建设过程中就业环境、创业环境、房价水平、医疗环境等方面展开。剔除无效问卷后共计得到有效问卷 127 份，并对调查样本基本信息进行分析。

### （一）样本基本信息

本次问卷调查通过网络发布随机抽取了 127 份，对有效问卷进行信度和效度分析，信度系数为 0.876，效度系数为 0.705，问卷的数据有效性高，可以使用问卷中的数据开展进一步分析。其中男性 62 人，女性 65 人。29 岁及以下 37 人，30~39 岁共 80 人，40 岁及以上 10 人。样本其他基本信息具体见表 1。

**表 1　样本基本情况统计**

| 名称 | 选项 | 频数(人) | 百分比(%) | 累计百分比(%) |
|---|---|---|---|---|
| 性别 | 女 | 65 | 51.18 | 51.18 |
| | 男 | 62 | 48.82 | 100.00 |
| 年龄 | 29 岁及以下 | 37 | 29.10 | 29.10 |
| | 30~39 岁 | 80 | 63.00 | 92.10 |
| | 40 岁及以上 | 10 | 7.90 | 100.00 |

续表

| 名称 | 选项 | 频数(人) | 百分比(%) | 累计百分比(%) |
|---|---|---|---|---|
| 学历 | 大专及以下 | 13 | 10.24 | 10.24 |
| | 本科 | 66 | 52.00 | 62.20 |
| | 研究生及以上 | 48 | 37.80 | 100.00 |
| 婚姻 | 已婚已育 | 35 | 27.60 | 27.60 |
| | 已婚未育 | 30 | 23.60 | 51.20 |
| | 未婚 | 57 | 44.90 | 96.10 |
| | 离异 | 5 | 3.90 | 100.0 |
| 职业 | 企业员工 | 37 | 29.10 | 29.10 |
| | 在校学生 | 17 | 13.40 | 42.50 |
| | 无业 | 9 | 7.10 | 49.60 |
| | 机关事业单位工作人员 | 50 | 39.40 | 89.00 |
| | 自主创业 | 14 | 11.00 | 100.00 |
| 月收入 | 1999元及以下 | 26 | 20.50 | 38.60 |
| | 2000~3999元 | 8 | 6.30 | 44.90 |
| | 4000~5999元 | 26 | 20.50 | 65.40 |
| | 6000~7999元 | 33 | 26.00 | 91.30 |
| | 8000~9999元 | 11 | 8.70 | 100.00 |
| | 10000元及以上 | 23 | 18.10 | 18.10 |
| 合计 | | 127 | 100.0 | 100.00 |

资料来源：本次课题调查结果统计。

## （二）总体评价

随着新型城镇化建设的推进，青年发展型城市建设突破了以往“人建城”的发展模式，着力“城聚人”的发展路径，通过增加城市对青年的吸引力留住青年。加强青年发展型城市建设就要持续打造吸引青年的亮点，为此课题组对青年发展型城市建设的期待进行调查，结果显示，受访群体最在意的首先是房价问题，68.40%的被调查者选择该项；65.60%的被调查者选择了丰富的城市文化生活，位列第二。生活方式已成为重要的考量因素，青年群体逐渐重视获得感和幸福感。59.38%的被调查者选择了就业环境，说明就业依然是青年在城市立足的根本。半数的被调查者选择了完善的城市基础设施建设和较高的社会保障水平，“良好的创业环境及氛围”选择人数明显低于其他选项，31.70%的被调查者选择了该项（见图1）。

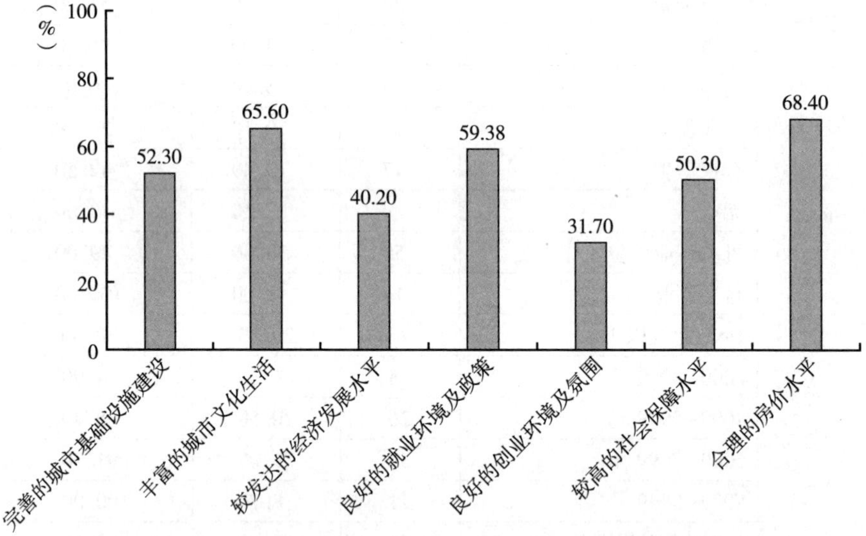


**图1　大众对青年发展型城市亮点建设的期待**

为了改善兰州就业环境，提升青年群体的获得感和满足感，课题组对目前就业压力来源进行了调查。通过分析发现，40.94%的被调查者认为造成就业困境的原因是获取就业信息的渠道困难。90.55%的被调查者认为工资水平较低，生活负担重。47.24%的被调查者认为造成就业困难的原因是竞争压力大的职业比较集中。65.35%的被调查者认为造成就业困难的原因是民营企业提供的劳动保障不完善。42.52%的被调查者认为造成就业困难的原因是行业特殊性导致的发展空间不足。74.02%的被调查者认为造成就业困难的原因是行业丰富程度不足，就业选择少。总体来看，受访群体对兰州就业的薪资待遇水平有更高期待，希望产业发展更加丰富多元以有更充分的就业择业机会。职业选择对青年在城市发展有关键吸引力（见表2）。

表2 造成就业困境的原因调查（多选）

| 名称 | 频数(人) | 百分比(%) |
| --- | --- | --- |
| 获取就业信息的渠道困难 | 52 | 40.94 |
| 工资水平较低,生活负担重 | 115 | 90.55 |
| 竞争压力大的职业比较集中 | 60 | 47.24 |
| 民营企业提供的劳动保障不完善 | 83 | 65.35 |
| 行业特殊性导致的发展空间不足 | 54 | 42.52 |
| 行业丰富程度不足,就业选择少 | 94 | 74.02 |
| 其他 | 4 | 3.15 |

为了能够进一步改善兰州的创业环境，本课题对大众的期待展开了调查。调查发现，65.35%的被调查者认为应该通过设立青年专项扶持政策来改善兰州的创业环境；60.63%的被调查者认为应该通过创新机制体制，鼓励引导青年创业来改善兰州创业环境；71.65%的被调查者认为应该通过优化或延伸产业链条，创造更多创业机会来改善兰州的创业环境；73.23%的被调查者认为应该通过优化人才政策，吸引更多青年来此创业来改善兰州的创业环境；59.06%的被调查者认为应该通过加大对初创企业的政策支持和倾斜来改善兰州的创业环境；72.44%的被调查者认为应该通过进一步完善城市公共基础设施建设，不断改善城市人文环境来改善兰州的创业环境。通过对比，发现大多数样本认为应该通过优化或延伸产业链条、优化人才政策以及完善城市公共基础设施建设，不断改善城市人文环境进而达到改善兰州创业环境的目的（见表3）。

**表 3　期待改善创业环境的调查（多选）**

| 名称 | 频数(人) | 百分比(%) |
|---|---|---|
| 设立青年专项扶持政策 | 83 | 65.35 |
| 创新机制体制,鼓励引导青年创业 | 77 | 60.63 |
| 优化或延伸产业链条,创造更多创业机会 | 91 | 71.65 |
| 优化人才政策,吸引更多青年来此创业 | 93 | 73.23 |
| 加大对初创企业的政策支持和倾斜 | 75 | 59.06 |
| 进一步完善城市公共基础设施建设,不断改善城市人文环境 | 92 | 72.44 |
| 其他 | 3 | 2.36 |

通过调查分析发现，1.57%的被调查者表示兰州的房价是轻松购买住房的水平，0.79%的被调查者表示兰州的房价偏低，18.11%的被调查者表示兰州房价适中，60.63%的被调查者表示兰州房价偏高，18.90%的被调查者表示兰州房价难以承受。在针对不同群体对兰州房价评价的调查中发现，不同学历对于兰州房价水平的评价呈现差异，研究生及以上学历的人群比大专及以下人群更认为兰州房价水平偏高；不同职业对于兰州房价水平的评价呈现差异，对比结果为在校学生比企业员工和无业人员更认为兰州房价偏高（见表 4）。

**表 4　兰州房价水平的接受程度调查**

<table>
<tr><th>名称</th><th>选项</th><th>频数(人)</th><th>百分比(%)</th><th>累计百分比(%)</th></tr>
<tr><td rowspan="5">您认为兰州的房价水平如何?</td><td>轻松购买</td><td>2</td><td>1.57</td><td>1.57</td></tr>
<tr><td>偏低</td><td>1</td><td>0.79</td><td>2.36</td></tr>
<tr><td>适中</td><td>23</td><td>18.11</td><td>20.47</td></tr>
<tr><td>偏高</td><td>77</td><td>60.63</td><td>81.10</td></tr>
<tr><td>难以承受</td><td>24</td><td>18.90</td><td>100.00</td></tr>
<tr><td colspan="2">合计</td><td>127</td><td>100.00</td><td>100.00</td></tr>
</table>

为改进兰州医疗水平和相关配备，课题组对大众期待的改进措施进行调查了解。通过分析发现，66.93%的被调查者认为应该通过引进、培养更多高层次专业人才来提高兰州医疗水平；80.31%的被调查者认为应该通过提升现有医疗机构的服务能力来提高兰州医疗水平；58.27%的被调查者认为应该通过建设更多大型综合医院来提高兰州医疗水平；59.06%的被调查者认为应该通过建设更多高水平专科医院来改善兰州医疗水平；68.50%的被调查者认为应该通过完善社区卫生服务中心（站）来改善医疗水平；50.39%的被调查者认为应该通过建设更多心理健康服务机构来改善医疗水平。通过比较分析发现，大众诉求大多体现在医疗服务水平提升方面，其次是专业人才引进和对社区服务中心的完善（见表5）。

**表5　医疗水平提升措施的建议**

| 名称 | 频数(人) | 百分比(%) |
|---|---|---|
| 引进、培养更多高层次专业人才 | 85 | 66.93 |
| 提升现有医疗机构的服务能力 | 102 | 80.31 |
| 建设更多大型综合医院 | 74 | 58.27 |
| 建设更多高水平专科医院 | 75 | 59.06 |
| 完善社区卫生服务中心(站) | 87 | 68.50 |
| 建设更多心理健康服务机构 | 64 | 50.39 |
| 其他 | 4 | 3.15 |
| 合　计 | 127 | 100 |

## 三　兰州青年发展型城市建设中的不足

尽管兰州青年发展型城市建设工作得到市委、市政府的高度重视和多方支持配合，取得了一定的成效，但通过调查发现大众对兰州青年发展型城市建设仍然存在多方面满意度较低的情况，具体表现在以下几方面。

## （一）住房水平仍然是制约青年发展的首要困境

通过调查发现，兰州青年群体认为房价偏高，购房成本带来很大压力，也抑制了教育、文化等其他消费。有购买能力的青年群体需要综合考虑未来教育、医疗等方面的便捷程度，缺乏购买力的新城市青年群体还面临着租金水平与居住空间和通勤距离间的矛盾。想要房租压力小、居住空间大，就只能考虑远离市区、交通不便的郊区，以时间换空间、换环境，大大降低了青年在城市中的归属感和获得感。

## （二）城市规划和建设中青年优先的理念不够突出

当代青年群体出生和成长在中国改革开放之后，生活成长环境的物质条件相较于父母一辈得到了极大的改善和丰富，在科技日益发达的今天与世界的联通也更快捷更广泛，因此对精神文化方面的要求也逐步提高，对高品质生活的需求也不断增加。城市宜居程度已经成为当今青年群体衡量生活满意度的重要指标之一。通过调查发现，目前大众对兰州体育设施建设的满意度较低，对交通状况的满意度同样偏低。从这两项与青年生活息息相关的城市基础设施建设方面来看，目前兰州在建设青年发展型城市过程中对青年优先、青年友好的理念贯彻还不够深入。

## （三）创业支持力度有待增强

通过调研访谈发现，青年群体对兰州就业尤其是创业环境的满意度较低。对已经设立青年专项扶持政策的推行和落实还有很大需求，鼓励青年创业的支持力度还不够，尤其是对初创企业的技术支持、平台支持和政策支持还很有限。产业经济发展滞后，新业态产业链有待优化以为青年提供更多的就业机会。

### （四）青年发展型城市建设参与度偏低

通过调查发现，大众对兰州青年发展型城市相关建设工作的知晓度低，对青年友好的相关政策了解程度低。以青年群体为主体推进城市高质量发展的工作中缺失了最核心的主体部分，势必会造成青年发展和城市发展的低关联度。除了媒体的新闻报道外，青年群体获取关注的渠道还未打通，对政策的宣传和落实还处在以需求为导向的层面，主动发力不够，不同行业不同领域对青年群体的关注度还存在不小的差异。

## 四　加速推进兰州青年发展型城市建设的对策建议

### （一）加大政策支持力度，缓解住房压力

住房是青年在城市发展的根基，解决好住房问题是城市对青年友好的首要体现。要持续优化青年住房水平，建立实施青年安居工程，推动住房保障体系向灵活就业、自主创业的在兰无房青年等高需求人群延伸。统筹全市范围内保障性住房、人才公寓，探索建立租购并举的青年安居保障机制，人才引进单位要将解决住房问题作为吸引人才的优势，重点解决青年住房困难问题。可采取青年职工团购的方式由用人单位与卖方争取协议价格，以发放住房补贴形式为引进人才缓解住房压力，签订长期租赁协议以公寓形式为青年群体提供住房保障。对于住房困难或急需改善住房条件的青年，人才引进部门要优先考虑解决。

### （二）改善择业环境，增加就业机会

制定科学合理、切实可行的引才配套政策，充分考虑青年群体的生活诉求和实际困难，“一人一策”，为青年发展排除顾虑。促进新业态发展，为青年人就业增加机会，尤其是针对吸纳就业最多的第三产业、新兴产业等，引导用人单位更多地吸纳初次就业青年。鼓励青年参与度高的餐饮、娱乐、体育、文化等行业的创新发展，在资金流转、税费优惠、技术支持、政府服务等方面提供支持，为青年创业试错提供政策保障。增加对社会公益岗位的就业支持，延长毕业后帮扶年限，让家庭经济状况允许并有意愿“慢就业”的青年能得到和应届毕业生同样的就业政策帮扶，为缓解毕业生就业压力提供缓冲平台。

### （三）完善城市规划，优化悦享体验

在城市规划和建设中，要充分融入青年友好的发展理念，尤其是当代青年群体的精神文化、休闲娱乐方面的高需求，避免生搬硬套和因循守旧。已建成的大型体育场馆如奥体中心、体育馆和私营体育俱乐部，可以通过调整营业时间、举办联赛、改善馆内设施和发放优惠券的形式吸引青年群体；完善维护城市健身步道、自行车道等公共体育设施，科学规划、适当增加夜间照明设备、卫生设备等；对于“夜间经济带”等多个美食文化夜市，组织经营者定期开展产品创新活动，给经营者在摊位设计和布局上一定的审美自由，增加观赏性和吸引力。

### （四）加强社会保障，消减生活压力

搭建“大青年”发展平台，建立青年绿色畅享通道，青年联席工作制度将涉及青年创新创业、住房安居、医疗健康、交友婚恋、交流互动等相关职能部门纳入其中，形成资源共享、信息互联、功能集

成、政策集聚的青年发展平台，破解青年发展过程碎片化、难集成等问题。各单位机构充分发挥工会作用，建立青年友好发展的关爱机制，关注青年急难愁盼问题，尤其是子女教育、赡养老人等青年群体的普遍问题，制定有针对性和可行性的方案，缓解青年社会压力。

### （五）营造舆论氛围，引导社会参与

充分整合组织、人社、共青团、社保、公安等部门的青年数据，借由大数据技术支撑，对全市现有青年基本信息、专业特长、工作经历、兴趣爱好等数据进行梳理、归集，建立青年数据库，利用新媒体平台、公众号等先将部分青年纳入参与。挖掘各行业各领域青年故事，选树新青年典型，以文字、图片、视频等方式多维度展现青年风采，提升青年在城市的影响力和存在感。

利用“五四青年节”“三八妇女节”以及建党建军纪念日活动等，借助各类城市文化活动的形式印发宣传材料，在公共交通设施、商业街圈等地喷绘LOGO、张贴海报，利用电子屏滚动播放宣传青年发展型城市建设工作。利用城市灯光秀、无人机表演、滨河游轮等具有兰州本土特色的方式宣传青年发展型城市的标识，营造浓厚氛围。

# 皮书

## 智库成果出版与传播平台

### ❖ 皮书定义 ❖

皮书是对中国与世界发展状况和热点问题进行年度监测，以专业的角度、专家的视野和实证研究方法，针对某一领域或区域现状与发展态势展开分析和预测，具备前沿性、原创性、实证性、连续性、时效性等特点的公开出版物，由一系列权威研究报告组成。

### ❖ 皮书作者 ❖

皮书系列报告作者以国内外一流研究机构、知名高校等重点智库的研究人员为主，多为相关领域一流专家学者，他们的观点代表了当下学界对中国与世界的现实和未来最高水平的解读与分析。

### ❖ 皮书荣誉 ❖

皮书作为中国社会科学院基础理论研究与应用对策研究融合发展的代表性成果，不仅是哲学社会科学工作者服务中国特色社会主义现代化建设的重要成果，更是助力中国特色新型智库建设、构建中国特色哲学社会科学“三大体系”的重要平台。皮书系列先后被列入“十二五”“十三五”“ 十四五”时期国家重点出版物出版专项规划项目；自 2013 年起，重点皮书被列入中国社会科学院国家哲学社会科学创新工程项目。

# S 基本子库
# UB DATABASE

## 中国社会发展数据库（下设 12 个专题子库）

紧扣人口、政治、外交、法律、教育、医疗卫生、资源环境等 12 个社会发展领域的前沿和热点，全面整合专业著作、智库报告、学术资讯、调研数据等类型资源，帮助用户追踪中国社会发展动态、研究社会发展战略与政策、了解社会热点问题、分析社会发展趋势。

## 中国经济发展数据库（下设 12 专题子库）

内容涵盖宏观经济、产业经济、工业经济、农业经济、财政金融、房地产经济、城市经济、商业贸易等12个重点经济领域，为把握经济运行态势、洞察经济发展规律、研判经济发展趋势、进行经济调控决策提供参考和依据。

## 中国行业发展数据库（下设 17 个专题子库）

以中国国民经济行业分类为依据，覆盖金融业、旅游业、交通运输业、能源矿产业、制造业等 100 多个行业，跟踪分析国民经济相关行业市场运行状况和政策导向，汇集行业发展前沿资讯，为投资、从业及各种经济决策提供理论支撑和实践指导。

## 中国区域发展数据库（下设 4 个专题子库）

对中国特定区域内的经济、社会、文化等领域现状与发展情况进行深度分析和预测，涉及省级行政区、城市群、城市、农村等不同维度，研究层级至县及县以下行政区，为学者研究地方经济社会宏观态势、经验模式、发展案例提供支撑，为地方政府决策提供参考。

## 中国文化传媒数据库（下设 18 个专题子库）

内容覆盖文化产业、新闻传播、电影娱乐、文学艺术、群众文化、图书情报等 18 个重点研究领域，聚焦文化传媒领域发展前沿、热点话题、行业实践，服务用户的教学科研、文化投资、企业规划等需要。

## 世界经济与国际关系数据库（下设 6 个专题子库）

整合世界经济、国际政治、世界文化与科技、全球性问题、国际组织与国际法、区域研究 6 大领域研究成果，对世界经济形势、国际形势进行连续性深度分析，对年度热点问题进行专题解读，为研判全球发展趋势提供事实和数据支持。